ARKANA

Irene Dalichow

Das westliche Totenbuch

Wege zu Abschied, Bestattung, Trauer
und dem Danach

ARKANA
GOLDMANN

Umwelthinweis:
Dieses Buch und der Schutzumschlag
wurden auf chlorfrei gebleichtem Papier gedruckt.
Die Einschrumpffolie (zum Schutz vor Verschmutzung)
ist aus umweltfreundlicher und recyclingfähiger PE-Folie.

1. Auflage

Redaktion: Ralf Lay
Satz: Uhl + Massopust, Aalen
Druck und Bindung: GGP Media, Pößneck
Printed in Germany
ISBN 3-442-33642-2
www.goldmann-verlag.de

Ich leb', weiß nit, wie lang,
Ich stirb' und weiß nit, wann,
Ich fahr', weiß nit, wohin,
Mich wundert, dass ich fröhlich bin.

Grabinschrift des Magister Martinus von Biberach, Heilbronn 1498

Death puts life into perspective.
(Der Tod bringt das Leben in die richtige Perspektive.)

Ralph Waldo Emerson

Inhalt

Einleitung

Es war ein wunderbarer Tag: strahlende Sonne, wolkenloser Himmel, der Pazifik dunkelblau, die immergrünen Büsche und Bäume behängt mit ganzen Trauben von schwarz-roten Monarch-Schmetterlingen, die auf ihrer Frühjahrswanderschaft von Mexiko nach Kanada hier in Kalifornien Station machten.

Ich hielt mich in Esalen auf, einem uralten Heilungsort der Esselen-Indianer, der zu Beginn der Sechzigerjahre als Seminarzentrum ausgebaut wurde. Seitdem haben hier Leute wie der Schriftsteller Aldous Huxley, der Psychotherapeut Fritz Perls und die Körpertherapeuten Ida Rolf und Moshe Feldenkrais einige Zeit verbracht. Joan Baez hat hier Konzerte gegeben, genau wie The Mamas and the Papas, Ringo und George von den Beatles und andere bekannte Musiker. Bis heute kehrt Joan Baez immer wieder nach Esalen zurück.

Viele von denen, die Ihnen in diesem Buch begegnen werden, Bert Hellinger, Stanislav Grof, Stanley Krippner, David Feinstein, Sandra Ingerman, Michael Harner…, leiten hier regelmäßig Workshops. Tatsächlich war ich an diesem herrlichen, strahlenden Tag Mitte Februar 1997 unter anderem deswegen in Esalen, um den Anthropologen und Schamanismusexperten Michael Harner zu interviewen.

Beim Abendessen machte eine schockierende Nachricht die Runde. Ein Mitarbeiter war nachmittags plötzlich verstorben, offenbar an einem Herzschlag. Man hatte ihn vor den kleinen Büros unter Bäumen aufgebahrt, an der Stelle, wo ihn kurz zuvor der Tod ereilt hatte.

Ich kannte diesen Mitarbeiter, den ich im Folgenden John nennen werde. Seit Jahren hatte er hier gelebt und sich um den Garten, die Gebäude, das gesamte Gelände gekümmert. Während meiner zahlreichen Aufenthalte waren wir uns immer wieder über den Weg gelaufen.

So empfand ich es als angemessen, dort vorbeizugehen, wo er lag.

Seine Kollegen und Freunde hatten ihn auf eine Bahre gebettet, die sie aus Bänken improvisiert hatten. Johns Gesicht war frei, sein Körper in Tücher gehüllt. Darauf lagen frisch gepflückte Blumen aus dem Garten.

Leise Musik war zu hören, es lag der Duft der Blumen in der Luft. Um die Bahre herum saßen Johns Freunde und unterhielten sich leise. Einige weinten.

Ich dachte: Was für eine schöne, menschliche Art, mit dieser Situation umzugehen, wurde hier praktiziert!

Einige Tage später nahm die ganze Gemeinschaft von Esalen zusammen mit Johns Angehörigen und Freunden von »draußen« mittags auf dem weiten, von alten Bäumen umgebenen Rasenplatz feierlich Abschied. Es war dort ein kleiner Altar errichtet worden, auf dem Fotos des Verstorbenen standen, Kerzen, ein Kreuz, aber auch lustige Erinnerungsstücke: ein Lieblingshut von ihm, die Süßigkeiten, für die er eine Schwäche gehabt hatte, ein paar seiner Bücher.

Es waren sicher hundertzwanzig, hundertfünfzig Menschen, die einen großen Kreis bildeten, einige saßen im Gras, die meisten standen. Mehrere Männer und Frauen gingen mit großen Muscheln, in denen Räucherwerk zum Glimmen gebracht worden war, zu allen Anwesenden. Sie umfächelten sie mit dem Rauch und stellten so auf indianische Weise eine Öffnung für eine heilende, inspirierende Energie aus einer übergeordneten Dimension her. Genauso hatten es die Ureinwohner jahrtausendelang gemacht.

Ein Geistlicher, ein alter Freund von John, hielt eine kurze, herzliche Rede. Viele der Anwesenden schlossen sich an und sagten ein paar Worte über John, über ihre Beziehung zu ihm. Mehr als einmal musste die Trauergemeinde lachen, denn es

kamen dabei auch die verdrehten, menschlich-allzu-menschlichen Seiten des Verstorbenen zur Sprache.

Sogar ein Mädchen von zwölf, dreizehn Jahren, ein Mitglied der Esalen-Gemeinschaft, brachte den Mut auf, in ein paar einfachen Worten auszudrücken, dass sie ihn vermissen werde.

Er war nur Mitte fünfzig geworden. Sicher fanden viele seiner Angehörigen und Freunde, dass er es verdient hätte, länger zu leben. Und dennoch: Was für einen guten Tod hatte er gehabt, mitten während seiner Arbeit, unter alten Baumriesen. Wie liebevoll war sein Körper, nachdem er das Leben ausgehaucht hatte, von freundlichen Menschen bewacht und verabschiedet worden. Wie gleichzeitig bescheiden und glanzvoll war seine Seele auf die große Reise geschickt worden, an diesem einzigartigen, begnadeten Fleckchen im äußersten Westen, im Westen, der aus traditioneller Sicht ins Land der Verstorbenen führt. In Gegenwart eines Priesters und von Männern, Frauen und Kindern, die mit der Spiritualität dieses Landes vertraut waren. Und in Gegenwart des Schamanen Michael Harner, der sich, wie er mir später sagte, auf seine Weise um Johns Seele gekümmert hatte, die möglicherweise von seinem plötzlichen und unerwarteten Tod überrascht war.

Nie zuvor und nie danach habe ich eine beeindruckendere Trauerfeier erlebt.

21. Dezember 2000, San Francisco. Vor der City Hall mitten in der Stadt eine Gruppe von Männern und Frauen. Sie trauerte um all die Obdachlosen, die im Jahr 2000 auf den Straßen der Metropole am Golden Gate verstorben waren, einhundertfünfundfünfzig an der Zahl. Ein Priester las die Namen dieser Menschen vor, die allein und anonym irgendwo in Eingängen, Seitenstraßen und Parks gestorben waren.

Obdachlose, die auf der Straße ihr Leben gelassen haben und auf deren Körper innerhalb von dreißig Tagen niemand Anspruch erhoben hat, werden von der Stadtverwaltung verbrannt. Ihre Asche streut man ohne irgendeine Zeremonie in den Ozean. Nur einmal jährlich, am 21. Dezember, dem Tag der Wintersonnenwende, gibt es eine Gedenkfeier…

Clara Barton (1821–1912), die Begründerin des nordamerikanischen Roten Kreuzes, schrieb: »Die Natur hat Heilung und endgültige Ruhe für all das Herzeleid vorgesehen, das Sterbliche erdulden müssen.« Hoffentlich ist am Ende solche Heilung denen vergönnt gewesen, die auf diese Art gestorben sind.

Anders die Obdachlosen, die in Deutschland und hier in einer Stadt wie München auf den Straßen sterben. Um ihre Leichname kümmert sich das Münchner Städtische Bestattungsamt. Sie erhalten eine Erdbestattung, ein Priester ist dabei. Alle diesbezüglichen Kosten werden von der Stadt getragen. In Bayern ist gesetzlich verankert, dass jeder, egal, ob arm oder reich, eine menschenwürdige Bestattung erhalten muss.

Noch bis vor dreißig, vierzig Jahren hatte man Vorgaben und Regeln für den Umgang mit Sterbenden und Verstorbenen, an die man sich hielt und die ihrerseits in schweren Zeiten Halt vermittelten. In kleineren Gemeinden und bei intakten Familien mögen solche Regeln noch immer gelten. Doch was ist mit den vielen Menschen, die heute allein leben, in Großstädten, die in Krankenhäusern, Altenheimen, Pflegeheimen oder unbemerkt in ihren Wohnungen sterben? Die keiner religiösen Gemeinschaft angehören? Für sie und auch für Menschen in noch ganz anderen Situationen können die Dinge trostloser aussehen als für Obdachlose.

Der gesamte Alltag hat sich in dramatischer, noch gänzlich unerprobter Weise verändert. Viele von uns müssen pausenlos dazulernen und sich ständig an neue Gegebenheiten anpassen. Wenn es für die Dinge des Lebens schon so anstrengend, schnell und schwierig abläuft – wen wundert's, dass für das ohnehin problematische Feld des *Ab*lebens keine Energie mehr bleibt? Dass dieses Thema einfach verdrängt und dann, wenn es gezwungenermaßen dran ist, in wenig zufrieden stellender Weise »erledigt« wird?

Der Kampf ums Überleben ist für viele brutal, es bleibt kaum Platz für andere Dinge, für weiter reichende Überlegungen. Und von denen, die mehr Zeit und Geld zur Verfügung haben, jagen viele vor allem äußeren Werten wie Schönheit und Erfolg nach. Das sei ein Zeichen panischer Angst vor dem Tod und vor dem, was nach dem Tod kommen oder nicht kommen mag, sagt der amerikanische Psychologieprofessor Stanley Krippner. Und Diane Cirincione, die Frau und engste Mitarbeiterin des amerikanischen Psychiaters und Bestsellerautors Jerry Jampolsky, bemerkt: »In dem Moment, wo ich meine eigene Sterblichkeit anschauen und akzeptieren konnte, konnte ich wirklich leben. Manche Leute meinen: O Gott, wenn ich ans Sterben und an den Tod denke, wird es schwierig und deprimierend. Aber das ist nicht so. Wenn man sich damit einmal wirklich auseinander gesetzt hat, spielt es keine sonderlich wichtige Rolle mehr. Es ist erleichternd. Dann lebt man einfach sein Leben.«

Selbstverantwortung ist angesagt. Selbstverantwortung und der Mut, sich mit einem Angst auslösenden Thema zu konfrontieren. Trotz Zeitdruck und Überbelastung, trotz eines Umfelds, das die Scheinwerfer auf alles richtet, was jung, schön, unversehrt, dynamisch, wohlhabend und fit ist. Und obwohl es für uns Westler der Jetztzeit im eigentlichen Sinne keine Anleitung zum Umgang mit dem Sterben und dem Tod gibt, wie sie in den so genannten Totenbüchern vergangener Zeiten und Kulturen zur Verfügung stand.

Im *Westlichen Totenbuch* werden Sie unterschiedliche Möglichkeiten finden, sich für sich selbst und andere, die Ihnen nahe stehen, verantwortungsbewusst, individuell und zeitgemäß mit dem Thema auseinander zu setzen; teilweise auf sehr pragmatische Weise. Zum Beispiel werden Sie ausführlich und anhand guter Modelle erfahren, wie man einen Beileidsbrief schreibt. Ein anderes Kapitel beschäftigt sich mit Trauerbegleitungsgruppen und damit, wie Sie an eine entsprechende Adresse in Ihrem Wohnort oder in der Nähe kommen. Wussten Sie beispielsweise, dass es ein Bestattungsinstitut von Frauen für Frauen gibt, das sich an der Tradition der weisen Frauen orientiert? Es arbeitet sehr bodenständig und steht für den gesamten deutschsprachigen Raum zur Verfügung, denn es ist ein mobiles Institut. Sie erfahren, was Sie tun müssen, um hier oder auch mit anderweitiger Unterstützung die Weichen für sich selbst oder für jemand anders richtig zu stellen.

Ein zweiter Schwerpunkt ist die Psychologie. In dem Kapitel, das die Arbeit von Jerry Jampolsky vorstellt, gibt es Anregungen für den Umgang mit dem Problem, das Sie haben, wenn Sie mit einem Verstorbenen noch »unerledigte Geschäfte« verbinden. Wenn Sie ihn und sich selbst aus einer Beziehung befreien wollen, die auf unguten Gefühlen oder Bindungen beruht.

Der deutsche Psychotherapeut Bert Hellinger hat die so genannte systemische Familientherapie entwickelt. Bei den »Familienaufstellungen« zeigt sich immer wieder in verblüffender und erschütternder Weise, welchen Einfluss längst verstorbene Verwandte ausüben können. In einem Kapitel werden Sie darüber informiert, was bei einem solchen Seminar geschieht und wie es möglich ist, alte Verstrickungen zu lösen, um Frieden zu schließen – mit noch lebenden, aber auch mit längst nicht mehr unter uns weilenden Familienmitgliedern.

Der dritte Schwerpunkt dieses Buches schließlich liegt auf dem Spirituellen. Wie ist es möglich, mithilfe von Gebet und Meditation einem geliebten Menschen bei seinem Weg in die andere Dimension Unterstützung zu geben? Wie haben das unsere Vorfahren gemacht, die noch ganz und gar in die Abläufe der Natur eingebunden waren? Die zu Werden und Vergehen ein unverkrampfteres Verhältnis hatten als wir?

Dabei steht der Schamanismus im Hintergrund, wie er von Michael Harner und der weltweit verbreiteten »Stiftung für schamanische Studien« vertreten wird. Und schließlich ein undogmatisches Christentum, das zweifellos unsere Kultur tief geprägt hat. Seine Maxime »Liebe deinen Nächsten wie dich selbst« gilt ohne Einschränkung, und sie gilt für Lebende ebenso wie für Verstorbene.

Memento mori heißt eine viel zitierte Ermahnung aus früheren Zeiten: »Erinnere dich daran, dass du sterblich bist.« Wenn wir diese Aufforderung wieder wirklich beherzigen, kann dies dazu beitragen, dass es uns als Gemeinschaft und als Individuen besser geht; dass alte, kranke Menschen nicht mehr abgeschoben werden; dass Ärzte es nicht mehr wagen werden, einer fragwürdigen »Leben-erhalten-um-jeden-Preis«-Ideologie zu folgen und beispielsweise auf Grund dessen den Willen ihrer Patienten zu ignorieren. Wir können wieder lernen, unsere Toten angemessen zu verabschieden und damit auf gesündere und nachhaltigere Weise aus Trauer und Dunkelheit herauszufinden. Depressionen, die sich immer mehr zu einer Massenkrankheit entwickeln, werden dadurch weniger epidemisch auftreten.

Der plötzliche Unfalltod von Prinzessin Diana, der weltweit unzählige Menschen tief berührte und der in einem unvergleichlichen, den gesamten Planeten umfassenden Ritual betrauert wurde, ist ein deutliches Beispiel dafür, dass dies funktionieren kann: traditionelle Elemente mit modernen Elementen wie Popmusik und dem Einsatz von Massenmedien zu kombinieren und daraus eine zeitgemäße Zeremonie zu machen, die zu Herzen geht und Tränen fließen lässt, Tränen ebenso wie andere Arten des Ausdrucks von Schmerz. Und dann zu erleben, wie die Gefühle sich nicht etwa verschlimmern oder ins Stocken geraten, sondern wie im Gegenteil alles in Fluss kommt. Schon ein Jahr nach Dianas Tod war das kollektive Leid bewältigt und »integriert«: Sie hatte die Rolle als Königin der Herzen eingenommen, die ihr immer vorgeschwebt hatte.

Der Abschied von Diana und von dem Esalen-Mitarbeiter, die Auseinandersetzung mit dem Tod von Daskalos (siehe 5. Kapitel) und von einigen anderen – all dies hat mich meinem persönlichen *Memento mori* näher gebracht. Noch mehr in die Tiefe und zum Teil sogar noch näher an meine Schmerzgrenze ging es im Zusammenhang mit der Arbeit an diesem Buch. Obwohl es nicht immer einfach war und mit Sicherheit auch in Zukunft ein schweres, schwieriges Thema bleiben wird, so hat mir die Beschäftigung mit Sterben, Tod und Trauer doch sehr viel gebracht. Unter anderem habe ich einige wichtige und passende Entscheidungen für mich selbst ins Visier genommen und zum Teil schon getroffen. Auch habe ich entsprechend der einen Sentenz ganz am Anfang des Buches erfahren, dass der Tod »das Leben in die richtige Perspektive« bringt.

Ich würde mich freuen, wenn *Das westliche Totenbuch* auf Sie, liebe Leserinnen und Leser, ähnliche oder vielleicht noch ganz andere positive, konstruktive Auswirkungen hätte. Jedenfalls wünsche ich es Ihnen genauso wie denen, die Ihnen nahe stehen und die diese Dimension bereits verlassen haben.

München, im April 2001
Irene Dalichow

1. Kapitel

Bücher vom Leben und vom Sterben

Westliches Totenbuch? – Davon haben die meisten noch nichts gehört. Vom *Ägyptischen* und *Tibetischen Totenbuch* schon, aber nie von einem »westlichen«.*

Schauen wir also im *Verzeichnis lieferbarer Bücher* nach, einem Nachschlagewerk für Buchhändler. Dort finden wir Titel wie *Das Totenbuch des Franziskanerklosters in Coburg, Das Totenbuch des Mainzer Dominikanerklosters* und *Die Totenbücher von Merseburg, Magdeburg und Lüneburg.* Das Stichwort »westlich« fehlt zwar, aber eindeutig ist unser Kulturraum betroffen, sogar ganz genau der deutsche.

Nach ein wenig Beschäftigung mit dem Thema findet man im Wesentlichen nun heraus, dass das *Ägyptische Totenbuch* eine Sammlung von Texten ist, die sich auf das Leben nach dem Tod beziehen; das *Tibetische Totenbuch* wird Sterbenden und gerade Verstorbenen vorgelesen, um ihnen den Übergang zu erleichtern; beim *Totenbuch der Maya* handelt es sich um eine Darstellung des Mythos um den Gott Quetzalcoatl. Die Totenbücher der deutschen Klöster sind aber etwas anderes. Sie sind keine Weisheitsbücher, sondern reine Kalendarien.

Und damit hat es Folgendes auf sich: Die Verbindung zwischen Lebenden und Toten war zu der Zeit, als diese Bücher

* Es gibt zwar ein Buch gleichen Namens, das direkt vertrieben wird (*Das westliche Totenbuch* von Yogi Narayana Siddha Guru, Berlin, Verlag Richard Schikowski, 1973; www.schikowski-verlag.de), und Titel wie *Das abendländische Totenbuch,* doch haben sie alle eine andere Intention und Themenauswahl.

angelegt wurden, also vom 14. Jahrhundert an bis in die frühe Neuzeit hinein, wesentlich enger als heute. Die Hinterbliebenen empfanden es als eine wichtige Pflicht, dafür zu sorgen, dass, wenn schon nicht sie selbst, so doch wenigstens die Mönche der Klöster in ihrer Nähe für die verstorbenen Familienmitglieder einstanden. Dass zuverlässig an den jeweiligen Todestagen, vielleicht auch noch an den Geburtstagen, für die Verstorbenen gebetet wurde. Dafür griffen sie tief in die Tasche und versahen die Mönche mit großzügigen Spenden. Diese wiederum trugen Namen und Daten in die »Totenbücher« ein, und dann lasen sie an den entsprechenden Jahrestagen eine Messe. Sie gehören bis heute zu den lieferbaren Büchern, denn es handelt sich dabei um historisch und soziologisch wichtige Dokumente. Doch wie gesagt, es sind reine Kalendarien, keine spirituellen Texte.

Aber es muss doch für uns Westler etwas Fundiertes zum Thema Sterben und Tod überliefert sein! Oder ist das alles irgendwelchen übereifrigen Zensoren oder absichtlich gelegten Bibliotheksbränden zum Opfer gefallen?

Nein, das ist es natürlich nicht. Denn zum einen spielen in *dem* Weisheitsbuch unseres Kulturraumes, der *Bibel,* die Koordinaten Geburt, Liebe, Tod eine wesentliche Rolle. Da ist zum Beispiel die dramatische Geschichte von Abraham, der zusammen mit seiner Frau Sara im hohen Alter den Sohn Isaak bekam und ihn dann einige Jahre später als »Probe« auf »Befehl von oben« wie ein Tier schlachten und als Brandopfer darbringen sollte.*

Und dann natürlich im Neuen Testament die Leidensgeschichte Jesu Christi. Bei ihr stehen die Qualen und der Verrat im Fokus der Aufmerksamkeit. Die zentrale Darstellung ist die des Toten am Kreuz. Dabei endet das Ganze aber in der

* Der amerikanische Theologe und Erfolgsautor Thomas Cahill hat in seinem Buch *Abrahams Welt* (Kiepenheuer und Witsch, Köln 2000, Taschenbuchausgabe bei btb, München 2002) dargelegt, wie Abraham und sein Volk, die Juden, auf unser westliches Denken Einfluss genommen haben.

Auferstehung. Die Heldenreise wird also glücklich abgeschlossen.

Das Neue Testament dreht sich in einem wesentlichen Teil um diese Reise. Im Alten Testament sind viele verschiedene Episoden zu finden, die Sterben und Tod zum Thema haben. So ist unser Weisheitsbuch, die Bibel, auch ein »Totenbuch« – allerdings nicht ausschließlich.

Zum anderen gilt die *Edda* als »Bibel der Germanen«, die in Handschriften aus dem 13. und 14. Jahrhundert erhalten ist und aus zwei Büchern besteht. Es handelt sich dabei um eine Sammlung von Prosa und Poesie, welche die germanische* Heldensage und die nordische Mythologie zum Thema hat. Bis heute ist sie nicht so recht entschlüsselt.

Im *Totenbuch der Germanen*** hat nun der deutsche Ethnologe und Psychologe Holger Kalweit die *Edda* neu interpretiert. Er stellt sie als das Totenbuch unserer Altvorderen dar, in dem neben vielem anderen das Leben nach dem Tod beschrieben wird.

Womit wir, wenn Kalweits Sichtweise zutrifft, jedenfalls *ein* Totenbuch unseres Kulturkreises gefunden hätten.

Die Kunst des Sterbens

Vor allen Dingen aber kann die christlich geprägte *Ars-moriendi*-Literatur aus dem ausgehenden Mittelalter als Totenbuch des europäischen Kulturraumes gelten, auch wenn es sich dabei nicht um eine einheitliche Schrift handelt. *Ars mori-*

* Wenn ich mich hier und an anderer Stelle mit den Germanen oder den Kelten auseinander setze, so tue ich das in einem ideologisch neutralen, historischen Kontext. Ich möchte ausdrücklich betonen, dass meine persönliche politische Ausrichtung eine ökologische, soziale und friedensorientierte ist.

** Holger Kalweit: *Das Totenbuch der Germanen. Die Edda – Die Wurzeln eines wilden Volkes,* AT, Aarau 2001.

Alfred Rethel: Der Tod als Freund

endi heißt »Kunst des Sterbens«, womit ebenso die Kunst des Lebens gemeint ist. Angesichts der schrecklichen Kriege, Hungersnöte und Seuchen, die damals die Menschen aller Stände und Altersstufen dahinrafften, zeigten diese Schriften, welch wichtige Bedeutung die rechte Einstellung zum Tod für das Leben hat.

Die Schriften ermahnen dazu, das Leben nicht nur auf Materielles hin auszurichten. Auch ein möglichst langes Leben sei kein angemessenes Ziel. Sondern es gehe vor allem darum, im Einklang mit dem göttlichen Gesetz zu sein. Weil niemand die Stunde seines Todes kennt, solle man so leben, als wäre jeder Moment der letzte. Damit war aber nicht gemeint, dass man ständig Angst vor dem Tod haben soll. Sondern man soll sich darauf konzentrieren, welch ein Geschenk das Leben darstellt.

Die mittelalterlichen Mönche wurden dazu angehalten, sich ihren Tod vorzustellen und sich mit ihrem eigenen verfaulenden Körper zu identifizieren. So konnten sie in der Kontemplation, Imagination und Meditation erfahren, dass sie mehr sind als ihr Körper – eine Methode, die bis heute empfohlen wird und die Sie im Anschluss an dieses Kapitel als Übung von dem multireligiös orientierten indischen Jesuiten Anthony de Mello (1931–1987) beschrieben finden.

Ein etwas anders gelagertes Genre der *Ars-moriendi*-Literatur beschäftigte sich ganz konkret mit der Erfahrung des Sterbens und damit, wie man Sterbende in ihrem Prozess unterstützen kann. Eigentlich war es Aufgabe der Priester, Sterbenden beizustehen. Aber es kamen im 14. Jahrhundert, als diese Literaturgattung sich verbreitete, so viele Menschen an Seuchen ums Leben, dass auch Laien Anweisungen benötigten: Die Anzahl der Priester reichte nicht aus, um die Aufgabe zu erfüllen.

Die Texte erschienen nicht nur in lateinischer, sondern auch in der jeweiligen Volkssprache, damit sie allgemein verständlich waren.

In seinem Werk *Totenbücher**, dem die hier verwendeten Informationen über die *Ars-moriendi*-Schriften entnommen wurden, schreibt der tschechisch-amerikanische Psychiater Stanislav Grof: »In bestimmten Textabschnitten ging es um dogmatische Fragen … Andere Teile erörterten jedoch die Bewusstseinszustände der Sterbenden und bereiteten sie auf die verschiedenen Hürden der postumen Seelenreise vor. Andere beinhalteten konkrete Anweisungen für die Sterbenden und deren Helfer, die sie durch ihre letzten Stunden geleiteten. Die meisten mittelalterlichen Handbücher stimmen darin überein, dass die rechte Einstellung des Sterbenden für

* Stanislav Grof: *Totenbücher – Bilder vom Leben und Sterben,* Kösel, München 1994.

die Vorbereitung auf den Tod von entscheidender Bedeutung ist.«

Besonders wichtig sei gewesen, dass beim Sterbenden keine falsche Hoffnung auf Genesung erweckt wurde – ganz anders als das, was heute in der westlichen Medizin praktiziert wird.

Skelett, Stundenglas und Sense

Dargestellt wurde der Tod zu dieser Zeit meist als Skelett, häufig mit Stundenglas und Sense. Der Totentanz (*danse macabre,* wörtlich übersetzt: »schauriger Tanz«), bei dem Menschen jeden Alters und Standes einen Reigen mit dem Tod tanzten, wurde zuerst in Frankreich auf Mauern von Kirchhöfen und Kapellen gemalt. Durch Kopien und Nachzeichnungen sind die Totentänze der Lübecker Marienkirche (1463) und der Dominikanerklöster in Basel (um 1470) und Bern (1517–1519) überliefert. Die bekannteste Darstellung ist die von Hans Holbein dem Jüngeren (1538).

Später und bis heute wurden und werden auch andere Darstellungen, in denen die Begegnung mit einem Skelett oder Totenkopf die wesentliche Rolle spielt, »Totentanz« genannt, sogar dann, wenn sie mit Reigen oder Tanz überhaupt nichts zu tun haben. Besonders bekannt geworden sind Bilder dieser Art von Albrecht Dürer oder von Alfred Rethel. Sein »Tod als Freund«, ein wirklicher Klassiker, gehört zu dieser Art von Totentänzen ohne Tanz.*

Es existieren also aus verschiedenen Zeiten und Regionen unseres Kulturkreises tatsächlich zahlreiche künstlerische und schriftliche Aufzeichnungen zum Thema Sterben und Tod.

* Im Herbst 2000 wurden in Tokio, im Frühjahr 2001 in Ulm zahlreiche Werke aus der Grafiksammlung »Mensch und Tod« der Heinrich-Heine-Universität Düsseldorf ausgestellt. Die Ausstellungen hießen »Totentänze«. Die auf Seite 22 abgebildete Illustration von Alfred Rethel entstammt dieser Sammlung.

Doch ein einheitliches *Westliches Totenbuch*, ein umfassendes Werk wie das der alten Ägypter oder der Tibeter, gibt es nicht.

Das *Tibetische Totenbuch* in seiner Ursprungsform* ist durch den gigantischen Erfolg seiner durch Sogyal Rinpoche erweiterten und neu interpretierten Form** vielen Menschen auch bei uns im Abendland bekannt geworden. Es besitzt für die Anhänger des tibetischen Buddhismus, die auf der ganzen Welt zu finden sind, Gültigkeit. Es ist ein Werk von tiefer Weisheit und Spiritualität, das eine uralte, ungebrochene Tradition zur Basis hat. Die Tatsache, dass diese Tradition tatsächlich seit mehr als zweitausend Jahren besteht, ohne dass sich darin Wesentliches verändert hätte, macht sie für viele attraktiv.

Doch trotz dieser Attraktivität liest sich das *Tibetische Totenbuch* in der einen wie in der anderen Version für Menschen aus dem westlichen, jüdisch-christlich geprägten Kulturraum meist befremdlich. Die verwendeten Bilder sind uns nicht vertraut, und die immer wieder betonte Unabdingbarkeit eines Gurus, dem man sich unterzuordnen habe, läuft dem Ziel von uns Westlern, nämlich der Eigenverantwortlichkeit, diametral entgegen. Sogar der Dalai Lama, religiöses und weltliches Oberhaupt der tibetischen Buddhisten, unterstreicht immer wieder, es sei gut, bei seinen eigenen religiös-spirituellen Wurzeln zu bleiben. Denn mit diesen Wurzeln sei man groß geworden. Man trage sie in sich. Die Inhalte seien einem in Fleisch und Blut übergegangen. Die Symbole stimmten mit denen des uns umgebenden kollektiven Unbewussten überein. Und so sei man auf der sicheren Seite, wenn man sich auf der Basis dessen bewege, was die Kultur geprägt hat.

Überraschenderweise baut die jüdisch-christliche Vorstellung von dem, was nach dem körperlichen Tod kommt, auf der des alten Ägypten auf. Das führt der Philosoph und Theologe Eu-

* Chögyam Trungpa: *Das Totenbuch der Tibeter,* Eugen Diederichs, München, 18. Aufl., 1996.

** Sogyal Rinpoche: *Das tibetische Buch vom Leben und vom Sterben,* O. W. Barth, Bern, München, Wien 1990.

gen Drewermann in seinem Buch *Ich steige hinab in die Barke der Sonne** aus. Ohne die altägyptische Religion müssten viele Details der vor allem im Neuen Testament geweckten Auferstehungshoffnungen unverständlich bleiben. Und auch die christlichen Vorstellungen von der Unsterblichkeit der Seele, vom persönlichen Gericht über Gut und Böse sowie von der ewigen Strafe und dem ewigen Lohn in Hölle und Himmel wäre ohne den Hintergrund des alten Ägypten undenkbar, schreibt Drewermann. Allerdings müsse man die Bilder der ägyptischen Religion als Chiffren, Symbole und Archetypen sehen.

»Nahezu alles, was wir von den alten Ägyptern wissen, entstammt der Welt ihrer Gräber«, schreibt er. Wobei der Begriff »Grab« in der damaligen Sprache »Ort, an dem man aufersteht« heißt. Man sagte auch nicht »Friedhof«, sondern »prachtvolles« oder »machtvolles Land«. Für die Ägypter bedeutete der Tod kein Verlöschen, sondern die Gräber füllten sich mit Bildern des Lebens. Der Tod verwandelte den Menschen in Licht. Die Seele des Verstorbenen ging zurück zu Ra/Re, dem Sonnengott.

Der Tod ist Ursprung und Mitte der Kultur

Der französische Spezialist Gregoire Kolpaktchy hat das *Ägyptische Totenbuch* aus der Hieroglyphenschrift übersetzt und mit einem Kommentar versehen. In der Einleitung** schreibt er, keines der Völker des Altertums habe für das Todesgeheimnis ein so leidenschaftliches und ausschließliches Interesse bekundet wie das ägyptische Volk. Sein ganzes politisches, soziales und religiöses Leben habe sich um dieses Problem gedreht. Zunächst hätten nur die Könige das geheimnisvolle Vorrecht besessen, ihre jenseitige Existenz nach ihrem Willen zu gestal-

* Eugen Drewermann: *Ich steige hinab in die Barke der Sonne,* dtv, München, 2. Aufl., 1995.

** *Das ägyptische Totenbuch,* übersetzt und kommentiert von Gregoire Kolpaktchy, O. W. Barth/Scherz, München, Wien 1998.

ten. Das gelte für die Zeit bis um 2500 vor unserer Zeitrechnung. Danach besaß jedermann das Recht, an den Mysterien teilzuhaben und die jenseitigen Güter zu genießen.

Seit etwa der Zeit um 2000 vor Christus verbreitete sich der Brauch, magische Inschriften zunächst auf den Sarkophagwänden, später auf Papyrusrollen festzuhalten, die man innen im Sarg anbrachte. Es gibt in vielen Museen der Welt zahlreiche solcher Papyrusrollen. Im Laufe von mehreren hundert Jahren wählte man aus den Texten knapp zweihundert Fragmente, »Kapitel«, aus, die in dieser Form im Jahr 1842 nach Christus zum ersten Mal veröffentlicht wurden. Sie erhielten den Titel *Das ägyptische Totenbuch,* obwohl er laut Kolpaktchy ungenau und nicht sachgemäß ist.

Die einzelnen Kapitel sind im Grunde Selbstgespräche der Toten, in denen sie sich bald an sich selbst, bald an die Götter oder die Wesen des Jenseits wenden, um eine glückliche Reise in die andere Welt zu schaffen. Kolpaktchy schreibt: »Der ambivalente Gefühlszustand des Rezitierenden schwankt in großen Pendelschwingungen von einem Extrem zum anderen… Neben sehr prosaischen Sorgen – Besitz der irdischen Güter, Jagd nach Vergnügen usw. – findet man oft einen großartigen Aufschwung zum Ewigen und Absoluten. So haben wir eine Folge psychologischer Momentaufnahmen vor uns, die oft von einem ergreifenden Realismus sind.«

Hier eine kleine textliche Kostprobe aus dem *Ägyptischen Totenbuch.* Es handelt sich um das Kapitel LXVI, die Überschrift lautet »Vom Hinaustreten der Seele in das volle Tageslicht«:

Das geheime Wissen, ich hab es erlangt!
Ich weiß, dass Sekhmet-Göttin im Schoß mich getragen;
Die Neith-Göttin mich ins Leben gerufen,
Dass ich zugleich die Uadschit-Göttin mit Schlangenkopf bin,
Ausstrahlung auch des göttlichen Auges des Horus;
Seht, wie ich schwebe, den Vögeln des Himmels gleich!
Jetzt steige ich nieder zur Stirn von Ra
Und segle im Frieden auf dem himmlischen Meer
Sitzend im Sonnenboot…

Die von Gregoire Kolpaktchy übersetzte und kommentierte Version des *Ägyptischen Totenbuchs* stammt von 1954. Ganz neu ist das Buch *Tod und Jenseits im alten Ägypten,* verfasst von dem international bekannten deutschen Ägyptologen Jan Assmann.* In seinem umfangreichen wissenschaftlichen Werk vertritt er die These: Der Tod ist Ursprung und Mitte der Kultur. Er schreibt: »Der Mensch ist das Tier, das mit dem Wissen um seine Endlichkeit leben muss. Und die Kultur ist die Welt, die sich der Mensch errichtet, um mit diesem Wissen leben zu können.«

So weit also ein kurzer Abriss über die Totenbücher. Wer dazu mehr erfahren möchte, findet eine Fülle von Literatur und in Ausstellungen und Museen zusätzlich eine Menge Anschauungsmaterial.

Die folgenden Kapitel haben anderes zum Thema. Sie beleuchten nicht so sehr, was *war,* sondern was ist oder sein kann. Sie stellen einiges von dem vor, was uns in unserer westlichen Kultur des beginnenden 21. Jahrhunderts zur Verfügung steht, um uns in einer wachen und heilsamen Weise mit den Themen Sterben, Tod und Trauer auseinander zu setzen. In einer Weise, die sich auf Bewährtem begründet, die aber auch ganz neue und zeitgemäße Elemente besitzt. Und die viel Raum für Individualität, Kreativität sowie Inspiration bietet.

Es geht weg von leeren Ritualen und hin zu dem, was individuell passt. Hin zu Gefühlen und ihrem Ausdruck. Hin zur unterstützenden Gruppe und/oder zu religiöser, spiritueller Sinnfindung. Aber nur, wenn es »stimmt«. Niemand soll sich zu irgendetwas gedrängt oder unter Druck gesetzt fühlen. Es steht heute eine Menge zur Auswahl, und die Wahl ist frei.

Einigkeit herrscht bei den für dieses *Westliche Totenbuch* befragten Fachleuten, die aus ganz unterschiedlichen Richtungen stammen, allerdings hierbei: Es ist wesentlich, die The-

* Jan Assmann: *Tod und Jenseits im alten Ägypten,* C. H. Beck, München 2001.

men Sterben, Tod und Trauer anzunehmen, wenn sie im Leben auftauchen, und sogar schon vorbereitend. Auch das Thema eigenes Sterben, im ganz altmodischen Sinne von *memento mori.* Und im Fall der Trauer um einen geliebten Menschen alles für sich zu tun, das einen nach einer Zeit den Weg zurück ins Leben finden lässt. Denn das Leben ist und bleibt lebenswert und ein Geschenk, sogar dann, wenn auf der materiellen Ebene derjenige nicht mehr präsent ist, der einem am meisten bedeutet hat.*

MEDITATION: »Ich schaue in mein Grab hinein«

Von Anthony de Mello

Anthony de Mello (1931–1987) war indischer Jesuit, ein viel gefragter geistlicher Begleiter und Kursleiter. Sein ausdrückliches Ziel bestand darin, nicht nur Katholiken, sondern auch Anhängern anderer Religionen und spiritueller Richtungen, Agnostikern und sogar Atheisten Hilfestellung bei ihrer geistlichen Suche zu geben.

Seine Bücher sind Weltbestseller, denn wie kein anderer beherrschte de Mello die Kunst, weise und tiefgründig, gleichzeitig aber leicht, erfrischend und amüsant zu schreiben. Der berühmte Theologe verfügte über eine sympathische Bodenständigkeit. Es gelang ihm, Geschichten zu erzählen und seine Leser damit zu unterhalten – und genau damit die unkonventionellsten Weisheiten und Einsichten zu vermitteln.

Die folgende Meditation, die sich, wie gesagt, an die Übun-

* Auf die hervorragende und wegweisende Arbeit von Elisabeth Kübler-Ross und Raymond Moody wird hier deswegen nicht eingegangen, weil darüber schon eine Fülle von Literatur vorliegt.

gen anlehnt, die mittelalterliche Mönche machen sollten, wurde seinem Buch *Der springende Punkt* entnommen.*

Das ist eine schöne Meditation, die Sie jeden Tag, wenn Sie die Zeit haben, machen sollten. Es ist unglaublich, aber Sie werden lebendig werden [...]:

Um das Leben zu sehen, wie es wirklich ist, hilft nichts so sehr wie die Tatsache des Todes.

Ich schaue in mein Grab hinein und finde eine Hand voll Staub und zerbröckelte Knochen im Sarg.

Meine Augen bleiben an diesem Staub hängen, und ich denke an mein Leben zurück:

Erfolge und Tragödien...

Ängste und Freuden...

Mühen, Konflikte...

Bestrebungen und Wunschträume...

Liebe und Abneigung...

all das, was mein Leben ausgemacht hat.

Und all das ist nun vom Wind verweht, vom Universum verschlungen... Nur noch ein wenig Staub ist übrig geblieben als Zeichen, dass es einmal etwas gegeben hat: mein Leben.

Wie ich so diesen Staub betrachte, kommt es mir vor, als fiele eine schwere Last von meinen Schultern: die Last meiner Einbildung, etwas zu bedeuten...

Dann blicke ich auf und betrachte die Welt um mich: die Bäume, die Vögel, die Erde, die Sterne, den Sonnenschein, den Schrei eines Säuglings, einen vorüberfahrenden Zug, die eilenden Wolken, den Tanz des Lebens und des Universums... und ich weiß, dass in allem irgendwo die Überreste jenes Menschen sind, den ich »Ich« genannt habe, und jenes Leben, welches das meine war.

---

* Anthony de Mello. *Der springende Punkt – Wach werden und glücklich sein,* Herder, Freiburg, 10. Aufl., 2000 (erweiterte Neuausgabe). Abdruck mit freundlicher Erlaubnis des Herder-Verlags.

2. Kapitel

Städtische Bestattungsdienste – eine süddeutsche Besonderheit

Nekropolen, Städte der Toten. So nannten sich kunstvoll angelegte Gräberstätten aus Vorgeschichte und Altertum im Mittelmeerraum. Dort sollten die Verstorbenen ein ebenso gepflegtes urbanes Dasein haben wie zu ihren Lebzeiten in den nahe gelegenen antiken Städten. Man stellte sich die Welt der Toten ganz ähnlich vor wie die der Lebenden. Aber beide Bereiche wurden streng voneinander getrennt gehalten, damit man sich nicht möglicherweise ins Gehege kam.

Diesseits der Alpen in unseren nördlichen Regionen, bei den »Heiden«, den naturverbundenen Bewohnern der Heide, sah es anders aus. Zwar vermied man auch, die Ebenen der Lebenden und der Toten miteinander zu vermischen (Näheres dazu finden Sie im 4. Kapitel), aber die Ebenen waren doch durch das Wissen um den Kreislauf der Natur miteinander verbunden.

Als das Christentum sich in Europa verbreitete, mussten auch unsere Altvorderen zwischen Diesseits und Jenseits deutlich unterscheiden. Aber das Bewusstsein darüber, dass Geburt, Leben, Sterben und Totsein – »Totsein« – zyklisch abläuft, blieb mindestens unterschwellig bestehen.

Waldfriedhöfe sind eine typische Einrichtung unseres Kulturraumes. Die Überreste der Verstorbenen gehen materiell und geistig in die Bäume ein, wie bei Theodor Fontanes »Herrn von Ribbeck auf Ribbeck im Havelland«, dem alten Mann, der im Herbst großzügig die leckeren reifen Birnen vom Baum in seinem Garten an die Dorfkinder verteilte. Er bat sich aus, dass man ihm eine Birne in den Sarg legte. Einige

Jahre nach seinem Tod wuchs tatsächlich ein junger Baum aus seinem Grab. Und noch ein paar Jahre später trug er Früchte. Durch den Baum flüsterte der alte Herr den Kindern wieder zu: »Magst du eine Birne?«

In unseren Großstädten sind die Friedhöfe heute grüne Lungen geworden, wunderschöne Parks, die zum Spazierengehen und Atemschöpfen einladen. Und nicht nur Menschen lieben diese Oasen der Ruhe. Auch Tiere, zum Teil sogar vom Aussterben bedrohte Insekten, Amphibien, Vögel und Säuger, und seltene Pflanzenarten finden hier einen geschützten Raum.* Zu den Friedhofsgrundstücken kaufen die Städte immer dazu, die Flächen vergrößern sich ständig. Die Welt der Lebenden und die Welt der Verstorbenen rücken wieder näher, sozusagen.

Bis heute sehen Friedhöfe im Mittelmeerraum meist anders aus. Statt von Eichhörnchen und zwitschernden Vögeln bevölkertem Grün herrschen dort Marmor und Keramik vor.

Noch anders in den städtischen Regionen der Vereinigten Staaten. Dort, wo der Kapitalismus in Reinkultur regiert, räumt man den Toten nicht viel Platz ein. Da ein toter Konsument nichts mehr konsumiert, sollte er sich möglichst umgehend in Luft auflösen. Daher sind Einäscherungen sehr beliebt. Ob nun, wie in der Einleitung beschrieben, die Überreste eines Obdachlosen ohne Zeremonie ins Meer verstreut werden oder ob der mit dem Privatflugzeug verunglückte John F. Kennedy junior, seine Frau und seine Schwägerin eine Seebestattung dieser Art erhalten, allerdings mit familiärer Anteilnahme – gleich bleibt sich dabei, dass die Entsorgung keinen Platz beansprucht. Blowing in the wind …

* Mehr dazu im Exkurs im Anschluss an dieses Kapitel.

Soziale Zielrichtung

All dies ist im Gespräch mit einem der Disponenten des Städtischen Bestattungsamtes München zu erfahren, Gerhard Kutschenreiter. Auf diesem Gespräch beruht der Inhalt des Kapitels.

1819 wurde die »Städtische Bestattung« in München als kommunales Institut gegründet. Das Ziel war, auch den sozial schwachen Bürgern die Möglichkeit zu eröffnen, ihre Angehörigen angemessen zu bestatten. Während private Bestatter Gewinn bringend arbeiten müssen, heißt das Stichwort beim Städtischen Bestattungsdienst »Kostendeckung«. So geht dort mit wenig mehr. »Unsere Zielrichtung ist eindeutig eine soziale«, betont Gerhard Kutschenreiter.

Das bedeutet aber nicht, dass nur sozial Schwache sich an ihn und seine Kollegen wenden, im Gegenteil. Viele Münchner, prominente Schauspieler, Politiker, kirchliche Würdenträger, Mitglieder der Wittelsbacher Familie – sie alle kamen und kommen zur Städtischen Bestattung, beziehungsweise ihre Angehörigen taten und tun das. Anlaufstelle ist das wunderschöne »Palais Lerchenfeld« in der Damenstiftstraße, mit-

Das Palais Lerchenfeld

ten in der Altstadt, aber trotzdem ruhig gelegen. Das Palais ist ein geschmackvoll ausgestatteter Altbau mit vielen Grünpflanzen und mit Platz für eine ständige Ausstellung der zur Verfügung stehenden Särge. Kostenpunkt? Das fängt bei etwa 600 DM (300 Euro) an, und es endet knapp unter 20 000 DM (10 000 Euro). Manche Kunden wählen tatsächlich solche teuren Särge. Aber niemand wird gedrängt, mehr auszugeben, als er eigentlich möchte oder kann.

Die Gründung der Münchner »Städtischen Bestattung« als Alternative zu kommerziellen Unternehmen war richtungweisend für ganz Europa.

In Wien beispielsweise hat die Stadt heute das Monopol, es gibt an diesem Ort, der für seinen Beerdigungspomp berühmt geworden ist, gar keine privaten Bestatter mehr.

Im süddeutschen Raum sind diese Orte dem Beispiel von München gefolgt: Augsburg, Fürstenfeldbruck, Lindau, Nürnberg und Regensburg in Bayern. Und Freiburg, Karlsruhe, Stuttgart, Tübingen sowie Ulm in Baden-Württemberg.

Sonst aber gibt es in Deutschland nirgendwo Städtische Bestattungsdienste. Es handelt sich dabei also um eine süddeutsche Besonderheit.

Die Städtischen Bestattungsämter stehen ausschließlich für Einwohner der jeweiligen Städte zur Verfügung, in diesem Fall also nur für Münchner.

Ist also in München jemand verstorben, so können die Angehörigen in die Damenstiftstraße oder in die Dependance in München-Pasing gehen.

Sie setzen sich in den Warteraum, lassen ihren Namen in ein Buch eintragen, und wenn sie an der Reihe sind, gehen sie in eins der Büros. Dort besprechen sie alles Notwendige, sie können einen Sarg und Blumenschmuck aussuchen, sie können entscheiden, welche Art von Anzeigen und Drucksachen sie anfertigen lassen möchten – was auch immer notwendig ist und gewünscht wird.

Die zweite Möglichkeit, die den Münchner Bürgern kostenlos angeboten wird, ist ein Hausbesuch von einem Außendienstmitarbeiter des Bestattungsamtes. Er hat einen Koffer mit Fotos von Särgen, Blumenschmuck und so weiter dabei, nach denen ausgesucht und entschieden werden kann.

Alles, was die Bestattung betrifft, bis hin zur Musik, die während der Trauerfeier gespielt werden soll, kann auf diese Weise besprochen und organisiert werden. Im Mittelpunkt steht die praktische Unterstützung während der Zeit der Beerdigung. Für den darauf folgenden Zeitraum und für psychologische oder spirituelle Fragen während der Trauerphase müssen andere Gesprächspartner gefunden werden.

»Anweisungen nach meinem Tod«

Das Städtische Bestattungsamt München hat eine eigene Grabpflegeabteilung, die sowohl berät als auch die Bepflanzung und Pflege eines Grabes übernimmt. Es ist aber auch möglich, einen Gärtner damit zu beauftragen oder die Sache selbst in die Hand zu nehmen. »Man darf ein Grab gestalten, wie man will, man darf dort anpflanzen, was man möchte«, erklärt Gerhard Kutschenreiter. Jedenfalls wenn die umliegenden Gräber oder eine mögliche spätere weitere Bestattung an diesem Platz dadurch nicht beeinträchtigt werden. Ein Baum zum Beispiel, so wie bei Herrn von Ribbeck auf Ribbeck im Havelland, wäre deswegen nicht zu empfehlen. Denn seine Wurzeln würden sich zu weit ausbreiten, und man müsste ihn sehr wahrscheinlich irgendwann herausreißen.

Allein stehenden Personen empfiehlt der Fachmann, eine Art handschriftlichen Brief mit der Überschrift »Anweisungen nach meinem Tod« zu verfassen* und ihn einem Nachbarn, einem Freund oder dem Hausmeister zur Aufbewahrung zu geben; oder ihn beim Städtischen Bestattungsamt beziehungsweise bei einem Bestattungsinstitut zu hinterlegen.

* Näheres dazu finden Sie im Anhang. Dort gibt es auch eine »Checkliste für den Trauerfall«, die alle wichtigen Erledigungen aufführt, die im Zusammenhang mit einem Todesfall getätigt werden müssen.

Immer mehr Menschen, besonders allein lebende, entscheiden sich heute für eine so genannte Bestattungsvorsorge zu Lebzeiten, um ihre letzten Dinge in guten Händen zu wissen. Davon sind diese Anweisungen ein Teil. Sofern sie von Hand geschrieben und mit vollem Namen unterschrieben sind, brauchen sie übrigens nicht notariell beglaubigt zu werden. Denn es sind dabei ja keine materiellen Dinge betroffen. Es handelt sich um rein persönliche Entscheidungen.

Das Bestattungsrecht liegt in der Hand der Bundesländer. Ob ein Angehöriger feuerbestattet werden darf und welche Vorsorge getroffen werden muss, wenn man selbst unbedingt verbrannt werden möchte – dazu sollte man sich bei einem Bestattungsinstitut im eigenen Wohnort erkundigen. Man kann sich aber auch bei der Gemeinde- oder der Friedhofsverwaltung des eigenen Wohnortes schlau machen.

Die Behauptung, dass die Menschen sich mit Tod und Bestattung nicht auseinander setzen wollen, möchte Gerhard Kutschenreiter aus seiner Erfahrung nicht gelten lassen. »Zumindest kann man sie nicht pauschal aufstellen«, meint er. »Denn sonst wären unsere Friedhöfe nicht das, was sie sind. Sie sind nämlich sehr gepflegt. Die Menschen geben sich mit der individuellen Grabpflege ungeheuer viel Mühe. Den Toten gegenüber Dankbarkeit auszudrücken stellt offenbar ein großes Bedürfnis dar.«

Was allerdings verdrängt werde, das sei das Thema Sterben; die Tatsache, dass man selbst sterben muss. Er ermuntert dazu, sich beizeiten damit zu beschäftigen, wie man sich seine eigenen Abschiedsfeierlichkeiten vorstellt, und zwar durchaus im Detail: Was in der Todesanzeige stehen soll, ob man eine Erd- oder Feuerbestattung für sich möchte, ob man sich während der Zeremonie eine Räucherung wünscht, welche Musik gespielt werden soll, ob man vielleicht Wert darauf legt, dass keine Trauerkleidung getragen wird... Gerade was die Kleiderordnung und die musikalische Untermalung betrifft, habe sich in den letzten Jahren viel verändert, beobachtet Kutschenreiter. Ein Indiz dafür, dass sich Türen öffnen.

EXKURS:
Friedhöfe – Oasen des Lebens

Ruhe finden, gute Luft atmen, Tieren begegnen, sich an jungen Pflanzen und alten Bäumen erfreuen, Gräber von berühmten und weniger berühmten Persönlichkeiten besuchen, originelle Inschriften lesen, ungewöhnliche Statuen, Kreuze und Gedenksteine bestaunen – all das und noch viel mehr kann man auf Friedhöfen tun. Längst sind sie nicht mehr Toten und Trauernden vorbehalten. Sondern sie gehören zur grünen Lunge der Großstädte: In München machen sie 8 Prozent der Grünflächen aus, in Berlin 17 und in Frankfurt sogar 20 Prozent. Gern werden sie heute von Menschen aller Altersstufen zum Spazierengehen und Erholungfinden aufgesucht.

Im Jahr 1877 wurde der erste Landschaftsfriedhof Deutschlands in Hamburg-Ohlsdorf eingeweiht. Heute leben dort Waldkäuze und Waldohreulen, Turm- und Baumfalken, Nachtigallen und sogar Eisvögel, die vom Aussterben bedroht sind. Auf dem Gelände des Münchner Waldfriedhofs, dem wahrscheinlich artenreichsten Großstadtfriedhof in Deutschland, haben Vogelkundler hundertundvier Vogelarten gezählt. Die Pflanzenkundlerin Annerose Graf kartierte für ihre Doktorarbeit die Flora von fünfzig Berliner Friedhöfen. Sie zählte sechshundertneunzig verschiedene Pflanzen, von denen mehr als hundert auf der Liste für gefährdete Arten stehen. Immer mehr Friedhöfe werden zu einem Biotop für seltene Tier- und Pflanzenarten.

Ein Grund dafür ist, dass viele Städte ökologisch orientierte Friedhofssatzungen verabschieden. Plastikblumen und Kranzunterlagen aus Kunststoff werden nicht mehr gern gesehen. Einheimische Pflanzen bieten Tieren mehr Nahrung und Lebensraum als exotische Ziersträucher, deshalb werden sie empfohlen. Die Verbraucherschutzorganisation »Aeternitas« beschäftigt sich in ihrer Broschüre *Gräberschmuck im Jahresverlauf* unter anderem mit dem Thema jahreszeitlich angepasste und ökologische Bepflanzung.

In einem Artikel, der in der Zeitschrift *Brigitte* (24/1995) erschien, schreibt Christian Weber: »(Friedhofs-)Gärtner verspritzen weniger Pflanzenschutzmittel, lassen Laub liegen und abgestorbene Baumstümpfe stehen. Im morschen Holz finden seltene Käferarten eine Zuflucht. So fördert der Tod auf dem Friedhof das Leben.«

Noch weiter geht der Schweizer Ueli Sauter. Er hat im Laufe der letzten Jahre in der Schweiz zwanzig Anlagen geschaffen, die er »Friedwald« nennt.* Dort kann jeder gegen eine Gebühr die Asche seiner Familienmitglieder vergraben und darauf einen Baum pflanzen lassen. Der Baum erhält eine Nummer und bleibt für neunundneunzig Jahre im Familienbesitz. Der Begriff Stammbaum erhält so eine neue, alte Bedeutung. Sauters Initiative hat in den Medien großen Anklang gefunden. Sogar Kirchenvertreter, die dazu um ihre Meinung befragt wurden, äußerten sich positiv.

»Plus ça change, plus c'est la même chose«, sagt man in Frankreich: Je mehr es sich verändert, umso mehr ist es das Gleiche. Die Friedhofskultur wandelt sich. Die befriedeten, ummauerten Höfe haben ihre Tore weit geöffnet und das Leben, den Kreislauf der Natur wieder hineingelassen. Überreste von Verstorbenen nähren einen jungen Wald, und dabei sind Grabsteine nicht vorgesehen. Die Welt der Lebenden verbindet sich wieder mit der der Verstorbenen. In moderner, zeitgemäßer Weise, aber doch auf dem aufbauend, was mit den Menschen zu tun hat, die vor mehr als zweitausend Jahren auf dem Teil des Planeten wohnten, den wir heute unser Zuhause nennen.

---

* Adresse siehe Anhang. Auch in Deutschland sind solche »Friedwälder« in Vorbereitung.

EXKURS:
Todesanzeigen

In Kassel gibt es ein »Museum für Sepulkralkultur«. *Sepulcrum* ist das lateinische Wort für »Grab, Grabmal«. Im Anhang finden Sie dazu einiges Wissenswerte.

Im Herbst 2000 präsentierte das Museum die in der Schweiz kreierte Ausstellung »Last Minute. Eine Ausstellung zu Sterben und Tod«. Wegen des außerordentlichen Zuspruchs wurde sie um mehrere Wochen bis Ostern 2001 verlängert.

»Last Minute« näherte sich dem Thema Sterben und Tod aus einer gesellschaftlichen und aus der persönlichen Perspektive. Sie beleuchtete die Professionalisierung im Umgang mit Sterben und Tod. Sie porträtierte Menschen, die beruflich mit Sterben und Tod zu tun haben, zum Beispiel Krankenschwestern, Pfarrer, Bestatter. Objekte wie die unterschiedlichsten Särge und Urnen wurden gezeigt. Installationen, Ton- und Bilddokumente verschafften einen unverkrampften und sinnlichen Zugang zum Thema und vermittelten einen Überblick über die Sterbekultur unserer Gesellschaft.

Im Folgenden ist ein kurzer Text zur Ausstellung über Todesanzeigen zitiert:*

»Niemand muss mit einer Todesanzeige verabschiedet werden. Trotzdem ist die Todesanzeige nach wie vor eine variantenreiche, bei Absendern und Adressaten beliebte Form, in und von der Öffentlichkeit Abschied zu nehmen. Obwohl Lebenshilfe-Ratgeber und Broschüren von Bestattungsdiensten immer noch Mustertexte bereithalten, ist der Trend zur individuellen, selbst gestalteten Todesanzeige un-

* Zur Ausstellung sind erschienen: *Last minute. Ein Buch zu Sterben und Tod,* herausgegeben vom Stapferhaus Lenzburg, und *Last minute – Der Tod macht auch vor der Schule nicht Halt. Materialien für Lehrerinnen und Lehrer,* herausgegeben von Renate Amuat, Pestalozzianum, Zürich.

verkennbar. Abschiedstexte werden heute persönlicher formuliert, teilweise sogar in Ich-Form abgefasst. Die Texte werden mit Bildsymbolen oder Fotografien der Verstorbenen unterlegt. Neben gedruckten gibt es auch handgeschriebene Anzeigen. Umrandungen können kreisförmig sein. Ursachen des Todes werden immer öfter angesprochen und unverschlüsselt benannt. Hin und wieder kommt es sogar zu Schuldzuweisungen. Tabu scheint bis heute nur Farbigkeit zu sein. Todesanzeigen werden auch in Zeitungen mit farbigen Werbeseiten schwarzweiß gedruckt. Wie lange noch?«

---

3. Kapitel

Bestattung in Frauenhänden

In der Tradition der weisen Frauen wurde dem Tod genauso viel Bedeutung beigemessen wie der Geburt. Beide waren gleichwertig. Sie galten als zwei Durchgänge durch dasselbe Tor. Der eine führte hinein, der andere heraus. Wo immer es eine Vorstellung von der Mutter Natur gab, verband sie sich mit dem Gedanken, dass der Tod etwas ganz Normales ist und dass die Wurzeln jeder Pflanze in dem stecken, was verwest.

In ihrem Buch *The Pagan Book of Living and Dying** schreibt die bekannte amerikanische Friedensaktivistin, Ökofeministin, Autorin und Seminarleiterin Starhawk: »Wir haben die Verbindung zwischen Verfall und Fruchtbarkeit vergessen.«

Unser Ackerbau, so führt sie aus, ersetzt Kompost schnell durch wirksame Fertilisatoren. So laugt der Boden aus, und das Wasser wird verschmutzt.

Massenweise werden elektronische Produkte hergestellt, ohne dass man darüber nachdenkt, wie man sie in den Kreislauf der Elemente zurückführt. Wir machen Plastiktüten aus einem praktisch unvergänglichen Material, um einen Salat zwanzig Minuten lang vom Geschäft nach Hause zu tragen. Wir erschaffen eine ganze Nuklearindustrie, bevor wir das Problem gelöst haben, was mit dem Abfall geschehen soll.

Wir verhalten uns, als wenn Tod und Verfall abnormal wären. Dabei gehören sie integral zum Leben dazu.

* Starhawk (zusammen mit 39 weiteren Autoren): *The Pagan Book of Living and Dying* (»Das heidnische Buch vom Leben und Sterben«), Harper, San Francisco 1997.

Den Tod als Teil des Lebenszyklus zu akzeptieren, habe sowohl persönliche als auch soziale Konsequenzen. Wenn wir wirklich verstünden, dass Zerfall die Mutter der Fruchtbarkeit ist, würden wir unsere Produkte vor diesem Hintergrund planen, genau wie die Natur das tut. Wenn alles, was wir herstellen, recycelt werden könnte, würde unser gesamter kollektiver Reichtum wachsen. Starhawk schreibt: »Unsere Friedhöfe könnten zu Obstgärten werden. Wir würden unseren eigenen Alterungsprozess mit weniger Angst und Abscheu betrachten. Und wir würden unseren Tod sicher mit Traurigkeit begrüßen, aber nicht mit Angst.«

Den Tod wieder als dem Leben zugehörig verstehen zu lernen und den Umgang mit ihm wieder ins Leben hineinzubringen, das ist das Anliegen einiger alternativer Bestattungsunternehmen. Zu den bekanntesten gehört das »Haus der menschlichen Begleitung« des Bestatters Fritz Roth im Bergischen Land, in dem Menschen Gelegenheit gegeben wird, auf ganz individuelle Art von ihren Verstorbenen Abschied zu nehmen.

Eine zweite, noch nicht ganz so bekannte, aber ebenso bemerkenswerte Einrichtung ist die von Ajana Holz und Brigitte Schmöller, die in einem kleinen Ort auf der Schwäbischen Alb in der Nähe von Aalen ihren Standort hat. Es handelt sich um ein mobiles Bestattungsunternehmen, das im gesamten deutschsprachigen Raum zur Verfügung steht. Die Kosten, das sei gleich gesagt, sind trotz des hohen persönlichen und zeitlichen Einsatzes nicht viel höher als die von normalen Bestattungsunternehmen.

Die erste Besonderheit also ist die Mobilität. Die zweite Besonderheit fällt aber noch mehr aus dem Rahmen. Es handelt sich nämlich um eine Einrichtung von Frauen für Frauen und Kinder. Das Motto lautet »Bestattung und Begleitung in Frauenhänden«.

Folgende Ideen stehen dabei im Hintergrund: Für Menschen, die sich auf eine längere Phase des Sterbens vorbereiten, stehen heute glücklicherweise mit den Hospizen sehr gute Betreuungsmöglichkeiten zur Verfügung. Und Menschen, die ein verstorbenes Kind oder einen verstorbenen Erwachsenen betrauern, können sich in dieser schwierigen Phase in einer Selbsthilfegruppe oder bei ausgebildeten Trauerbegleitern Unterstützung holen. Doch in der akuten Situation, wo der Tod bereits eingetreten ist, wo Beerdigung und Behördengänge und dergleichen noch bevorstehen, hat man an vielen Orten nur die konventionellen Bestattungsunternehmen zur Verfügung. Bei denen weiß man nicht, wer den Körper des geliebten Menschen versorgt und wie mit ihm umgegangen wird. Individuelle Wünsche wie eine Aufbahrung zu Hause und damit verbunden ein persönliches Abschiednehmen sind meist nicht möglich. Die verstorbene Person in ihrer Lieblingskleidung beerdigen, ihr Blumen aus dem eigenen Garten, eine Kinderzeichnung, einen für sie wichtigen Gegenstand in den Sarg legen zu wollen – so etwas stößt häufig auf Ablehnung. Und weil die Angehörigen mit ihrer Trauer schon genug zu tun haben, verzichten sie dann häufig darauf, ihre Wünsche durchzukämpfen.

Individuelle Wünsche verwirklichen

Bei Ajana Holz und Brigitte Schmöller können alle individuellen Wünsche verwirklicht werden – soweit sie legal sind, natürlich. Aber die beiden Fachfrauen wissen genau Bescheid, was geht und was nicht. Das heißt, man kann sich vertrauensvoll in ihre Hände geben und sich ganz auf das konzentrieren, was einem in dieser Situation sowieso am meisten am Herzen liegt: auf die Beschäftigung mit dem würdigen und angemessenen Abschiednehmen.

Die beiden Bestatterinnen schreiben: »Es ist für uns selbstverständlich, dass die Toten von Frauen versorgt und begleitet werden, denn Frauen wissen um die Übergänge Geburt und Tod. Wir besinnen uns dabei auf die alte Tradition der Leichenwäscherinnen, die oft gleichzeitig Hebammen waren.«

Sie bieten an, Übergangsbegleiterinnen für die Zeit vom Tod bis nach der Bestattung zu sein, zunächst für Frauen und

Kinder. Denn sie sind ja selbst Frauen und Mütter – jedenfalls eine von ihnen ist Mutter von zwei Kindern. Doch betonen sie, dass sich das nicht gegen Männer richtet. Sie sagen, Männer hätten nach dem Tod genauso den Schutz und die liebevolle Betreuung nötig wie Frauen und Kinder. Beim Tod von Männern bieten sie den Abschiednehmenden eine ausführliche telefonische Beratung und Begleitung an.

Ajana Holz ist Schwesternhelferin, sie hat in verschiedenen Zusammenhängen mit Frauen und Kindern gearbeitet. Brigitte Schmöller ist Kauffrau und Buchhalterin. Beide haben bei Ute Schiran eine dreijährige schamanische Ausbildung absolviert. Während dieser Zeit verstarben zwei der Frauen, die mit der Schamaninnengruppe eng zu tun hatten, an Krebs. Sie wurden von ihren Freundinnen betreut und begleitet, und dabei kam es zu ersten wichtigen und prägenden Erfahrungen. Auch schien es so, als wenn Erinnerungen an früher von Frauen praktizierte Tätigkeiten im Zusammenhang mit Verstorbenen auftauchten. Es war, als werde hier die »Traumzeit« oder das kollektive Unbewusste angezapft.

1999 gründeten Ajana Holz und Brigitte Schmöller nach vier Jahren Vorbereitung ihr mobiles Beerdigungsinstitut, und sie tauften es »Die Barke«.

Mit diesem schönen, poetischen Namen knüpften sie an die antike Vorstellung an, dass eine Barke, also ein Boot, für den Mutterschoß stehen kann, für die Wiege und gleichzeitig für ein Transportmittel, um Seelen von einer Dimension in die andere zu befördern. Die Mondsichel steht für ein solches Boot, und sie ist auch das mütterliche Symbol der Fruchtbarkeit.

In Ägypten wurde der Sonnengott Ra/Re, der jeden Tag von neuem stirbt und wieder geboren wird, in einem Boot dargestellt, das seine Mutter Isis symbolisiert.

In der griechischen Mythologie brachte ein Boot, das von dem Fährmann Charon gesteuert wurde, die Verstorbenen über den Fluss Styx in die Anderswelt.

Auch bei der Namensgebung »Barke« scheint etwas Kollektives mitgespielt und etwas in der Luft gelegen zu haben. Denn

Der Verstorbene durchschifft in seiner Barke das Jenseits (Aus dem Ägyptischen Totenbuch).

in Herdecke im Ruhrgebiet entstand ungefähr zeitgleich ebenfalls ein von zwei Frauen betriebenes Bestattungsunternehmen mit diesem Namen.

Marli Joosten hat über einen langen Zeitraum die afrikanischen Beerdigungsriten und -bräuche studiert. Dafür hat sie sich auch in Afrika aufgehalten. Als Krankenschwester ist sie im so genannten Pflegemanagement des anthroposophisch orientierten Gemeinschaftskrankenhauses Herdecke beschäftigt. In diesem Zusammenhang kümmert sie sich um Menschen, die im Krankenhaus verstorben sind oder die gern nach Hause entlassen werden möchten, um dort zu sterben. Wobei man sich in anthroposophischen Einrichtungen grundsätzlich in beispielhaft respektvoller und spirituell orientierter Weise um Sterbende und Verstorbene kümmert.

Susanne Zanker ist Künstlerin. Ihre Spezialität ist, Särge ganz individuell zu bemalen. Durch den anderen Eindruck, den solche Särge vermitteln, kann sich die Atmosphäre auf einer Beerdigung verändern. Wenn zum Beispiel ein Verstorbener statt in einem dunklen, einfarbigen Sarg in einem himmelblauen, mit Sonne, Mond und Sternen dekorierten versenkt wird, kann die Trauergemeinde leichter auf die Idee von Erlösung und Auferstehung kommen.

Marli Joosten und Susanne Zanker haben in den Niederlanden Diplome als Bestatterinnen abgelegt. Sie machen Bestattungen nebenberuflich, zum Teil für ehemalige Patienten des Krankenhauses, zum Teil aber auch für andere Menschen aus dem Umkreis von Herdecke. Sie bestatten Männer, Frauen und Kinder.

So bestehen also Unterschiede zwischen der Arbeit der einen und der anderen »Barke«. Aber die Absicht ist die gleiche: Jeder Tod, jeder Verstorbene, jeder Hinterbliebene, jeder Trauerprozess wird als individuell begriffen. Der Angst der Lebenden vor dem Tod und dem Umgang mit Toten soll entgegengewirkt werden.

(Marli Joosten sagt: »Wir ermuntern dazu, Hand anzulegen. Wir zeigen, wie man mit Sterbenden und Verstorbenen umgeht. Durch diesen praktischen Umgang lösen sich die Ängste auf.«)

Bei beiden »Barken« gibt es einen spirituellen Hintergrund; und die Hoffnung, dass die Menschen künftig den Tod nicht mehr so ausklammern wie bisher, sondern dass sie ihm wieder einen Platz im Leben geben.

Sich Zeit für den Abschied nehmen

Um Trauer verarbeiten zu können, so sagen Ajana Holz und Brigitte Schmöller, sei ein in Ruhe vollzogener, intensiver Abschied unbedingt notwendig:

»... die Verstorbenen selbst zu waschen, zu kleiden, zu betten – all diese letzten Dinge noch einmal zu tun, das gehört zu einem Abschied dazu. So wird der Schmerz leichter ins Leben integriert und auch die Tatsache, dass diese Person wirklich tot ist.

Normalerweise wird uns heute eine solche Art des Abschiednehmens nicht geboten. Den meisten konventionellen Bestattern geht es darum, die Verstorbenen möglichst schnell in den Sarg zu legen, sie zum Friedhof zu bringen, und dann ist da der geschlossene Sarg. Kaum ein Bestatter wird zum Beispiel Eltern, denen ein Kind gestorben ist, darin unterstützen, es noch mal mit nach Hause zu nehmen. Die meisten Leute wissen nicht, dass diese Möglichkeit überhaupt besteht. Und dass es für sie selbst sehr hilfreich ist, wenn sie sich die Zeit für einen solchen Abschied nehmen. Natürlich haben sie auch Angst vor der Situation, wenn sie allein davor stehen, ohne Unterstützung und Begleitung.

Wir von der ›Barke‹ geben diese Unterstützung. Entweder wir versorgen die Toten gemeinsam mit den Abschiednehmenden. Oder wir beraten über die individuellen Möglichkeiten des Abschieds. Unsere Angebote werden meistens dankbar angenommen.«

Wichtig sei, dass die Menschen die Wahl haben, ob sie in dieser Weise Abschied nehmen möchten oder nicht. Dass eine Entscheidungsmöglichkeit bestehe. Denn der so häufig erteilte Rat »Behaltet die Toten so in Erinnerung, wie ihr sie zu Lebzeiten gekannt habt. Schaut sie euch nicht mehr an« sei nur selten ein guter.

In vielen Fällen – so die Erfahrung der beiden Frauen, wenn sie als »Barke« aktiv werden – ist es das erste Mal, dass die Angehörigen und Freunde mit einem toten Körper Kontakt haben. Wenn die Zurückgebliebenen den verstorbenen Menschen gekannt haben, handelt es sich immer um ein gutes Erlebnis: Es ist sehr viel Liebe spürbar. Ganz anders, als wenn beispielsweise einmal jemand Zeuge war, wie ein Unbekannter auf der Straße unter schrecklichen Bedingungen starb. Traumatische Bilder dieser Art, die wir auch aus den Massenmedien kennen, lösen große Angst aus. Dabei sterben die meisten Menschen nicht unter solch furchtbaren Umständen. Wer einmal jemanden friedlich dahinscheiden sah oder wer jemanden aufgebahrt erlebt hat, den er kannte, gewinnt eine andere Einstellung. »Im Kontakt mit den Toten löst sich die Angst vor dem Tod und vor den Toten ganz schnell auf«, betont Ajana Holz. Und das ist nicht nur ihre Erfahrung, sondern genauso die der Frauen von der Herdecker »Barke«, es ist im Buch *Der Trauer eine Heimat geben** nachzulesen und wird an vielen weiteren Stellen bestätigt.

Je mehr sie mit Toten zu tun habe, umso weniger glaube sie, dass es schlimm sei, zu sterben, sagt Ajana Holz. Natürlich möchte sie genauso würdevoll und angemessen begleitet werden, wie sie das selbst bei anderen tut. Aber Angst vor dem Tod sei nicht nötig, auch wenn die Furcht vor dem Sterben durchaus verständlich sei. Sogar wenn jemand unter gar nicht idealen Bedingungen sein Leben gelassen habe – vielleicht nach einem Unfall, einer langen Krankheit oder nach einer Selbsttötung –, löse sich viel von dem Leiden und dem Schmerz auf. Das sei am Gesichtsausdruck der Toten abzulesen.

»Sterben ist eine Verwandlung«

Die Frauen von der »Barke« sagen: »Die Toten zeigen, dass Sterben eine wunderbare Verwandlung und Transformation bedeutet. Es spiegelt sich in ihren Gesichtern wider.« Es sei ein Geschenk, das zu sehen und zu erfahren. Und es liege völlig auf der Hand, dass ein solches Erlebnis bei der Verarbeitung der Trauer helfe. Sogar Menschen, die in ihrem normalen Alltag nicht an ein Weiterleben nach dem Tod glauben, empfänden es als etwas ganz Besonderes, an diesem Prozess teilzuhaben.

Unter denen, die sich von der »Barke« betreuen lassen, sind also durchaus auch »unspirituelle« Menschen; und sie sind ebenso willkommen wie alle anderen. Es wird dort keine Ideologie vertreten, nach der man sich richten muss. Auch gibt es keinerlei vorfabrizierte Rituale. Es ist beispielsweise selbstverständlich immer möglich, lokale PriesterInnen, auch TrauerrednerInnen, KünstlerInnen, MusikerInnen und so weiter einzubeziehen. Von christlich über jüdisch, buddhistisch oder ohne religiöse Ausrichtung bis hin zur See- oder anonymen Bestattung ganz ohne Feierlichkeiten ist alles machbar.

Ajana Holz und Brigitte Schmöller empfehlen, sich mit die-

* Sabine Bode und Fritz Roth: *Der Trauer eine Heimat geben,* Gustav Lübbe, Bergisch Gladbach 1998.

sen Fragen rechtzeitig auseinander zu setzen: Wie möchte ich, dass mit mir umgegangen wird, falls mir etwas zustößt? Welche Art von Verabschiedung und Bestattung würde am besten zu mir passen? Soll meine Familie sich um all dies kümmern? Oder wenn es keine Familie gibt beziehungsweise falls vielleicht der Kontakt zu ihr nicht der beste ist: Wer soll die so genannte Totensorge übernehmen? Sofern eine geeignete Vertrauensperson nicht am Ort lebt: Wer könnte die entsprechende Kontaktperson sein? Entscheidungen wie diese müssen immer mit den Betreffenden verabredet sein, und sie sollten möglichst auf Gegenseitigkeit beruhen: Brauchst du Hilfe, helf ich dir. Brauch ich Hilfe, hilfst du mir. Die Vereinbarungen sollten immer wieder auf den aktuellen Stand gebracht werden. Und es ist empfehlenswert, wenn alle Unterlagen, die in einem Todesfall bei den Behörden vorgelegt werden müssen, möglichst leicht auffindbar sind.*

Was Ajana Holz und Brigitte Schmöller anbieten, knüpft also an das an, was in alten Zeiten praktiziert wurde, und zwar hier, in unserem Kulturraum. Es nimmt jedoch auch Elemente aus anderen Kulturen auf, wenn das gewünscht wird, und es kann daher multikulturelle Aspekte haben. Gleichzeitig aber bedient es sich der Möglichkeiten, die heutzutage zur Verfügung stehen: Es gibt einen Bestattungswagen für die Mobilität, es gibt Fax und Internet...

* Eine Liste, auf der diese Unterlagen aufgeführt sind, sowie verschiedene weitere wichtige Informationen zur Totensorge finden Sie im Anhang. (Und die Frauen von der »Barke« verschicken Informationsmaterial dazu.)

Würde im Tod

Es geht ihnen in ihrer Arbeit als Bestatterinnen, so sagt Ajana Holz, nicht nur um die Würde im Tod, um einen anderen Umgang mit dem Tod und den Verstorbenen, sondern es geht ebenso um einen anderen Umgang mit dem Leben und den Lebenden. Auch in Krankenhäusern, Altenheimen und anderen Institutionen sollten die Menschen mit Würde und Respekt behandelt werden. Man tue gut daran, sich beizeiten für einen eventuellen schweren Krankheitsfall ein gutes Krankenhaus auszusuchen, wo man ein Patient sei und keine Nummer. Denn so, wie man dort mit den Lebenden umgehe – das lasse zuverlässige Rückschlüsse auf den Umgang mit den Verstorbenen zu.

Wenn sich jemand zum Sterben bereitmacht, tauchen ihrer Erfahrung nach immer so wesentliche Fragen auf wie: »Habe ich in meinem Leben wirklich das gemacht, was meine Aufgabe war und was ich wollte? Bin ich meinen Herzensweg gegangen? Habe ich mich für mich selbst entschieden? Und für die, die ich geliebt habe?« Wenn solche Fragen eher mit Nein beantwortet werden müssen, fällt den Menschen das Sterben häufig schwer.

Jemand, der authentisch lebt, der Entscheidungen treffen kann, der sich selbst kennt und, nun ja, der im Großen und Ganzen »seinen Herzensweg geht«, der wird wahrscheinlich fähig sein, ohne größere Schwierigkeiten auch seinen Weg in die andere Dimension zu schaffen. Natürlich spielt es immer eine wesentliche Rolle, ob die betreffende Person an ein Weiterleben der Seele nach dem körperlichen Tod glaubt. Für Menschen ohne diesen Glauben oder diese Überzeugung, wie immer sie im Detail aussehen mag, gestaltet sich die Reise hinüber meist ebenfalls nicht ganz einfach.

Und was die Hinterbliebenen betrifft: Trauer ist ein ganz starkes, tiefes Gefühl mit vielen Aspekten, sogar mit Aspekten, die aus konventioneller Sicht negativ beurteilt werden – wie Schmerz, Wut, Verlassenheit. Es braucht Zeit und einen geschützten Raum, um mit alldem umzugehen. Aber wenn Zeit und Raum tatsächlich gegeben sind, kommt Bewegung und Lebendigkeit in die Trauer, und sie kann für das weitere Leben eine unterstützende Kraft werden. Nur die im Schock erstarrte Trauer, die keinen Raum hat und sich nicht bewegen darf, wirkt zerstörend.

Das Ziel ihrer Arbeit fassen die beiden Frauen so zusammen: Sie wollen in der äußerst sensiblen Zeit zwischen Tod und Bestattung, die für alle Betroffenen eine extreme Ausnahmesituation darstellt, begleitend und schützend zur Verfügung stehen. Einmal der verstorbenen Person, damit sie ihre Reise – »wohin auch immer« – möglichst leicht antreten oder fortsetzen kann. Und zum anderen den Abschiednehmenden, damit sie die Dahingeschiedenen optimal versorgt wissen und gut begleitet gehen lassen können.

Wenn dann diese sensible Zeit vorbei ist und die Trauer langsam zu der, wie sie sagen, unterstützenden Kraft für das weitere Leben geworden ist, haben die Hinterbliebenen die Aufgabe gemeistert: den verstorbenen Menschen loszulassen und ihn gleichzeitig in ihren Herzen zu wissen.

EXKURS: Eine Totenwache

VON FRED HAGENEDER

(Fred Hageneder ist ein deutscher Künstler, der mit seiner Familie in England lebt. Schon Anfang der Achtzigerjahre zeichnete er einen keltischen Baumkalender. Durch die Veröffentlichung machte er Bäume wieder zu einem spirituellen Thema.

Einige Jahre später brachte er eine CD mit Musik heraus, die vom keltischen Baumkreis inspiriert ist. 1998 veröffentlichte er sein viel beachtetes, wunderbar aufgemachtes, zum Teil mit eigenen Gemälden illustriertes Buch *Geist der Bäume.**

* Fred Hageneder: *Geist der Bäume – Eine ganzheitliche Sicht des unerkannten Wesens der Bäume,* Neue Erde, Saarbrücken 1998.

Hageneder ist ein sensibler, mit der Natur und ihren Kreisläufen eng vertrauter Mensch. Exklusiv für *Das westliche Totenbuch* schildert er im Folgenden, was die Totenwache, die er bei seiner Großmutter hielt, in ihm auslöste. Und er fasst zusammen, welche Gedanken über Leben und Tod ihm dabei und danach kamen.)

Als meine Großmutter im einundneunzigsten Jahre ihres Lebens verschied, befand ich mich zu Hause auf unserem gemieteten Bauernhof in England. Sofort nach dem Anruf meiner Eltern buchte ich einen Flug nach Hamburg, denn eines war mir klar: Wenn ich schon ihre Sterbestunde versäumt hatte, so wollte ich doch wenigstens eine Totenwache halten!

Meine Eltern hatten beim Bestattungsunternehmen durchsetzen können, dass Omas sterbliche Überreste noch eine zweite Nacht im Haus aufgebahrt bleiben durften – mit dem Argument, der Enkel aus England wolle die Oma unbedingt noch einmal sehen. Die Bestatter hatten zugestimmt, aber nur, weil es Dezember war – und mit dem Hinweis, die Heizung im Raum solle kalt bleiben. Bestatter fühlen sich in der Regel verpflichtet, hygienischen Vorstellungen mit deutscher Gründlichkeit Genüge zu tun …

Nun erreicht uns jedoch aus ganz unterschiedlichen Traditionen die Information, dass die Seele drei Tage bräuchte, um sich vollständig vom Körper zu lösen. Das weiß zwar keiner, und wer kann es beweisen? Aber andererseits: Wollen wir wirklich das Risiko eingehen, unsere letzten Signale der irdischen Welt aus der sterilen, dunklen Schublade einer Tiefkühlanstalt zu empfangen? Ist es der Würde des Menschen nicht viel gemäßer, dass die ihm Nahestehenden abwechselnd oder gemeinsam für drei Tage und Nächte Abschied von ihm nehmen, den alten Bräuchen der Totenwache folgend?

Mit solchen Gedanken machte ich mich am nächsten Morgen um fünf Uhr auf die zweistündige Fahrt zum Flughafen. Kaum unterwegs, hörte ich im Autoradio, dass Heathrow brennt. Das gesamte Terminal 2 wurde gerade weiträumig abgesperrt. Ausgerechnet heute! Was nun? Da so früh am Morgen noch kein Telefon besetzt war, fuhr ich direkt wieder nach Hause und kramte in meinem Papierkorb nach den anderen Flügen nach Hamburg, die das Reisebüro mir angeboten hatte. Es blieb gerade noch Zeit, auf gut Glück und mit überhöhter Geschwindigkeit nach Birmingham zu fahren. Ganze sieben Minuten vor dem Abflug erstand ich ein Ticket direkt am Schalter.

Martha Tews – schon der Name spricht Bände: Martha = »die Dienerin« und Tews (von *deus*) = »Gott«; und eine Dienerin Gottes war sie ihr Leben lang. Durch den Krieg nicht nur verwitwet, sondern auch ihres Hauses und Hofes beraubt, schuftete die einst stolze Bäuerin demütig in einer Stofffabrik, um ihre beiden Kinder durchzubringen. 1947, durch Leid und Hunger geschwächt, war sie an einer Lungenentzündung erkrankt, und die Ärzte im Krankenhaus hatten sie fast aufgegeben. Da war ihr Jesus im Traum erschienen, »mit Hirtenstab und allem«, wie sie mir einst erzählte, in einer wunderschönen grünen Hügellandschaft. Er strich ihr über den Brustkorb, und die Schmerzen verschwanden. Als sie aufwachte, war außerdem auch das hohe Fieber weg. Arzt, Schwestern und Patienten lauschten andächtig ihrem Bericht, und mit berührter Seele konnte der Arzt sie am nächsten Tag entlassen. Seither liebte sie ihren Nächsten wie sich selbst, und durch all die Jahre des Kalten Krieges hindurch schickte sie riesige Versorgungspakete an die armen Zurückgebliebenen »in der Heimat« (Ostpreußen, heute Polen). Einen guten Teil ihrer Zeit verbrachte sie damit, an diese Menschen Briefe zu schreiben, um Lichtstrahlen in das Dunkel zu senden.

Meine Oma, ein ganz normaler Mensch also, niemand, der jemals Schlagzeilen machte. Im Hause meiner Eltern angekommen, trank ich als Erstes einen Tee mit ihnen. Es gab ja keine Eile mehr: Ich war ohnehin zu spät, um Oma lebend zu verabschieden, und ihr Leichnam durfte ja nun bis zum nächsten Morgen im Hause bleiben.

Ganze drei Jahre zuvor hatte ich zuletzt einen Toten gesehen. Meine Musikgruppe hatte im Hospiz in Lohmar Desem gespielt, und während wir spielten, war ein alter Mann auf seinem Zimmer gestorben. Am nächsten Morgen ließen wir uns zu ihm führen. Aufgebahrt zwischen zwei riesigen Blumensträußen lag er da, mit gelber ledriger Haut, und die Begegnung traf uns alle wie ein Blitz: Noch nie in meinem ganzen Leben hatte ich solch einen Ausdruck von Erleichterung und Freude in einem menschlichen Antlitz erblickt. Wir weinten alle still, überwältigt von dem Segen und dem Glück, die den Raum erfüllten. Ich weinte außerdem, weil ich erkannte, welche Würde und unaussprechliche Schönheit, welche Größe der Tod selbst hat. Und ich weinte aus Wut, weil in unserer Gesellschaft die Medien uns dies vollständig vorenthalten. Die öffentliche Meinung diskutiert zeitweilig über zu viel Gewalt im Fernsehen, aber welch ein völlig pervertiertes Zerrbild wir alle längst vom Tod haben – darüber wird nur selten gesprochen.

Ich hatte also keinerlei Angst davor, Oma tot zu sehen. Auch für sie war der Tod als Erleichterung gekommen. Sieben Jahre lang hatte sie unter zunehmendem Rheuma gelitten. Ihre verknöcherten Finger waren kaum noch zu gebrauchen, und die starken Medikamente hatten ihre Eingeweide ruiniert. Für die letzten zwei Jahre praktisch zu schwach, um aufzustehen, hatte sie den Tod ersehnt. Er kam schließlich, während ihre Tochter, meine Mutter, sie fütterte.

Als ich an ihr Totenbett trat, war ich dennoch schockiert. Wenn man ein Gesicht so gut gekannt hat, ist die Veränderung drastisch. Die Person, die mir vertraut war, war nicht mehr da. Hier lag eine leere, zurückgelassene Hülle.

Oma war immer ein »Durchhaltetyp« gewesen, von äußerst zäher Natur, und die rheumatischen Schmerzen hatten ihren Ausdruck zusätzlich geprägt. Doch das war alles fort. Ihr Gesicht war völlig entspannt. Zum einen sah man die Knochen stärker hervortreten (war dies das Antlitz des Todes?), zum anderen – und das war es, was mich so berührte – schimmerte das Gesicht eines kleinen, unschuldigen Mädchens hindurch. Mein Leben lang hatte ich Oma nur als vorzeitig gealterte Frau gekannt. Alle Fotos aus früheren Zeiten waren auf der Flucht bei Kriegsende verloren gegangen, und als junge Frau oder gar als Kind hatte ich sie mir niemals vorgestellt. Doch jetzt war das kleine Mädchen wieder da, für einen Moment, den letzten Moment, war sie zurückgekehrt. Ich sah all die Lebenslust, die Frische und die Neugier, mit der eine Seele als junger Mensch ein neues Leben beginnt. Unter Tränen küsste ich dieses Mädchen, das ein halbes Jahrhundert vor meiner Geburt gelebt hatte, auf die Wange.

Als Zeuge davon, wie ihre Seele gekommen und gegangen war, fühlte ich nun den Drang, ein Gebet, eine Segnung zu sprechen. Obwohl wir in einer Zeit leben, in der man sich für Gebete eher schämt, wollte ich meine Mutter, die auf der anderen Seite des Bettes stand, einbeziehen. Und die Kraft der Inspiration war stark genug. Mit lauter Stimme rief ich das Höhere Selbst meiner Großmutter und beschwor die aufrichtige Liebe, die meine Mutter und ich für sie hegen. Von dieser Liebe sandte ich ihr ein konzentriertes Bündel, wie einen Laserstrahl, der die Grenzen der dreidimensionalen Welt überschreitet, als Segen für ihre weiteren Wege. Und auch von unserer Dankbarkeit für die Freude und die Ehre, ein Stückchen Weges gemeinsam mit ihr gegangen zu sein. Dann band ich ihr ein Amulett um, das ich aus Eibenholz gefertigt hatte.

Ich stand noch eine Weile stumm da, mit geschlossenen Augen, aber auch immer wieder auf die Gleichzeitigkeit von Totenschädel und jungem Mädchen schauend. Da bemerkte ich, dass mich etwas stark nach oben zog. Ich fühlte mich bereits, als würde ich etwa einen halben Meter über dem Boden schweben. Ein leichtes Schwindelgefühl nahm zu. Über uns, direkt über ihrer Körpermitte, befand sich, so schien es mir, eine unsichtbare trichterförmige Öffnung mit enormer Saugkraft. Wie ein Echo hallte darin eine große Freude und Leichtigkeit. Es war ein Jauchzen und ein Jubeln dort, das »endlich!« rief. Mir aber wurde der Sog zu stark, ich klopfte meinen Körper mit den Fäusten ab und trampelte ein paar Mal auf den Boden, um mich wieder zu erden.

War dies der Tunnel des Lichtes, von dem man mitunter hört? Ich weiß es nicht. Erst jetzt, zwei Jahre später, wird mir beim Aufschreiben der Ereignisse klar, dass man dieses »Trichtererlebnis« als »Antwort« auf mein Gebet interpretieren könnte. Aber das ist mir egal. Was für mich zählt, ist, dass ich nun weiß, wie Oma gegangen ist. Und dass es gut war. Und dass sie weiß, dass ich es weiß.

Meine eigentliche Nachtwache war dagegen völlig ereignislos. Ich saß allein mit Omas Leichnam bei Kerzenlicht und versuchte zu meditieren, leer und empfänglich für eventuelle »Nachrichten aus dem Jenseits« zu sein. Aber nichts geschah. Ich dachte und fühlte viele Dinge über ihr Leben und ging in den frühen Morgenstunden sogar doch noch ins Bett. Und schlief traumlos.

Doch am nächsten Morgen war ich ein anderer Mensch. Tote haben es ja so an sich, dass sie auf nichts mehr reagieren. Das verursacht oft den größten Schmerz für die Hinterbliebenen: die Reue, wenn es zu spät ist, etwas nie Gesagtes zu sagen, wenn es zu spät ist, Liebe zu zeigen oder Vergebung. Doch hier war ich nun nach meiner Totenwache – umgeben von Lebenden, die mir direkt antworten konnten! Die mich sehen konnten, denen ich in die Augen schauen konnte! Nie zuvor war mir so bewusst gewesen, welch ein Geschenk es ist, zusammen mit anderen hier in dieser Dimension zu sein und kommunizieren zu können. Ich besuchte die Nachbarn und umarmte sie mit großer Frische und Herzlichkeit. Wir fingen endlich an, uns zu duzen – mit etwa zwanzigjähriger Verzögerung war das Eis der höflichen Distanziertheit endlich gebrochen –, und ich erzählte ihnen von der Nachtwache … und von der Freude, mit anderen lebendig zu sein.

Seither glaube ich, dass der Tod ein Heiler ist. Er lehrt uns viel über das Leben. Er rückt Dinge und Probleme in angemessene Proportionen. Wenn ich einen Ratgeber brauche, denke ich an meinen eigenen Tod. Als Jugendlicher hörte ich einmal eine Spruchweisheit, die ich nie wieder vergessen habe: »Lebe, wie du, wenn du stirbst, wünschen wirst, gelebt zu haben!« Ein Zungenbrecher, der uns auffordert, aus dem Herzen zu leben und möglicher Reue niemals einen Boden zu bereiten.

Ich glaube, dass es einer der lebensfeindlichsten Aspekte

unserer Gesellschaft ist, den Tod in Anstalten und geschlossene Räume abzuschieben. Ohne seinen Rat, seine Würde und Weisheit werden Menschen zu Konsumenten und Besitzern von Prestigeobjekten. Genau auf diese Weise rast die Zivilisation in den Abgrund einer globalen Umweltkatastrophe. Ich glaube, die Wiedereinbeziehung des Todes in unser Leben würde zu einer wesentlichen Gesundung unserer Gesellschaft führen. Ohne Tod können wir nicht leben.

---

4. Kapitel

Frischer Wind auf allen Ebenen

Wie wohl fühlt man sich nach einem Spaziergang am Meer, wenn einen der Wind so richtig »durchgepustet« hat; wie gut tut es, nach ein paar Stunden konzentrierter Arbeit in die Sonne hinauszugehen und dort für einen Augenblick Entspannung, Licht und Wärme zu tanken! Und hat es nicht geradezu etwas Magisches, wenn Sie nach einem intensiven Gespräch, nach einer schwierigen Diskussion das Fenster öffnen und frischen Wind in den Raum lassen, damit sich die dicke Luft – in beiderlei Wortsinn gemeint – verabschieden kann?

Die energetische Reinigung des eigenen Körpers und Umfeldes ist heute so nötig wie eh und je. Sie steht nur nicht mehr an so wichtiger Stelle wie früher. Bei all den Kosmetika, Reinigungs- und Desinfektionsmitteln, die wir zur Verfügung haben, sind die vielfältigen Rituale und Rezepte aus früheren Zeiten fast in Vergessenheit geraten. Aus Zeiten, in denen mit einfachen und preiswerten Mitteln beste Ergebnisse erzielt wurden. Und dennoch: Die naheliegendsten Möglichkeiten wie Sonne, Wind und frische Luft können gar nicht ignoriert und von Künstlich-Modischem verdrängt werden; denn sie sind lebensnotwendig. Und so vollzieht jeder von uns täglich »Reinigungsrituale«, wenn auch vielleicht unbewusst.

Die Klärung der Atmosphäre ist besonders wichtig, wenn es um Abschied, Trauer und Neubeginn geht. Das Zimmer eines Kranken oder Sterbenden nicht nur materiell, sondern auch energetisch sauber zu halten, ist ein Dienst, der allen Beteiligten zugute kommt.

Nach dem Tod eines Menschen sollte man die Räume, das

Haus, wo er gelebt hat, mit Sorgfalt, Liebe, Respekt und Diskretion ausräumen. Besitztümer wie Möbel, Kleidung, Schmuck, Bücher und so weiter sollten sorgfältig durchgeschaut und sortiert werden. Was ist zu behalten, was an wen wegzugeben, was zu entsorgen? Lohnt es sich vielleicht, alte Kleidungsstücke zu reinigen und sie für Patchwork oder Quilts aufzubewahren?

Wenn diese Arbeit getan ist, steht eine atmosphärische Reinigung der Räume an, egal, wie die Umstände sind: ob Sie selbst dort wohnen bleiben oder einziehen wollen, ob die Wohnung oder das Haus weitervermietet beziehungsweise weiterverkauft wird oder ob in das Zimmer im Seniorenheim ein neuer Bewohner einquartiert werden soll.

»Reinigung« mit Klängen, Wasser und Salz

Anlässe für eine energetische Reinigung von Körper, Kleidung und Umfeld gibt es noch weitere: nach der Trauerfeier; wenn im Traum oder in der Meditation eine Situation aufgetaucht ist, die mit Sterben und Tod zu tun hatte; wenn sich der Todestag oder der Geburtstag eines Verstorbenen jährt; wenn Sie selbst eine Krankheit überwunden haben; wenn Ihnen ein Zahn gezogen wurde.

Die zu verwendenden Mittel sind vielfältig. Sie sind miteinander kombinierbar. Man kann daraus ganz individuelle Rituale mit einer bestimmten Abfolge kreieren. Und man kann sie auch einzeln mit einer Pause von einem oder mehreren Tagen verwenden. Eine der Möglichkeiten wird später in diesem Kapitel näher besprochen: das Räuchern. Es handelt sich dabei um eine uralte Tradition.

Auch das Klären der Atmosphäre mit Klängen stammt aus der Zeit unserer Vorfahren. Es funktioniert mit Klatschen, Summen und Singen ebenso wie mit Gongs, Klangschalen, Rasseln, Trommeln, Glocken und so weiter. Wichtig ist nur, dass es sich um keine »Konservenmusik« handelt, sondern dass Sie die Töne oder Klänge selbst erzeugen. Und dass Sie

Nachbarn entweder vorwarnen oder für Ihre Aktivitäten einen Zeitpunkt wählen, an dem Sie sicher sein können: Niemand fühlt sich gestört.

Wasser ist das verbreitetste Reinigungsmittel, auf jeden Fall materiell, vielleicht auch energetisch. Die Katholiken versprengen Weihwasser, um die Kirche, einen Prozessionsweg oder ein Haus zu segnen. Die Gläubigen tauchen ihre Hand ins Weihwasserbecken, machen das Kreuzzeichen und stimmen sich so auf eine Zeit des Gebets und des Angeschlossenseins ein.

Sie können Ihr eigenes »Weihwasser« herstellen, indem Sie Wasser in einem Glas einige Stunden lang dem direkten Sonnen- oder Mondlicht aussetzen, indem Sie frische Kräuter und Blumen hineinlegen, sogar ein geliebtes Schmuckstück, einen besonderen Stein oder Kristall…

Zur atmosphärischen Reinigung wird traditionell Salzwasser verwendet. Rühren Sie einfach einen Löffel voll Tafelsalz oder Meersalz in ein großes Glas Wasser. Besonders kostbar ist Salz aus dem Toten Meer, also aus dem Heiligen Land, das Sie in Apotheken erhalten.

Sie können das so präparierte Wasser mit den Fingern versprengen – um sich selbst und in der Nähe von anderen, über Kleidung, Gegenstände, in Räume hinein. Sie können dafür aber auch einen Zweig von einem Baum oder Busch verwenden, an dem sich Blätter befinden. Eiche, Zeder, Kiefer eignen sich besonders gut. Ein Stängel mit frischen oder getrockneten Lavendelblüten, eine frische oder getrocknete Rose lassen sich ebenfalls gut dafür hernehmen.

Auch Salz allein, ohne Wasser, ist ein traditionelles Reinigungsmedium. Es kann in winzigen Dosen verstreut und, wenn nötig, nach einer gewissen Zeit aufgefegt oder mit dem Staubsauger entfernt werden. Salz nimmt Negatives in sich auf, und es strahlt Schutz aus.

Gleich, wie Sie ein persönliches Reinigungsritual gestalten, das Wichtigste dabei ist die Absicht, die Sie verfolgen, und die Konzentration, mit der Sie es vollziehen.

Äußerlich kann eine Situation, in der Sie singen, ein wenig

Wasser versprengen oder räuchern, ganz einfach erscheinen. Und sie kann, weil Sie konzentriert und klar Ihr Ziel vor Augen haben, sehr effektiv sein. Es ist sogar möglich, das Ganze ohne jede äußeren Merkmale nur in der Vorstellung zu vollziehen, und es wirkt dennoch. (Manchmal ist das notwendig, weil Anwesende Anstoß nehmen würden, wenn sie dabei Zeuge wären.)

Ein großartig angelegtes Ritual mit allem Drum und Dran kann leer und wirkungslos sein, wenn es nicht mit der entsprechenden Absicht und inneren Anteilnahme durchgeführt wird. Andererseits ist es aber auch möglich, dass die intensive Vorbereitung und das Beschaffen von vielfältigen schönen Zutaten dabei hilft, eine kraftvolle Situation zu schaffen und nachhaltige Wirkung zu erzielen.

Überlegen Sie, wie Sie Ihrem Alltag bewusst immer wieder kleine Rituale des Abschlusses, des Neuanfangs und der Erfrischung hinzufügen können. Das kostet weder zeitlich noch finanziell viel, aber es bereichert auf allen Ebenen. Kinder haben daran Freude. Kranken und älteren Menschen erweist man damit einen wertvollen Dienst. Und noch eins: Wenn jemand so krank und schwach ist, dass er für ein Gespräch keine Kraft hat, dann kann – sein Einverständnis vorausgesetzt – ein passendes kleines Reinigungsritual eine wunderbare wortlose Kommunikation bedeuten.

Von Raunächten und Rauchnächten

In alter Zeit, noch bevor sich das Christentum verbreitete, gab es bei uns festgelegte Abläufe, die eingehalten wurden, wenn jemand verstorben war. Diese Abläufe gaben den Menschen Halt, damit sie am Geheimnis und Schrecken des Todes nicht verzweifelten. Die praktischen Verrichtungen und die überlieferten Vorstellungen von dem, was nach dem Tod mit den Seelen der Menschen geschieht, waren aufeinander abgestimmt. Jeder kannte seine spezielle Rolle und Aufgabe, die von Todesfall zu Todesfall variieren konnte. Und so wurde das Gewebe der Gemeinschaft, der Großfamilie, des Clans gestärkt.

Eine der ältesten Darstellungen der Frau Perchta, um 1486.

In unserem mitteleuropäischen Raum glaubte man in vorchristlicher Zeit, dass die Seelen derjenigen, die im Verlauf eines Jahres gestorben waren, an ihrem Grab oder an einem anderen Ort in freier Natur warteten. Sie warteten auf die beiden Zeiten, wenn die Pforten zur jenseitigen Welt geöffnet waren, und zwar an Samhain (1. November) und in den Raunächten. Das sind die Nächte vom 21. Dezember, also der Wintersonnenwende, bis zum 6. Januar. In diesen Nächten war, so stellte man sich vor, die Percht mit ihrer wilden Jagd oder ihrem wilden Heer unterwegs. Die Percht ist im alpenländischen Raum und in Böhmen die große Göttin in ihrer Rolle als Todesgöttin. Sie war einerseits gefürchtet, man empfand sie aber auch als hilfreich, gnädig und liebevoll. In nördlicheren Regionen handelte es sich um den Gott Wodan, der mit seinem Gefolge unterwegs war – auch er gefürchtet und geliebt.

Percht und Wodan holten die Seelen der in den vergangenen zwölf Monaten Gestorbenen ab und geleiteten sie hinüber ins Land der Toten.

Aus dieser Vorstellung ergab sich alles, was getan wurde, wenn jemand das Zeitliche gesegnet hatte. Man bahrte ihn drei Tage lang auf, um der Seele Gelegenheit zu geben, sich gründlich vom Körper zu trennen, und damit die Hinterbliebenen Abschied nehmen konnten. Dann fand das Begräbnis statt. Dafür zog man dem Toten sein bestes Kleidungsstück an. Die Kleidung, die er trug, als er starb, legte man mit ins Grab. Die wollte man nicht mehr im Hause haben. Aus dem gleichen Grund wurden alle übrigen Kleider des Toten verbrannt. Meist war das nicht viel, denn die Menschen besaßen damals kaum mehr als ein Festtagsgewand und ihre Arbeitskleidung.

Die Kleider wurden als zweite Haut angesehen. Mit dem Verscheiden desjenigen, der sie getragen hatte, war auch für sie unter den Lebenden kein Platz mehr, sie hatten ausgedient. Zudem wollte man unbedingt vermeiden, dass die Percht oder Wodan den Falschen mitnahmen, wenn sie vorbeikamen. Jemanden, der zu den Lebenden gehörte, der aber die Kleidung eines Toten trug.

Nach der Beerdigung wurden die sonstigen Besitztümer des Betreffenden verteilt, das Haus wurde von oben bis unten geputzt und vor allem ausgeräuchert. Falls er an einer Krankheit verstorben war, vertrieb man auf diese Weise die Krankheitsdämonen, so die damalige Sichtweise. Heute sprechen wir von Bazillen. Wie nebensächlich die Bezeichnung ist, zeigen neue wissenschaftliche Untersuchungen, die belegen, dass das Räuchern mit bestimmten Stoffen tatsächlich desinfizierend wirkt. Besonders das Räuchern mit Wacholder, der damals meist verwendet wurde, der später in Zeiten der Pest in unvorstellbaren Mengen zur Anwendung kam und der heute unter anderem durch den Wacholderschinken bekannt ist: Schinken wird mit Wacholder geräuchert, um ihn zu konservieren.

Wacholder ist seit Urzeiten in den Regionen nördlich der Alpen zu Hause. Zum Ausräuchern eines Hauses nach einem Todesfall wurde er besonders gern genommen, und zwar ganze Zweige davon. Denn die besondere desinfizierende Wirkung sitzt vor allem in den Nadeln.

Das Sterbezimmer und das Trauerhaus wurden aber vor allen Dingen aus folgendem Grund ausgeräuchert: Die Seele des Toten sollte weggehen. Sie sollte draußen am Grab warten, bis an Samhain oder in den Raunächten die Percht oder Wodan vorbeizogen. Und sie sollte die Lebenden in Ruhe lassen.

Die Raunächte werden auch »Rauchnächte« genannt. Denn egal, ob in den vorangegangenen Monaten ein Familienmitglied verstorben ist oder nicht, in diesen Nächten wurde in Haus und Hof geräuchert. Mit Kohle aus dem Herd, die in riesige Wannen gelegt und mit trockenen Kräutern, mit Wurzeln und Harz aufgefüllt wurden. Man desinfizierte so die Ställe, um sie für die Geburt des jungen Viehs im nahenden Frühjahr bereitzumachen. Und auch den Wohnbereich reinigte man auf diese Weise.

Gleichzeitig war nun die große Orakelzeit. Heute kennen wir das Bleigießen an Silvester als Überbleibsel dieser Tradition. Damals wurde während der Raunächte in die Zukunft geschaut. Es ging beispielsweise um Themen wie das Wetter, von dem die Menschen damals existenziell abhängig waren. Es ging um Gesundheit. Die jungen Frauen wollten wissen, wer der Richtige zum Heiraten war – in Gesellschaften, in denen Trennung und Scheidung nicht in Frage kamen, eine noch wesentlichere Frage als heute (obwohl auch im 21. Jahrhundert bei Wahrsagesessions Liebe und Zusammenleben das Thema Nummer eins sind).

In den Raunächten wurden nicht nur die frisch Verstorbenen abgeholt. Sondern diejenigen, die schon lange nicht mehr unter den Lebenden weilten und als weise Ahnen angesehen wurden, konnten auch eingeladen werden. Die Pforten zwischen den Welten waren offen, und das machte man sich zu Nutze. Den Vorfahren wurde buchstäblich der Tisch gedeckt und ein abendliches Festmahl angeboten. Dann legten sich die lebenden Familienmitglieder schlafen und konzentrierten sich auf Fragen, auf die sie im Traum eine Antwort erhofften.

Am nächsten Morgen wurde die Tafel als abgegessen angesehen. Die Einladung war akzeptiert worden. Reste wurden an die Tiere verfüttert. Und es gab jede Menge Gesprächsstoff…

Lektionen aus der »Blumenschule«

Informationen wie diese, über die Raunächte, über alte Bräuche, über das Räuchern, können aus einer Quelle geschöpft werden, die einen passenden Namen trägt, aus der »Blumenschule«. Das ist eine Gärtnerei in Schongau, eine gute Stunde südwestlich von München gelegen. Seit einigen Jahren stellen die Inhaber, Rainer Engler und Sabine Friesch, den traditionellen Betrieb mehr und mehr um. Mittlerweile wird dort ganz und gar biologisch kontrolliert gearbeitet. Im gesamten Ablauf werden die Mondrhythmen beachtet. Es gibt dort neben einem eher konventionellen Angebot eine breite Palette von Kräutern aus aller Welt und von heimischen Pflanzen mit mythologischer Bedeutung.

An Wacholdersträuchern beispielsweise sind überall die verschiedensten Züchtungen erhältlich. Nur der ursprünglich hier wachsende Wacholder ist kaum zu finden. Vor kurzem machte Rainer Engler ihn ausfindig, und nun hat er ihn vorrätig.*

Eine der vielen Besonderheiten der »Blumenschule«, die sie von anderen Gärtnereien unterscheidet, ist das Angebot von Seminaren, Werkkursen und Vorträgen, die in den Gewächshäusern veranstaltet werden. Sie haben der Gärtnerei ihren Namen gegeben.

Als freie Mitarbeiterin kümmert sich Marlis Bader um den Bereich Räuchern; das heißt, sie hält zusammen mit Sabine Friesch Seminare dazu. Von ihr stammen auch die wunderbaren Räuchermischungen der »Blumenschule«.

Die meisten Kräuter kommen aus der eigenen Gärtnerei. Einige wenige Zutaten werden aus zuverlässigen Quellen zugekauft. Und manches sammelt Marlis Bader in freier Natur – selbstverständlich in sensibler Weise und nur Pflanzen oder Teile davon, die nicht unter Naturschutz stehen.

* Pflanzen können per Spezialversand verschickt werden, siehe Anhang.

Sie kümmert sich um die sachgerechte Trocknung und Lagerung. Und sie bindet die Räucherbüschel, die man ohne Kohle verwenden kann.

Marlis Bader erzählt voller Begeisterung von ihrer Arbeit. Sie hat eine starke Beziehung zu den einzelnen Pflanzen. Es ist, als wenn sie ihr direkt etwas über sich und ihre Heilkräfte mitteilten.

Marlis wuchs in einem Dorf nahe Schongau auf und hatte viel mit ihren Großeltern zu tun, die eine Gärtnerei betrieben. Schon als kleines Mädchen ging sie Pflanzen sammeln. Sie machte eine Ausbildung als Holzbildhauerin, und diese künstlerische Seite wird sie weiter pflegen. Aber jetzt ist sie mit Leib und Seele die Räucherfachfrau in der »Blumenschule«. Und sie hat für diesen Teil des Kapitels ihr Wissen und ihre Erfahrungen zur Verfügung gestellt – über die »Kräuterwende« zum Beispiel:

Karl der Große, Charlemagne, ist vor allem als Staatsmann bekannt. Er lebte von 742 bis 814 nach Christus, war König der Franken und schaffte es durch eine Reihe von Eroberungen, dem Fränkischen Reich die Vorherrschaft im Abendland zu sichern. Am Weihnachtstag des Jahres 800 krönte ihn Papst Leo III. in Rom zum römischen Kaiser.

Was die meisten über Karl den Großen nicht wissen, ist, dass er eine außerordentliche Liebe und Begeisterung für Pflanzen hegte. Besonders angetan war er von Gewächsen des Mittelmeerraumes, zum Beispiel von Lavendel, Salbei und Rosmarin. Schönheit, Duft, Würzkraft und heilende Fähigkeiten beeindruckten ihn so sehr, dass er sie von seinen Eroberungsfeldzügen aus den mediterranen Gebieten auf unsere nördliche Seite der Alpen mitnehmen ließ. Er befahl, sie in den Klostergärten anzubauen, den damaligen Apotheken. Die Mönche und Nonnen experimentierten damit, sowohl was Anbau, Schutz vor dem rauen Klima und so weiter anbetraf – als auch im Hinblick auf die medizinische Anwendung und Wirkung. Nach und nach drangen dann die Pflanzen und das Wissen über sie aus den Klöstern heraus, und ihr Nutzen kam auch breiten Teilen der damaligen Bevölkerung zugute.

So fand im 9. Jahrhundert eine leise, unblutige, heilsame »grüne Revolution« statt, von der nur wenige wissen: die »Kräuterwende«, wie sich Marlis Bader ausdrückt.

Der Duft von verräuchertem Salbei ist uns heute fast genauso vertraut wie der von Weihrauch. Denn wenn Weihrauch innerhalb der katholischen Kirche zu vielen Zwecken verwendet wird, so ist das mit Salbei in nicht kirchlichen Zusammenhängen der Fall. Dieses Kraut wird bei Seminaren jedweder Art verräuchert, es ist in Privathaushalten vorhanden ... man kann damit im Grunde nichts falsch machen. Man braucht noch nicht einmal Kohle, um es in duftenden Rauch zu verwandeln. Sondern man kann einfach ein Blatt auf einen Löffel legen und es mit einem Streichholz anzünden. Oder man zündet ein Büschel getrockneten Salbei an und verwedelt den Rauch.

Doch Salbei ist im Grunde kein einheimisches Kraut. Vor Karl und seiner »Kräuterwende« stand es bei uns nicht zur Verfügung.

Was davor nördlich der Alpen als Allheilmittel und auch als Allheilräucherung hergenommen wurde, war der Beifuß. Bis heute wächst er bei uns an allen möglichen Stellen wild, und zwar so üppig und so weit verbreitet, dass er nicht unter Naturschutz steht. Damit darf man sich also ohne schlechtes Gewissen eindecken. Wie er aussieht, wie man ihn pflückt und trocknet, das ist, genau wie alles andere zum Thema Räuchern, zum Beispiel in Seminaren der »Blumenschule« zu erfahren. Marlis Bader sagt:

»Beifuß gehört zur Artemisia-Familie, genau wie Eberraute und Wermut. Er war bei uns das Heilkraut schlechthin, denn er besitzt viele Qualitäten. Zum Beispiel würzt man damit fette Speisen, um sie bekömmlicher zu machen. Wenn jemand damit räuchern möchte, nach einem Todesfall oder wenn er aus anderen Gründen sehr traurig ist, dann passt das sehr gut. Denn wenn man traurig ist, hat man einen Kloß im Hals und im Herzen. Alles ist eng und zusammengezogen, bevor man es rauslässt. Der Beifuß kann in diesem Fall entspannen und weiten. Dann wird warm, was innerlich vor Trauer kalt war. Etwas kommt ins Fließen. Tränen fließen. Und gleichzeitig macht der Beifuß den Kopf frei.

Früher hatten die Leute für jede Pflanze einen Reim. Damit haben sie sie angesprochen, wenn sie sie gebrochen haben, um sie an ihre Kräfte zu erinnern. In der Anrufung für den Beifuß wird er als Mutter aller Pflanzen, als älteste Pflanze bezeichnet. Damit wird klar, welchen Stellenwert er einnahm.«

Anders als der Wacholder, der beim Räuchern einen angenehmen Duft verströmt, riecht Beifuß nicht sonderlich gut. »Aber«, so sagt Marlis Bader, »es kommt beim Räuchern zunächst mal nicht so sehr auf den Duft an. Manchmal kann's dabei sogar stinken. Ob ein Kraut eine kraftvolle Wirkung oder einen guten Geruch hat – das sind zwei völlig unterschiedliche Paar Schuhe. Das eine muss mit dem anderen nichts zu tun haben.«

Ein Engel in Pflanzengestalt

Ein weiteres Gewächs, das über enorme Kräfte verfügt, ohne dabei die menschliche Nase zu bezaubern, ist die Engelwurz. Sie wurde früher als Engel in Pflanzengestalt angesehen. Marlis hat zur Engelwurz eine ganz besondere Beziehung, und sie hat damit im Kreis ihrer Freunde, Bekannten und Kollegen einige tiefe Erfahrungen gemacht. Sie sagt, Räucherungen mit der getrockneten Wurzel der Engelwurz könnten die Angst vor dem Sterben lindern. Und sie könnten den Lichttunnel öffnen, von dem in Berichten von Nahtoderfahrungen immer wieder die Rede ist.

Dass Harz von Nadelbäumen herrlich duftet, wenn es verbrennt, kennt jeder vom Kokeln mit Zweigen bei gemütlichen weihnachtlichen Zusammenkünften. (Das Harz befindet sich nicht nur in Stamm und Zweigen, sondern auch in den Nadeln.) Harze werden seit Urzeiten zum Räuchern verwendet. Zum einen, um andere Zutaten geruchlich aufzupeppen, aber auch, weil sie selbst über eine durchgreifende Wirkung verfügen. Kiefern sind traditionelle Trauerbäume. Ihr Harz, in Rauch aufgelöst, kann bei der Bewältigung von Trauer helfen. Leider ist es schwer erhältlich, denn bei uns wachsen nur wenige Kiefern.

Fichtenharz ist ein traditionelles Wundheilungsmittel, das direkt auf Wunden aufgetragen wurde. Genau wie es die Wunde des Baumes verschließt – Harz ist das »Blut« der Bäume –, kann es das auch bei Mensch und Tier tun.

Als Räucherung kann Fichtenharz innere Wunden heilen, auch solche, die schon fast in Vergessenheit geraten sind, die aber ganz tief drinnen trotzdem noch schmerzen.

Marlis erzählt, dass genau dies mit ihr geschehe, wenn sie in den Wald geht, um Fichtenharz zu sammeln: Sie schaue die ganze Zeit auf die Wunden der Bäume, sie suche nach ihnen, und unwillkürlich müsse sie dabei an Verletzungen in ihrem Leben denken. So sei das Harzsammeln eine sehr meditative Arbeit, bei der in ihrem Inneren viel geschehe.

Sie müsse entscheiden, wie viel Harz sie jeweils nehmen dürfe, ohne dem Baum zu schaden. Es müsse altes Harz sein, etwa zwei Jahre alt. Erst dann werde es vom Baum nicht mehr benötigt, und erst dann sei es auch zum Verräuchern trocken genug.

Um für die Räuchermischungen, die sie für die »Blumenschule« zusammenstellt, eine ausreichende Menge zu erhalten, brauche sie eine Menge Zeit, Geduld und Aufmerksamkeit. Das Sammeln sei harte Arbeit, aber es mache ihr Freude, genau wie alles andere, was mit dem Räuchern zusammenhängt.

Dass das Engagement sich lohnt und dass die Dinge im Laufe der Zeit genau an die richtige Stelle gelangen, zeigt sich besonders gut an einem Beispiel. Sie erinnert sich:

»Im letzten Herbst hatten wir von der ›Blumenschule‹ während einer großen Konferenz in Garmisch-Partenkirchen einen Stand. Eine Frau aus Österreich, die offenbar dort im Hospizbereich in einer verantwortlichen Position arbeitet, sah die Döschen mit unserer Räuchermischung ›Schutz und Reinigung‹. Sie schaute nach, was da alles drin ist, zum Beispiel Wacholder, Fichtenharz, Engelwurz, Beifuß, Salbei und andere Zutaten. Sie war begeistert und sagte: Genau das brauchen wir in unserer Hospizarbeit. Sie hat eine große Menge davon mitgenommen. Ich habe mich sehr darüber gefreut, denn wer braucht die Kraft dieser Kräuter mehr und wer hat davon mehr als Kranke und Sterbende?«

EXKURS:
Heilende und heilige Wohlgerüche

VON SUSANNE FISCHER-RIZZI

(Susanne Fischer-Rizzi ist eine weit über den deutschsprachigen Raum hinaus bekannte Expertin für Aromatherapie und Heilkräuter. Ihre Bücher wurden in viele Sprachen übersetzt. Einer ihrer Klassiker heißt *Botschaft an den Himmel** und beschäftigt sich mit der fast in Vergessenheit geratenen Kunst des Räucherns. Im nun folgenden Text geht sie darauf ein, welche Kräuter, Harze et cetera sich besonders gut dazu eignen, in einem Sterbezimmer, an der Bahre eines Toten, bei einer Beerdigung, an einem Grab oder zur Unterstützung des Trauerprozesses zu verräuchern. Sie hat ihn exklusiv für *Das westliche Totenbuch* verfasst. Lesern, die sich noch näher mit dem Räuchern, seiner Geschichte, seinen Besonderheiten auseinander setzen möchten, sei ihr Buch empfohlen).

Wichtige Dinge verschwinden nicht. Sie schlummern in der Tiefe. Wenn ihre Zeit gekommen ist, erwachen sie und stehen wieder zur Verfügung. So ist es mit dem Räuchern. Es hat eine jahrtausendelange Tradition in unserer westlichen Kultur, ist dann fast in Vergessenheit geraten und wird nun in unserer

* Susanne Fischer-Rizzi: *Botschaft an den Himmel,* Hugendubel, München 1996.

Zeit neu entdeckt. In anderen Kulturen jedoch, besonders in den östlichen, ist die Anwendung des Räucherns nie verloren gegangen und gehört zum Bestandteil des alltäglichen Lebens. Räucherstäbchen allenthalben …

Die Ursprünge des Räucherns liegen weit zurück, in einer Zeit, in der wir Menschen lernen, mit Feuer umzugehen. Es ist das Verbrennen oder besser noch das langsame Verglimmen von aromatischen Pflanzenteilen, das den heilenden Rauch erzeugt. Pflanzen wie Wacholder, Zimt, Salbei haben im Harz, in Samen, in Blättern oder in Wurzeln aromatische Öle eingeschlossen. Diese werden durch Erhitzen frei und steigen als duftender Rauch in die Raumluft. Unser heutiges Wort »Parfüm« geht noch auf diese Anwendung zurück: Es hat sich abgeleitet vom italienischen perfumare (= »heftig dampfen; durchduften«), was wiederum auf das lateinische Verb *fumare* (= »rauchen, dampfen«) zurückzuführen ist. Lange bevor ätherische Öle zur Verfügung standen (bei uns erst ab dem 11./12. Jahrhundert), hat man Räume, Kleidung oder sich selbst mit Räucherungen beduftet. Das Räuchern ist die Wurzel der heutigen Aromatherapie.

Wenn die aromatischen Pflanzenstoffe in Raumluft übergehen, entfalten sie ihre Wirkung. Die meisten von ihnen haben keimtötende Eigenschaften und können einen Raum desinfizieren. So hat man früher mit Räucherungen Krankenzimmer, Häuser und Ställe gereinigt. Auch der menschliche Körper wurde beräuchert, um Schmerzen bei Rheuma, Arthritis, Gicht und so weiter zu lindern. Doch das Räuchern hat auch eine starke Wirkung auf unsere Gefühlswelt. Die aufsteigenden Aromastoffe enthalten psychoaktive Substanzen, die über die Nase aufgenommen und an unser Gehirn weitergeleitet werden. Dort wirken sie auf wichtige Schaltzentren wie das vegetative Nervensystem und steuern unser seelisches und körperliches Befinden. Diese Zusammenhänge haben die Menschen sicher schon in sehr früher Zeit instinktiv erfasst und deshalb das Räuchern überall dort eingesetzt, wo die Seele aus dem Gleichgewicht geraten ist, Unterstützung braucht oder sich besonders entfalten möchte. Ein reichhaltiges und differenziertes Wissen hat sich darüber im Laufe der Jahrtausende entwickelt und angesammelt, und den einzelnen aromatischen Pflanzenstoffen hat man bestimmte psychische Wirkungen zuordnen können. Man wusste, dass es zum Beispiel antidepressive, beruhigende, schlaffördernde Räucherungen gibt und auch solche, die Meditation, Gebet und Einkehr unterstützen.

Den Feiern und Ritualen zu wichtigen Lebensstationen wie Geburt, Hochzeit, Umzug, Neubeginn und Tod waren bestimmte Räuchermischungen zugeordnet. Die zusammengestellte Mischung ließ den Sinn des Festes oder des Rituals sinnlich erleben und begreifen. Das Räuchern oder der »heilige Rauch«, wie es früher hieß, verleiht einer Handlung immer etwas Festliches und Feierliches. Räucherrituale wurden also nicht nur zum Heilen verwendet, sondern gehörten immer auch zu einer sakralen Handlung, einem Gebet, einer Segnung, einem Gottesdienst. Genau in diesem Bereich finden wir in unserem Leben noch den alten Rest einer einst großen Räucherkultur: Der Weihrauch in der katholischen und orthodoxen Kirche dient noch heute zur Segnung und Weihung. Das Räuchern mit Stoffen wie Weihrauch öffnet für die geistige Welt, für spirituelles Empfinden; es vermittelt immer eine tiefe Erfahrung.

Beim Räuchern sind unsere Sinne auf verschiedene Weise angesprochen. Die Nase riecht, nimmt auf. Die Augen nehmen den aufsteigenden Rauch wahr, transparent und in ständig sich verändernden Formen. Nicht fassbar steigt er zum Himmel auf. Ein Bild, welches mit der menschlichen Seele, die den Körper verlässt, vergleichbar ist. Der heilige Rauch als Wegweiser ins Jenseits und als Symbol für die aufsteigenden Gebete: »Wie ein Rauchopfer steige mein Gebet vor dir auf« (Psalm 141,2). So ist es nahe liegend, dass die Menschen das Räuchern auch für Rituale und Feiern in Verbindung mit Sterben und Tod eingesetzt haben. Und auch hier ist nur noch der Weihrauch als letzter Räucherbrauch geblieben.

Wir leben in einer Zeit und in einer Kultur, in der das Alter und der Tod verdrängt werden und in der Würde und Weisheit nicht mehr zählen. Der Kult der Jugend wird auf die Spitze getrieben. Nur das Junge, Gesunde und Leistungsfähige ist schön. Alles wird auf einen kurzzeitigen Gebrauch hin produziert. Früher hat man Dinge geschätzt, die mit dem Alter schöner werden, die durch die Benutzung Charakter annehmen. Die Lücke, die das Tabu des Alterns und des Todes in unser Leben gerissen hat, kann nicht mehr durch Konsum und Fortschrittsgläubigkeit ausgefüllt werden. So gibt es heute immer mehr Menschen, die dem Vorgang des Sterbens, dem Tod und dem Abschiednehmen wieder einen Platz im Leben einräumen und Selbstverantwortung dafür übernehmen. Immer mehr Menschen verwenden Räucherungen, um Schwerkranke und Sterbende zu begleiten, Beerdigungen und Gedenkfeiern feierlich zu gestalten und auch Trauernde in ihrem Prozess zu unterstützen. Da Räucherungen jedoch nicht mehr ein gewohnter Bestandteil unseres Lebens sind, müssen wir ihre Anwendung wieder erlernen.

Wie wird geräuchert? Zum Räuchern müssen wir ein Feuer entzünden, denn wir brauchen eine Wärmequelle, um das Räuchergut zu verglimmen. Früher benutzte man dazu ein Stückchen glühende Kohle oder Holz aus dem Ofen. Heute wird dazu meist Räucherkohle verwendet, die man dort findet, wo es Räucherwaren zu kaufen gibt: in Fachgeschäften für Kräuter und Tees, in einigen Buchhandlungen, in Apotheken … Falls keine Räucherkohle vorrätig ist, kann sie dort bestellt werden. Diese Kohle wird mit Streichholz, Feuerzeug oder Kerze entzündet. Durch Luft, die zugefächelt wird, beschleunigt man den Prozess des Glühens. Die Kohle wird nun in ein Gefäß, zum Beispiel eine kleine Schüssel oder Tasse, gelegt, das mit etwas trockenem Sand gefüllt ist. Es kann Vogelsand, Quarzsand oder aus den Ferien mitgebrachter Sand vom Strand sein. Wenn die Kohle gut durchgeglüht ist, wird das Räucherwerk in Form eines einzelnen Stoffes oder eine Mischung auf die Kohle gelegt. Kleine Mengen reichen hierfür. Wir brauchen etwa ein erbsengroßes Stück Harz oder einen halben gestrichenen Teelöffel einer Räuchermischung für ein bis zwei Räucherungen.

Das Räuchergefäß kann am Platz stehen bleiben, aber auch herumgetragen werden, zum Beispiel um ein Bett oder eine Bahre. Die Räucherung kann mit einem Teestövchen und einer Kerze ausgeführt werden: Legen Sie auf die Öffnung des Stövchens eine kleine, improvisierte Schale aus Aluminiumfolie, eine kleine Metallschale oder ein Metallsieb. Ist die Schale erhitzt, kann das Räucherwerk zum Verglimmen darauf gelegt werden. Wenn Sie etwas Erfahrung mit dem Räuchern haben und es öfters verwenden möchten, um damit etwa am Grab ein schönes Ritual zu gestalten, können Sie sich ein passendes Räuchergefäß kaufen oder vielleicht sogar selbst töpfern.

Räuchergefäße aus verschiedenen Zeiten und Kulturen, für die verschiedensten Anlässe sind in meinem Buch über das Räuchern *Botschaft an den Himmel* abgebildet. Sie können sich dort anregen lassen und alles erfahren, was Sie noch zusätzlich zum Räuchern wissen möchten.

Zur Auswahl der Räucherstoffe steht solches Räucherwerk zur Verfügung, das einen feierlichen, frischen, würdevollen, tröstenden, meditativen Duft hat. Es kann als Einzelstoff oder in fertigen Mischungen, die leicht selbst herzustellen sind, verwendet werden. Wichtig ist, Räucherwaren nie in feuchtem Zustand zu verwenden.

Dies sind die gebräuchlichsten Räucherstoffe, die wir im Zusammenhang von Sterben und Tod verwenden:

- *Weihrauch:* das Harz eines Baumes, der im trockenen heißen Klima Jemens, Äthiopiens und Somalias gedeiht. Der Duft guten Weihrauchs ist balsamisch würzig und zitrusartig. Je größer die Stücke sind, je mehr sie eine feine Zitrusnote verströmen, umso besser ist die Qualität und ihre Wirkung. Weihrauch wird seit ägyptisch-babylonischen Zeiten für sakrale Zwecke verwendet. Er reinigt, klärt und öffnet für spirituelle Energien. Weihrauch verleiht einer Handlung, einer Feier Würde, er vermittelt Weisheit, zentriert und balanciert die Seele. Er kann die Atmung vertiefen und mildert so Angstzustände. Weihrauch wird verwendet, um Räume atmosphärisch zu reinigen, Schwerkranke und Sterbende zu beruhigen und zu stärken. Er öffnet geistige Quellen und kann so das Verständnis für den Kreislauf von Tod und Leben fördern. Er macht durchlässig für feinstoffliche Schwingungen.

- *Wacholder:* Von diesem Strauch verwendet man die getrockneten Zweige, Beeren oder Nadeln. Auch Späne des Wacholderholzes werden zum Räuchern eingesetzt. Der Wacholder war in unserer westlichen Tradition das beliebteste und meistverwandte Räucherwerk. Sein Rauch wirkt desinfizierend, reinigend und klärend. Das Sterbezimmer wurde, nachdem der Leichnam nicht mehr dort aufgebahrt war, zur Reinigung immer mit Wacholder ausgeräuchert.
- *Salbei:* Man kann mit den getrockneten Blättern des Gartensalbeis räuchern oder auch den noch aromatischeren indianischen weißen Salbei verwenden. Salbei gehört zu den seit tausenden von Jahren gebräuchlichen Räucherkräutern unserer westlichen Kultur. Er reinigt die Atmosphäre, tröstet und öffnet für geistige Weisheit und Klarheit. Er eignet sich zum Verräuchern in Zimmern von Schwerkranken, da er auch unangenehme Gerüche neutralisiert. Man kann Salbei gut mit Wacholder, Weihrauch, Mastix oder Zeder mischen.
- *Mastix:* Diese durchsichtigen Harztropfen, auch »Perlen des Lichts« genannt, stammen von einem kleinen Baum, der auf Chios, einer kleinen griechischen Insel, wächst. Seit Jahrtausenden ist er ein begehrtes Räuchermittel. Er wirkt antidepressiv, gibt Licht und Zuversicht und kann so verzweifelte und lang anhaltende Trauer zu mildern und zu bewältigen helfen.
- *Rose:* Diese Blume war schon immer ein Symbol der Schönheit, Harmonie und der Verbindung zwischen Menschen auf der Ebene des Herzens. Wir geben getrocknete Rosenblätter in Räuchermischungen zum Gedenken an Verstorbene, mit denen wir im Herzen verbunden waren und sind, zum Beispiel an ihrem Geburtstag, Todestag oder an Allerseelen. Der Duft der Rose wird hier mit anderem Räucherwerk wie Mastix, Weihrauch und Zeder verbunden.
- *Zeder:* In diesem majestätischen Baum sahen unsere Vorfahren ein Symbol der Unsterblichkeit, der Zuversicht und der

Würde. Man verwendet zum Räuchern die getrockneten Zweigspitzen, Nadeln, das Harz oder die Holzspäne. Mit Zedern kann man im Sterbezimmer räuchern, dort, wo es gilt, zu verstehen, dass Leben und Tod Übergänge sind. Auch bei der Beerdigung vermittelt der Duft Würde, Weisheit, Trost und innere Stärke. In mesopotamischen Zeiten galt die Zeder als Baum, der in schwierigen Zeiten Erkenntnis schenkt.
- *Myrrhe:* Dieser Räucherstoff ist das Harz eines Baumes, der in den gleichen Gegenden wie der Weihrauch wächst. Weihrauch und Myrrhe gelten schon seit ägyptischen Zeiten als ein Paar: Weihrauch als der Duft des Himmels, Myrrhe als der Duft der Erde. Der Kreis hat sich geschlossen, Himmel und Erde, Leben und Tod sind beieinander. Das erdig, harzig duftende Harz der Myrrhe wird meist in Mischungen mit Weihrauch, Kiefer, Zeder und Sandelholz verwendet und eignet sich zur feierlichen Räucherung, zum Beispiel bei Beerdigungen.

Die folgenden von mir zusammengestellten Mischungen sind schon bei vielen Anlässen um das Thema Sterben und Tod eingesetzt worden und haben sich bewährt. Aus den einzelnen Zutaten können Sie sich die Mischungen selbst herstellen. Die Mengenangaben sind »Raumteile«, nicht »Gewichtsteile«. Wenn Sie nur einige wenige Räucherungen durchführen wollen, reicht als Menge zum Beispiel ein Löffel voll.

Zum Räuchern in Räumen von Schwerkranken und Sterbenden:

1 Teil	Weihrauchharz
1 Teil	Mastixharz
1 Teil	Iriswurzel

Das im Mörser grob zerstoßene Weihrauchharz mit den Mastixperlen mischen. Die fein geraspelte Iriswurzel dazugeben. Für eine Räucherung nur etwa einen viertel Teelöffel voll verwenden. Tür oder Fenster während des Räucherns öffnen, damit der Rauch abziehen kann.

Räuchern im Sterbezimmer während der Aufbahrung:

1 Teil	Zedernholz oder Nadeln
1 Teil	Weihrauchharz
1 Teil	Dammarharz
1 Teil	Lavendelblüten

Die Harze im Mörser grob zerstoßen, Zedernholz fein geraspelt oder trockene Nadeln (Ersatz: trockene Tannennadeln) und Lavendelblüten zugeben.

Räuchern zur Gestaltung einer Beerdigung oder einer Totenfeier:

1 Teil	Weihrauchharz
1 Teil	Myrrhe
1 Teil	Zedernholz oder -nadeln (Ersatz: Tannennadeln)
$^1/_2$ Teil	Sandarakharz

Die Harze grob zerstoßen, Holz oder Nadeln zugeben.

Oder:

1 Teil	Goldenes Kopalharz
1 Teil	Schwarzes Kopalharz
2 Teile	Mastixharz

Kopalharze grob zerstoßen. Mastixperlen untermischen.

Reinigen und Klären des Sterbezimmers:

1 Teil	Wacholder- oder Tannennadeln
1 Teil	Salbei (Gartensalbei oder indianischer weißer Salbei)
2 Teile	Sandarakharz

Das Harz zerstoßen, trockene Salbeiblätter zwischen den Händen zerreiben, Tannennadeln zerschneiden. Alles mischen.

Gedenken an Verstorbene, zum Beispiel am Todestag:

½ Teil	Weihrauchharz oder Goldenes Kopalharz
1 Teil	Mastixharz
1 Teil	Rosenblütenblätter

Weihrauch oder Kopal im Mörser grob zerstoßen, Rosenblütenblätter zerpflücken, Mastixharzperlen zugeben, mischen.

5. Kapitel

Mitfühlende Worte – Nachrufe, Beileidsbriefe, Grabreden

Im Jahr 1995 starb ein Mensch, der mir viel bedeutete. Ich hatte ihn nur wenige Male getroffen, und nur einmal war ein längeres Gespräch mit ihm unter vier Augen möglich gewesen. Trotzdem stand er mir sehr nahe, und das ist bis heute so geblieben. Dass Liebe durch den Tod nicht »abgeschnitten« wird, hatte er zu seinen Lebzeiten immer wieder betont. Nun konnte ich erfahren, dass dies zutrifft.

Sein Name war Daskalos, »Lehrer«. Tatsächlich war er ein spiritueller Lehrer mit einem bemerkenswerten Hintergrund, sowohl akademisch als auch spirituell, wie auch von seiner Herzensbildung her. Er brachte in seiner Lehre das griechisch-orthodoxe Christentum und das Judentum zusammen, allerdings jenseits aller Normen und Institutionen.

In bestimmten Kreisen war Daskalos schon seit Jahrzehnten eine Berühmtheit gewesen. Weltweit und einem breiten Publikum wurde er aber erst in den Achtzigerjahren bekannt, nachdem nämlich der in die USA ausgewanderte Zypriot Kyriacos C. Markides seinen Bestseller *Der Magus von Strovolos** veröffentlicht hatte.

Ich reiste 1990 zum ersten Mal nach Nikosia, um über Daskalos und seine Arbeit zu schreiben. Danach traf ich ihn noch einige Male auf Zypern, in der Schweiz und in Süddeutschland.

Im August 1995 verstarb er, und ich musste einen Nachruf

* Kyriacos C. Markides: *Der Magus von Strovolos,* Knaur, München 1988.

über ihn schreiben. Sofort nachdem ich die traurige Nachricht erhalten hatte, begann ich mir dafür die notwendigen Informationen zu besorgen. Die Fakten zusammenzubekommen stellte kein Problem dar. Aber wie schreibt man einen Nachruf? Während meiner Ausbildung bei einer Tageszeitung war es um diese Frage nie gegangen.

Ich fragte eine Kollegin, die sagte, auch während ihrer Studienzeit an der Münchner Journalistenschule sei das Thema Nachruf nie aufgetaucht, und sie habe noch nie einen verfasst. In meinem Journalistenhandbuch: ebenfalls nichts zu diesem Stichwort.

Bevor ich meine Zeit nun weiterhin mit frustrierenden

Suchaktionen vergeudete, setzte ich mich einfach hin, tauchte in meine Recherchen ein und schrieb den Beitrag. Was dabei herauskam, war offenbar ganz gelungen, denn ich erhielt später ein positives Echo darauf, nicht nur von Lesern, sondern auch von Daskalos' Tochter. (Sie finden den Nachruf im Anschluss an dieses Kapitel.)

Ehrlich, einfach und kurz schreiben

Sterben und Tod sind für die meisten Menschen unangenehme Themen. Deswegen wird zum Beispiel einfach »vergessen«, jungen Journalisten beizubringen, wie man sich dazu in angemessener Weise schriftlich äußert.

In Benimmbüchern beschränkt sich der Abschnitt zum Thema Sterben und Tod darauf, was man bei Beerdigungen anziehen soll. Empfehlungen für die Formulierung von Nachrufen, Beileidsbriefen und Grabreden habe ich vergeblich gesucht. So entstand die Idee für dieses Kapitel.

Nachdem die Idee geboren war, schaute ich mich in San Francisco nach Informationen um, und ich fand ein kürzlich erschienenes Büchlein mit dem Titel *My Deepest Sympathies** (»Mein tiefstes Beileid«). Aus ihm stammen einige der folgenden Anregungen. Außerdem habe ich mit Menschen gesprochen, die kürzlich einen Todesfall in der Familie oder im Freundeskreis hatten. Ihre Tipps und Erfahrungen sind ebenfalls in das Kapitel eingeflossen.

Der erste Punkt ist eigentlich selbstverständlich. Wenn jemand im Kreis Ihrer Verwandten, Freunde, Bekannten, Kollegen, Nachbarn verstorben ist: Reagieren Sie möglichst umgehend. Eine Beileidsäußerung, die erst ein paar Wochen nach dem aktuellen Anlass eintrifft, hat keine rechte Wirkung mehr. (Natürlich sind Sie entschuldigt, wenn Sie erst verspätet von dem Trauerfall erfuhren.)

* Florence Isaacs: *My Deepest Sympathies,* Clarkson Potter, New York 2000.

Schreiben Sie ehrlich, einfach und normalerweise nicht zu lang. Nur wenn Sie den Hinterbliebenen sehr nahe stehen, ist ein langer Brief angemessen.

Stilistische Fragen spielen bei einem Nachruf, der gedruckt werden soll, durchaus eine Rolle. Doch können Fehler und Unebenheiten in dem Manuskript durch die Redaktion des Mediums, wo er erscheinen soll, verbessert werden.

In Beileidsbriefen ist der Stil hingegen weniger relevant. Viel wichtiger ist, wie gesagt, dass Sie möglichst sofort reagieren und dass Sie Ihr Herz sprechen lassen. Wenn Ihnen das gelingt, machen Sie den Hinterbliebenen ein wirkliches Geschenk.

Für den Fall, dass Sie mit dem Verfassen Ihres Briefes überhaupt nicht weiterkommen, kann es helfen, erst einmal laut auszusprechen, was Sie zum Ausdruck bringen möchten, mit oder ohne Diktiergerät.

Sie können in Ihrem Kondolenzbrief an Situationen erinnern, die Sie mit dem Verstorbenen erlebt haben. Sie können sagen, was es Ihnen bedeutet hat, sie mit ihm geteilt zu haben. Manchmal sind solche Puzzlesteinchen aus dem Leben des geliebten Menschen für die Hinterbliebenen von unschätzbarem Wert, weil sie die entsprechenden Situationen nicht miterlebt oder weil sie sie vergessen haben. Vielleicht bieten Sie an, später in einem Gespräch oder Telefonat weitere Erinnerungen mitzuteilen.

Rufen Sie die Eigenschaften der verstorbenen Person in Erinnerung, ihren Humor, ihre Freundlichkeit, Großzügigkeit, Originalität, Würde, Verlässlichkeit, Klugheit, Hingabe an Beruf und/oder Familie, ihr Talent, Geschichten zu erzählen …

Wenn jemand über einen längeren Zeitraum krank war, könnten Sie betonen, dass Sie die Geduld des Verstorbenen im Umgang mit seinem Leiden bewundert haben. Seien Sie aber auf jeden Fall ehrlich, übertreiben Sie nicht und gehen Sie nur auf das ein, was Sie sicher wissen.

Passen Sie Ihren Stil an, wenn Sie wissen, dass sich jemand nach einer langen Leidensphase von dieser Dimension verabschiedet hat, und dies stellt für ihn selbst und für alle Angehörigen eine Erlösung dar.

Seien Sie besonders einfühlsam, wenn die Hinterbliebenen und die verstorbene Person eine problematische Beziehung hatten. Hier könnten Sie beispielsweise eine Formulierung finden wie »Wahrscheinlich war all dies nicht einfach für Sie«.

Sollten Sie den Verstorbenen gar nicht oder nur flüchtig gekannt haben, könnten Sie der Todesanzeige eine erwähnenswerte Information entnehmen, mit der Sie Ihren Brief anreichern, zum Beispiel so: »Ich wusste nicht, dass Ihr Vater aus Berlin stammte / sich in der Gewerkschaft engagiert hat« oder Ähnliches.

Hilfe anbieten

Vermeiden Sie spirituelle oder religiöse Anmerkungen, außer Sie wissen ganz genau, dass die Adressaten eine entsprechende Orientierung haben. Projizieren Sie auf keinen Fall Ihre eigenen Gefühle. Schreiben Sie also nichts in dieser Richtung: »Sie müssen sich nun furchtbar allein fühlen.« Oder: »Ich weiß, wie Ihnen jetzt zu Mute ist.« Jeder trauert anders, und jeder empfindet seine Trauer als etwas ganz Persönliches. Auch Sätze wie »Die Zeit heilt alle Wunden« sind in einem Kondolenzbrief nicht angebracht.

Es liegt auf der Hand, dass sich E-Mails für Beileidsbekundungen nicht eignen. Möglichst sollte ein Kondolenzbrief auch nicht mit dem Computer oder der Schreibmaschine, sondern mit der Hand geschrieben werden. Wenn der Aufdruck passt, ist gegen vorgedruckte Karten nichts einzuwenden. Fügen Sie aber möglichst noch ein paar persönliche Sätze hinzu.

Schicken Sie den Brief an den Trauernden, den Sie kennen. Wenn es vor allem der Verstorbene war, den Sie kannten, senden Sie Ihr Schreiben an seinen nächsten Partner oder Verwandten. Sollten Sie nicht wissen, wer das ist, dürfen Sie das sagen, zum Beispiel so: »Ich weiß nicht, wer diesen Brief liest, aber ich möchte mein Beileid zum Tod von … aussprechen.« Erklären Sie, wer Sie sind und in welcher Weise Sie mit der verstorbenen Person verbunden waren.

Wenn Sie wirklich dazu bereit sind, bieten Sie Ihre Hilfe an, und zwar möglichst spezifisch: dass Sie sich um ein Kind kümmern oder beim Ausfüllen von Formularen oder bei der Beantwortung der Trauerpost helfen könnten. Oder dass Sie die betreffende Person einladen, bei Ihnen anzurufen oder vorbeizukommen, wenn ihr die Decke auf den Kopf fällt.

Wenn Sie jemanden auf der Straße treffen, der gerade einen geliebten Menschen verloren hat, gilt Ähnliches wie für Briefe. Sprechen Sie den Verlust sofort an. Gehen Sie auf keinen Fall darüber hinweg, auch wenn das Ansprechen Sie vielleicht eine große Überwindung kostet. Wenn Sie keine Worte finden, sagen Sie einfach: »Ich weiß nicht, was ich sagen soll.« Das reicht schon aus. Oder legen Sie der Person die Hand auf den Arm und schauen Sie sie an. Auch dies stellt einen angemessenen Ausdruck Ihres Mitgefühls dar.

Nach dem Schritt, den Sie getan haben, wird wahrscheinlich der andere über den Tod des Verwandten oder Freundes sprechen. Vielleicht wird er zu weinen beginnen. Halten Sie das aus! Es sind natürliche Reaktionen, die ihm helfen. Sie brauchen dabei nichts zu tun oder zu sagen.

Seien Sie einfach nur da. Lassen Sie während einer solchen Kommunikation Zeiten des Schweigens zu, seien Sie geduldig. Und akzeptieren Sie, wenn jemand vielleicht noch anders reagiert und Ihnen deutlich macht, dass er in seiner Trauer allein gelassen werden möchte. Nehmen Sie eine solche Reaktion nicht als Affront. Wie gesagt: Trauer ist etwas sehr Persönliches. Jeder hat das Recht, damit so umzugehen, wie es ihm entspricht.

Seien Sie einfach sensibel.

Wenn Sie wissen, dass Ihnen eine entsprechende Situation bevorsteht, und Sie fürchten sich davor: Üben Sie verschiedene Variationen vor dem Spiegel.

Eine Rede zu Ehren eines Toten

Vielleicht werden Sie einmal aufgefordert, eine Grabrede zu halten, oder Sie möchten es anbieten. Oder Sie wissen, dass es sich um eine eher unkonventionelle Beerdigung handeln wird, bei der es möglich ist, spontan etwas zu sagen. Auch in diesem letzteren Fall empfiehlt es sich, vorbereitet zu sein.

Erinnern Sie sich daran, wie die etwa achtzehnjährige Enkelin des israelischen Ministerpräsidenten Rabin am Grab ihres ermordeten Großvaters eine bewegende Rede hielt? Die Szene ging damals durch alle Fernseh-Nachrichtensendungen. Es waren knappe, ehrliche Worte, die sie fand und die sie für Augenblicke unter Tränen vortrug. Sie wird damit vielen Menschen auf der ganzen Welt in Erinnerung bleiben. (Sie finden den Wortlaut dieser Rede ebenfalls am Ende dieses Kapitels.)

Es kann also durchaus angebracht sein, dass ein junger Mensch eine solche Aufgabe übernimmt. Allerdings sollte er schon ein wenig Übung darin haben, öffentlich zu sprechen und im Rampenlicht zu stehen. Und die erwachsene Person, die ihm bei Vorbereitung und Proben hilft, sollte dann in der Situation selbst bereit sein einzuspringen, falls es doch nicht klappt. Allerdings darf ein solches Einspringen auch nicht zu früh stattfinden. Eine kleine Phase der Unsicherheit oder einen Augenblick, um Tränen fließen zu lassen, darf man durchaus zugestehen. Wie alles andere im Zusammenhang mit einem gerade eingetretenen Trauerfall handelt es sich hier um eine Situation, in der Sorgfalt und viel Einfühlungsvermögen gefragt sind.

Eine Grabrede soll zum Ausdruck bringen, wer der Mensch war, von dem sich die Trauergemeinde verabschiedet. Wie lebte er? Was hat ihm etwas bedeutet? Was hat er erreicht und hinterlassen? Dabei geht es nicht nur um Erfolge im konventionellen Sinne; beispielsweise kann auch seine stille, freundliche Art, wie er mit den Menschen, mit der Natur, mit dem Leben umgegangen ist, ein wunderbarer Erfolg sein.

Was bedeutete dieser Mensch seiner Familie, seinen Freunden, Kollegen und Mitarbeitern? Sie dürfen durchaus persönliche Erlebnisse mit dem Verstorbenen schildern – oder *ein* persönliches Erlebnis. Dabei darf Humor eine Rolle spielen.

Sollten Sie mit dem Leben des Betreffenden gar nicht oder nicht sonderlich vertraut sein, holen Sie sich die Informationen, die Sie brauchen, aus zuverlässigen Quellen. Sprechen Sie mit jemandem, der ihn wirklich gut kannte, der aber emotional nicht zu sehr durch den Verlust erschüttert ist.

Sie brauchen kein perfekter Rhetoriker zu sein, um eine solche Rede zu halten, zumal ihre Länge sowieso begrenzt ist – auf fünf bis zehn Minuten. Die Hinterbliebenen möchten etwas Menschliches hören, etwas Echtes, das von Herzen kommt. Sie werden es als Geschenk für sich und den Verstorbenen ansehen, wenn Sie bei der Trauerfeier einen solchen Beitrag leisten.

Auch hier empfiehlt sich ein Üben vor dem Spiegel und/oder mit dem Diktiergerät. Besonders gut ist es, wenn Sie in der Anwesenheit einer anderen Person üben, die Ihnen ein konstruktives Feedback geben kann.

Die Ratschläge für die Trauerrede gelten auch für einen schriftlichen Nachruf. Nur dass die Grabrede noch persönlicher sein darf und dass ein Nachruf, weil er zum Teil von ganz und gar Außenstehenden gelesen wird, wesentliche Fakten wie Geburtsjahr und -ort des Verstorbenen enthalten sollte.

Drängen Sie sich aber im Hinblick auf Nachruf und Rede keinesfalls auf. Respektieren Sie, wenn die Angehörigen nicht möchten, dass etwas in dieser Richtung stattfindet.

Wie gesagt: Alles im Zusammenhang mit einem Trauerfall erfordert viel Flexibilität und Sensibilität. Und genau hier kann der Lerneffekt für Sie selbst liegen, ein Effekt, der sich auf viele ganz andere Lebensbereiche auswirkt. Besonders dann, wenn Sie sich gefordert fühlen und wenn Sie das, was Ihnen abverlangt wird, Überwindung kostet – Sie gewinnen dadurch an Lebenserfahrung, und Sie wachsen in Ihrer Menschlichkeit. Es ist also nicht nur für die anderen, sondern auch für Sie selbst die Mühe wert, sich dieser Lektion zu stellen.

EXKURS:
»Ein Leben für die Wahrheit« – Nachruf auf Daskalos

(Dieser Nachruf auf Daskalos erschien in *esotera* 11/1995.)

Er liebte seine Heimat Zypern sehr – Zypern, die Insel, wo die Göttin Aphrodite den Fluten des Meeres entstiegen sein soll. Gerade war er von einer langen Reise nach Nord- und Südamerika nach Hause zurückgekehrt, da ereilte ihn ein Schlaganfall. Eine halbseitige Lähmung und die Unfähigkeit zu sprechen blieben. Allerdings behielt er bis zu seiner letzten Stunde die geistige Klarheit, die seine Freunde und Schüler an ihm – neben vielem anderen – so schätzten.

Am 26. August 1995, gut vierzehn Monate nach seinem Schlaganfall, verstarb Daskalos im Kreis seiner Familie dort, wo er 1912 geboren worden und wo er aufgewachsen war, wo er gelebt, geliebt, gelehrt hatte: auf Zypern. Er hinterlässt zwei Töchter, mehrere Enkel und Urenkel. Seine Tochter Panayiota Theotoki verwaltet nun seinen Nachlass, der vor allem aus zwei veröffentlichten und drei noch unveröffentlichten Büchern sowie unzähligen auf Tonkassetten und Videos aufgezeichneten Vorträgen besteht. Sie leitet auch nach wie vor in Strovolos, dem Stadtteil Nikosias, wo Daskalos wohnte, Meditationen in seiner Tradition. Sie hält dort und im Ausland Vorträge über seine Arbeit. Einen Nachfolger aber gibt es nicht, das hat Daskalos an verschiedenen Stellen unmissverständlich zum Ausdruck gebracht.

Stylianos Atteshlis, so sein Name im Zivilleben, nannte seine Schüler »Wahrheitsforscher«. »Die Wahrheit wird euch von euren Illusionen befreien«, gehörte zu den Sätzen, die er immer wieder benutzte – wobei jeder die Aufgabe habe, seiner eigenen Wahrheit auf die Spur zu kommen.

In seinem Buch *Esoterische Lehren* (Knaur, München 1991) bezog er klar Stellung zum Hintergrund seines spirituellen Systems und auch dazu, dass er es nicht als das allein Seligmachende ansah: »Wir können nicht beanspruchen, dass das von den Wahrheitsforschern verfolgte System das einzige ist, das zur Vollendung führt. Es gibt viele andere Systeme, genau wie es viele Straßen und Wege zum gleichen Ziel gibt… Wir sind nicht gegen irgendein System oder gegen irgendeine Religion, solange dies Wege dorthin sind, Gott zu erkennen, das absolute Sein. Aber wir sind erklärte Christen, und der Gott der Weisheit und der Liebe hat uns genug gegeben.«

Ja, Daskalos war Christ, griechisch-orthodoxer Christ. Er empfahl, die Bibel zu lesen und sie sich zum besten Freund zu machen. Allerdings wies er immer wieder darauf hin, dass sich durch Übersetzungen und Überarbeitungen viele Fehler in den Text eingeschlichen hätten. Mit den Kirchen und ihren Vertretern hat er sich immer wieder angelegt.

Die differenzierte Art, in der sich Daskalos mit dem Christentum, seinen Schätzen und seinen Auswüchsen auseinander setzte und wie er es mit einer universellen Spiritualität verband, machte für viele eine Aussöhnung mit ihren spirituellen Wurzeln möglich. Menschen, die die Bibel nie verstanden oder sich nie um ein Verstehen bemüht hatten, erkannten im Gespräch mit Daskalos oder während seiner Vorträge blitzartig Zusammenhänge, was bewirken konnte, dass sich ganze Lebensläufe veränderten.

Es scheint, als habe er seine Vorträge genau darauf angelegt, dass die Zuhörer direkt oder »zwischen den Zeilen« des gesprochenen Wortes die Erkenntnisse vermittelt bekamen, die für das Erkennen ihrer eigenen Wahrheit wichtig sein würden. Wer diese Vorträge nüchtern und ohne Offenheit anhörte, mochte sich fragen, was die Anwesenden mit dieser zum Teil wenig strukturierten Fülle von Material anfangen sollten: Es ging zum Beispiel um das Entstehen unseres Sonnensystems, der Erde, um die Entwicklung des Menschen und das Kriterium, das ihn wesentlich von den Pflanzen und den Tieren unterscheidet, »the super-substance of the mind« – die Übersubstanz des Geistes, des Willens, der Achtsamkeit, des Bewusstseins, des Verstandes (all dies steckt in dem englischen Wort *mind*). Der *mind*, sagte Daskalos, ist göttlich.

Überwältigende Fülle von Weisheit

Alle Menschen seien Nachkommen Gottes, »Kinder« Gottes; die meisten hätten das nur noch nicht verstanden, es sei ihnen noch nicht bewusst. Dann wieder ging es um die Engel und die Erzengel; es ging um Phänomene wie Licht, Farben, Töne und Sprache – eine überwältigende, vielleicht verwirrende Fülle von Weisheit. Wer jedoch wirklich hinhörte, der hat gehört.

In seiner »Lecture« zwei Tage vor dem Schlaganfall, am 6. Juni 1994 in Strovolos gehalten, sprach Daskalos unter anderem über die beiden ersten Gebote: »Du sollst den Herrn, deinen Gott, lieben…« Und: »Du sollst deinen Nächsten lieben wie dich selbst.« Mir wurde beim Anhören dieser kurzen Passage zum ersten Mal die Wichtigkeit einer Ausgewogenheit dieser drei Elemente klar: der Liebe und des Jasagens zum übergeordneten großen Ganzen, zu den anderen Menschen und zu uns selbst, denn schließlich sind wir alle »Kinder« des großen Ganzen.

Wer hat eine solche Liebe? Wer ist auf dem Weg dazu? Wer bemüht sich darum oder öffnet sich dafür? Wem ist bewusst, dass es um eins oder zwei dieser Elemente in seinem Leben zu stark oder zu schwach bestellt ist?

Daskalos selbst jedenfalls hatte diese große Liebe. Er hat getan, was ihm aufgetragen war, unermüdlich und ohne Geld dafür zu nehmen. Er hat die Menschen geliebt, auch wenn sie ihm zu nahe rückten und ihn bedrängten. Besonders in den letzten Jahren geschah das häufiger, nachdem die Bücher des in die USA ausgewanderten Zyprioten Kyriacos C. Markides Bestseller geworden waren, die Daskalos und seine Arbeit zum Thema hatten. Daskalos hatte Markides nur die Veröffentlichung des ersten Buches erlaubt, doch ohne sein Einverständnis publizierte Markides fröhlich weiter.

Die Bücher lösten in Strovolos einen wahren Boom von Besuchern aus, auch von solchen, die nur ihre Sensationsgier befriedigen wollten und an Daskalos' Lehre überhaupt kein Interesse mitbrachten.

Als ich 1990 für eine Recherche nach Zypern reiste, war es zunächst nicht einfach, Daskalos und seine Tochter Panayiota davon zu überzeugen, dass mein geplanter Bericht nicht noch mehr Sensationslustige anlocken, sondern im Gegenteil eher filternd wirken werde. Am Ende stimmte Daskalos jedoch ausdrücklich zu.

Als ich nach Erscheinen des Artikels noch einmal nach Nikosia reiste, bedankte er sich während unseres persönlichen Gesprächs bei mir – ein unvergesslicher Moment.

Er liebte Gott, er liebte die Menschen und er liebte auch sich selbst. Er trug keine »Keep-smiling«-Maske, sondern meist blickte er ernst. Dabei lachte er gern, er brachte bei aller Tiefe seiner Themen auch immer wieder die komische Seite zum Ausdruck. Er biederte sich niemals an, sondern sagte den Menschen, was sie hören mussten. Er war, wie er war, und er stand dazu: ein großer, starker, hochsensitiver Mann mit einer vielseitigen Ausbildung in seiner Heimat und im Ausland; er führte drei Doktortitel. Einst gehörte er zu den zehn führenden Dichtern griechischer Sprache. Vor dem Krieg wurden etliche seiner Werke veröffentlicht. Er war ein Lehrer, ein Heiler, ein Weiser, doch nie wollte er als Meister oder Guru angesehen werden. Beziehungen, die durch Dominanz und Abhängigkeit geprägt sind, missbilligte er.

Brückenbauer zwischen den Welten

Weltweit bestehen heute über hundert Daskalos-Kreise, allerdings ohne seinen Namen zu tragen. Es existiert keine Satzung, keine Organisation. Daskalos selbst sagte, es gebe heute auf allen Kontinenten »Wahrheitsforscher«; besonders viele Gruppen im deutschsprachigen Raum, allein in Bayern zwölf.

Bei allem, was er an Markides' Büchern auszusetzen hatte, eins haben sie mit Sicherheit bewirkt: dass viele Menschen auf Daskalos aufmerksam wurden, die ihn und seine Lehre auf andere Art nicht kennen gelernt hätten; die sie jetzt überall auf der Welt weitertragen, und zwar in seinem Sinne, ohne Vereinsmeierei.

Daskalos war ein Pontifex, ein Brückenbauer zwischen dieser und anderen Welten. Seine Präsenz hat es Menschen möglich gemacht, Zusammenhänge zu verstehen und zu integrieren, die ihnen sonst nicht offenbar geworden wären. Beispielsweise, dass Liebe jenseits von Zeit und Raum wirksam ist. Das bedeutet sicher einen Trost für alle, die ihn heute schmerzlich vermissen. Die Liebe zu ihm und seine Liebe für uns lebt weiter, auch wenn Daskalos sich von dieser Ebene verabschiedet hat.

EXKURS: »Ich bin traurig mit euch allen …«

Briefe zum Tod einer Mutter

(Die folgenden Briefe wurden mir von einer Freundin zur Verfügung gestellt, einer Frau Ende vierzig, die ihre einundsiebzigjährige Mutter verloren hatte. Sie war an einem Krebsleiden verstorben.

Die Absender standen der alten Dame beziehungsweise stehen ihrer Tochter in ganz unterschiedlicher Weise nahe. In jedem dieser Schreiben wird jeweils in angemessener Weise Anteilnahme und Mitgefühl zum Ausdruck gebracht. Sie stellen Beispiele für Beileidsbekundungen dar, die wirklich Trost gespendet haben.)

Liebe Familie S.,

von einer Reise zurückgekehrt, finde ich Ihre traurige Nachricht vor. Gern denke ich an vergnügte Stunden in Ihrem Elternhaus zurück – nett bewirtet von Ihrer lieben Frau Mutter.

Sie war eine außergewöhnliche Persönlichkeit: klug, stark, zuverlässig, sorgend, humorvoll, und all diese Qualitäten verbunden mit Schönheitssinn und viel Charme. So werde ich mich immer an sie erinnern.

Bitte empfangen Sie von mir und meiner Frau mein herzliches Beileid.

Mit freundlichen Grüßen, Ihr…

Sehr verehrte gnädige Frau,

heute fand ich die schlimme Nachricht vom Tode Ihrer Mutter vor. Sie geht mir sehr nahe. Kannte ich die H. doch seit meiner Jugend und später aus vielen Begegnungen und Besuchen zusammen mit meiner verstorbenen Frau, ihrer Schulkameradin.

Ich behalte sie so in Erinnerung, wie ich sie immer erlebt habe: aufrecht, hilfsbereit und gastfrei.

Nehmen Sie zusammen mit Ihren Geschwistern die Versicherung meines herzlichen Mitgefühls.

Ihr…

Liebe B.,

in Gedanken war ich in den letzten Tagen viel bei dir. Ich weiß ja auch, wie es ist, die Mutter zu verlieren. Es fällt mir schwer, die richtigen Trostworte zu finden. Wir hoffen, du spürst, dass wir mit dir fühlen. Wir wünschen dir viel Kraft und Trost für die kommende Zeit. Nun hat ja deine liebe Mutter Erlösung von allen Schmerzen gefunden. In herzlicher Verbundenheit, deine…

Mit großer Betroffenheit haben wir von dem Ableben von Frau S. Kenntnis genommen. Erlauben Sie uns, Ihnen unsere innige Anteilnahme mitzuteilen. Ihre…

Liebe B.,

beim gestrigen Heimkommen fand ich die Nachricht von H.s Tod. An ihrem Geburtstag telefonierten wir miteinander, und sie sagte mir, wie es um sie stand. Ich ahnte nicht, dass ihr

Ende so nahe war. Für mich war sie stark und unzerstörbar – ich kannte außer ihr keinen Menschen, der das Leben so positiv und richtig anpackte.

Ich bin traurig mit Euch allen und bedaure es, dass ich beim Abschied in der Kirche und bei dem Gang durch ihren Garten nicht dabei sein konnte. All die fröhlichen Erinnerungen an sie werden mich begleiten.

Sei umarmt von Deiner...

(Gedruckt:) Herzliche Anteilnahme

(Handschriftlich:) Ich bin sehr traurig, dass Frau S. nicht mehr unter uns ist. Konnte es gar nicht glauben, es tut mir so Leid, sie war eine wunderbare Frau. Ich werde sie sehr vermissen.

Herzlichen Dank für die Nachricht, Ihre...

Sehr verehrte gnädige Frau,

die ganz unerwartete Nachricht vom Tode Ihrer Frau Mutter hat uns sehr erschüttert. Wir wussten zwar von ihrer schweren Krankheit, hatten aber geglaubt, dass sie noch eine längere Lebenszeit vor sich habe, zumal sie blühend aussah wie eh und je. Nun ist es anders gekommen, was uns sehr traurig macht. Ihnen und Ihren Geschwistern dürfen wir zu diesem schweren und schmerzlichen Verlust unser ganz herzliches Beileid aussprechen.

Ihre Frau Mutter war eine außergewöhnliche Frau, die wir sehr bewundert haben. Ihre vielfältigen Gaben – darunter Klugheit, Mut und Willenskraft, Hilfsbereitschaft und menschliche Wärme – machten sie zu einem liebenswerten Menschen, um den sich ein großer Freundeskreis scharte. Unvergesslich bleibt das wunderbare Fest ihres siebzigsten Geburtstages im von ihr so geliebten Z.

Auch wir verlieren mit Ihrer Frau Mutter eine gute Freundin, die in unserer Erinnerung fortleben wird. Wir fühlen uns in Trauer mit Ihnen und den Ihren verbunden.

Ihre...

EXKURS:
»Quellen zum Kraftschöpfen« – Briefe zum Tod eines Sohnes

(Im 6. Kapitel spricht die Mutter eines jungen Mannes, der sich das Leben genommen hat, über den Brief eines Nachbarn, den er umgehend nach dem tragischen Ereignis geschrieben hatte und der ihr viel Trost vermittelte. Hier ist dieser Brief.)

Sehr geehrte Familie...

Wir sind bestürzt über die unfassbare Katastrophe, die über Ihre Familie hereingebrochen ist. Mit großer Anteilnahme trauern und weinen wir mit Ihnen über den furchtbaren und schmerzlichen Verlust.

Ihr...

(Die Tochter dieses Nachbarn, ein junges Mädchen etwa im Alter des Verstorbenen, schrieb wenig später einen eigenen Brief an die Mutter.)

Liebe Frau...

Gerade eben musste ich erfahren, welch schreckliches Unglück Ihrer Familie widerfahren ist. Ich empfinde tiefe Betroffenheit und fühle mit Ihnen und Ihrer Familie mit, wobei für mich wohl nicht im Entferntesten vorstellbar ist, was Sie durch den Verlust Ihres Sohnes erleiden müssen.

Die Erinnerung an unser Gespräch während der Busfahrt am vergangenen Freitag, dessen Mittelpunkt ja Ihr Sohn war, macht mich besonders traurig und bedrückt.

Frau..., ich weiß nicht, was ich Ihnen sagen oder wünschen soll, ich wollte ausdrücken, dass ich und viele, viele andere dieser Nachricht fassungslos gegenüberstehen. Ich hoffe, dass Sie Quellen haben und finden können, aus denen Sie Kraft schöpfen können, die Ihnen den Umgang mit solch einem fürchterlichen Schicksalsschlag ermöglichen.

Ich möchte Ihnen und Ihrer Familie aus tiefstem Herzen mein Beileid aussprechen, es tut mir unendlich Leid.

Ihre ...

(Eine Freundin der Mutter schrieb den folgenden Brief.)

Meine liebe ...,

mehrmals habe ich in den vergangenen Tagen vor eurem Haus gestanden, doch Scheu und Demut vor deinem Schmerz hielten mich davor zurück, einzutreten. Was hätte ich dir auch geben können als meine eigenen Tränen? Ich bin so erschüttert wie noch nie in meinem ganzen Leben, sodass mir jedes Wort des Trostes vermessen erscheint. Du sollst aber wissen, dass ich mit meinen Gedanken bei dir bin und Gott darum bitte, euch Zurückgelassenen die Kraft zu geben, im Vertrauen auf ihn weiterzuleben und einen neuen Sinn zu erkennen.

Es ist mir ein wirkliches Anliegen, dir zu sagen, dass du zu jeder Zeit auf meine Hilfe zählen kannst, und dies sage ich umso nachdrücklicher, da ich weiß, dass du zu den Menschen gehörst, die eigentlich immer nur selbst geben wollen.

Deine ...

EXKURS: »Ein Tag ohne Saba« – Die Trauerrede der Enkelin Jitzhak Rabins

(Sie stand ihrem Großvater, den sie »Saba« nannte, sehr nahe. Er hatte für sie die Rolle des Vaters inne. So traf die Ermordung des israelischen Ministerpräsidenten seine Enkelin Noa ganz besonders schmerzlich.

Wie sehr – das beschreibt sie in »Trauer und Hoffnung«*,

* Noa Ben Artzi-Pelossof: *Trauer und Hoffnung. Die Enkelin Jitzhak Rabins über ihr Leben und ihre Generation,* Rowohlt, Reinbek 1996. Abdruck mit freundlicher Genehmigung des Rowohlt Verlags.

einem beeindruckenden Buch über das Leben junger Menschen in Israel und über den Umgang mit dem Tod.

Dass Noa damals in ihrem ganzen Schmerz den Mut aufbrachte, am Grab ihres Saba eine Rede zu halten, hat sie weltbekannt werden lassen. Hier ist der Wortlaut dieser Rede, den sie im letzten Kapitel ihres Buches abdruckt.)

Verzeiht, dass ich nicht vom Frieden sprechen möchte. Ich möchte von meinem Großvater sprechen. Für gewöhnlich erwachen wir aus einem Albtraum, aber seit gestern stürze ich beim Erwachen in einen Albtraum. Es ist nicht möglich, sich an den Albtraum eines Lebens ohne dich zu gewöhnen. Wenn das Fernsehen dich zeigt, bist du so lebendig, dass ich dich fast berühren kann – aber nur fast, denn ich werde es nie mehr können.

Großpapa, du warst das Feuer vor dem Lager, und jetzt sind wir allein, ohne Fackel in der Finsternis; uns ist so kalt, wir sind so traurig.

Ich weiß, die Menschen sprechen von einer nationalen Tragödie und dass ein ganzes Volk getröstet werden muss. Aber wir fühlen die große Leere, die ohne dich bleibt, wenn Großmama nicht aufhören kann zu weinen.

Nur wenige kannten dich wirklich. Jetzt werden sie eine ganze Weile von dir sprechen, aber ich spüre, dass sie nicht wirklich wissen, wie groß der Schmerz, wie groß die Tragödie ist; etwas ist für immer zerstört.

Großpapa, du warst und bist und bleibst unser Held. Und ich möchte, dass du weißt – was immer ich auch tue, ich habe dich dabei vor Augen.

Dein Verständnis und deine Liebe haben uns bei jedem unserer Schritte begleitet, unser Leben ist geprägt von dem, was du für richtig und falsch, gut und böse hieltst. Du, der nie aufgegeben hat, bist nun verloren. Und jetzt bist du hier, mein immer gegenwärtiger Held – kalt, allein. Und nichts kann ich tun, um dich zu retten. Du fehlst uns so sehr.

Größere als ich haben dich gerühmt, aber keinem von ihnen war so wie mir das Glück beschieden, deine warmen, weichen Hände zu spüren, deine zärtlichen Umarmungen, die nur für uns waren. Und dieses halbe Lächeln, das mir immer so viel verriet – das Lächeln, das es nun nicht mehr gibt, das mit dir erstarrt ist.

Ich hege keine Rachegefühle, dazu sind der Schmerz und der Verlust zu groß. Uns ist der Boden unter den Füßen weggezogen, und nun tasten wir herum, versuchen uns zu orientieren in dieser Verlassenheit, ohne dass es uns bisher gelingen will.

Ich bin nicht fähig, dies zu Ende zu bringen. Es bleibt nichts, als dir Lebewohl zu sagen, mein Held, ruhe in Frieden und denk an uns und vermisse uns hier unten, die wir dich so lieben. Die Engel, die dich jetzt begleiten werden, bitte ich, dass sie dich beschützen, denn du verdienst ihren Schutz.

Wir lieben dich, Saba, auf immer.

---

6. Kapitel

Selbsthilfegruppe »Verwaiste Eltern«

Wer könnte einen Menschen, der um einen geliebten Verstorbenen trauert, besser verstehen und ihm besser helfen als jemand, der schon einmal die gleiche Erfahrung gemacht hat? Die Erfahrung, wie der Verlust einen rasenden, nicht enden wollenden Schmerz auslöst. Die Erfahrung, wie man es schafft, dem Schmerz Raum zu geben, der Trauer die Zeit zu geben, die man braucht. Die Erfahrung, dass man den anderen wirklich gehen lassen und ihn trotzdem in seinem Herzen bewahren kann. Und schließlich die Erfahrung, dass es nach alldem gelingt, sich dem Leben erneut zuzuwenden.

Die Schweizer Psychotherapeutin und Autorin Verena Kast beschreibt in ihrem Buch *Sich einlassen und loslassen** vier wesentliche Phasen der Trauer, und sie definiert den Begriff folgendermaßen: »Trauer nennen wir das Gefühl für das Erlebnis des Verlustes von etwas, das für uns einen Wert dargestellt hat.« Das heißt, man kann auch den Verlust einer Arbeit, einer Wohnung, einer Lebensform, der Gesundheit und so weiter betrauern, nicht nur den Verlust eines Menschen.

Die erste Phase der Trauer bezeichnet sie als das Nicht-wahrhaben-Wollen. Die zweite ist die der aufbrechenden Emotionen. Diese Emotionen können ganz unterschiedlicher Art sein und sich miteinander vermischen. Die dritte Phase nennt sie »Suchen, Finden, Sichtrennen«. Damit meint sie, dass der Hinterbliebene unbewusst oder bewusst den Kontakt zum Verstorbenen sucht, zum Beispiel über das Anschauen von Fotos,

* Verena Kast: *Sich einlassen und loslassen,* Herder, Freiburg 1994.

über Träume und dergleichen. Dass er aber lernen muss: Die Verbindung hat sich wesentlich verändert.

Im schlechteren Fall lebt der Trauernde nun ein Pseudoleben mit dem Verstorbenen. Nichts darf sich verändern. Er entfremdet sich dem Leben und den Lebenden. Im besseren Fall wird der Verstorbene zu einem »inneren Begleiter«, von dem man sich unterscheidet und der sich auch verändern kann. Wenn dieser bessere Fall eingetreten ist, beziehungsweise wenn im Rahmen einer guten Trauerbegleitung daran gearbeitet wurde, dass er eintreten konnte, wird die vierte und letzte Phase der Trauerarbeit erreicht. Verena Kast nennt sie »neuen Selbst- und Weltbezug«. In dieser Phase ist der Verlust akzeptiert, der Verstorbene ist zu einer »inneren Figur« geworden. Neue Beziehungen, neue Rollen und Lebensstile werden möglich.

Was ist Trauerbegleitung?

Den Begriff »Trauerbegleitung« kennen bisher nur wenige. Die meisten von uns denken, dass sie, wenn sie einen geliebten Menschen durch den Tod verlieren, irgendwie durch dieses tiefste Tief, durch dieses dunkelste Dunkel selbst hindurchfinden müssen. Dass sie vielleicht und hoffentlich durch Familienangehörige, Freunde, einen Seelsorger Unterstützung erfahren. In früheren Zeiten waren auch tatsächlich die Großfamilie und vielleicht der Pfarrer diejenigen, die Trauernde auffingen und ihnen beistanden. Aber die Zeiten haben sich geändert. Großfamilien gibt es fast nicht mehr. Ein lang andauerndes Vertrauensverhältnis zu einem Geistlichen ist eher die Ausnahme.

Das Thema Sterben, Tod und Trauer wird mehr denn je ausgeklammert. Wer plötzlich damit konfrontiert ist, steht manchmal ganz allein da: Angehörige und Freunde fühlen sich überfordert und ziehen sich zurück; oder sie tun und sagen genau das Falsche, und der Trauernde kann nicht anders, als sie vor den Kopf zu stoßen.

In England und Amerika gibt es schon seit Jahrzehnten

Selbsthilfegruppen, die hier ansetzen. Sie sagen, Freunde, Verwandte und Priester können noch so wohlmeinend sein. Psychologen, Psychiater und Psychotherapeuten können über eine noch so herausragende Qualifikation verfügen. Bei einem Gang durch die Hölle kann nur der die Hand reichen, der schon einmal durch die gleiche Hölle gegangen ist. Bekanntlich hat die Hölle viele Namen, zum Beispiel der Verlust eines geliebten Menschen durch Krankheit, einen Unfall, Suizid oder Mord ebenso wie Alkoholsucht, Drogen- oder Esssucht.

Die so genannten Zwölfschritteprogramme der Anonymen Alkoholiker und anderer Sucht-Selbsthilfegruppen weisen gewisse praktische Unterschiede zu den Selbsthilfegruppen auf, die Tod und Trauer zum Thema haben. Doch die Idee, dass bei so dramatischen Problemen wie Sucht oder Tod nicht etwa Fachleute, sondern Leidensgenossen die echteste und hilfreichste Unterstützung bieten, ist die gleiche.

Trauer-Selbsthilfegruppen wirken im Hintergrund. Deswegen wissen nur wenige von ihrer Existenz. Und wenn jemand weiß, dass es sie gibt, ist vielleicht nicht klar, wie man den Kontakt zu ihnen herstellt.

Meist sind die Pfarreien über entsprechende Adressen informiert, und sie geben sie auch an Menschen weiter, die nicht zur Gemeinde gehören. Auch die Hospize – im Telefonbuch häufig unter ihrem speziellen Namen, zum Beispiel »Christophorus-Hospiz«, eingetragen – wissen über die nächstgelegenen Gruppen Bescheid. Für Menschen, die jemanden durch Suizid verloren haben, besteht in Bayreuth eine zentrale Anlaufstelle unter dem Namen AGUS (Adresse im Anhang). Und auch für Eltern, die den Tod eines Kindes zu beklagen haben, gibt es unter dem Namen »Verwaiste Eltern« in Hamburg eine zentrale Adresse (siehe Anhang). Seit Beginn der Achtzigerjahre entstanden in Deutschland, Österreich und der Schweiz mehr als zweihundertfünfzig Gruppen nach dem Modell des englischen Geistlichen Simon Stephens. Er gründete 1969 in Coventry eine Gruppe für Eltern, die ein Kind verloren hatten. Er nannte sie *Compassionate Friends,* »mitfühlende

Freunde«. Wie gesagt, bei uns heißen die Gruppen »Verwaiste Eltern«. Zu den größten gehören die in Hamburg und in München, die beide seit über zehn Jahren bestehen.

Besuchen kann sie jeder, der ein Kind verloren hat, unabhängig von Alter, Geschlecht, Familienstand, Wohnort und Konfession und auch unabhängig vom Alter des verstorbenen Kindes. Es kann sich genauso um eine Frühgeburt handeln wie um einen erwachsenen Menschen, der aber immer das »Kind« seiner Eltern bleiben wird.

Zwar sind die Kirchen beteiligt, zum Beispiel stellen sie häufig Räumlichkeiten für die Treffen zur Verfügung. Es wird aber keinerlei Druck ausgeübt, weder was das Religiöse anbetrifft noch in irgendeiner anderen Hinsicht.

Die Gruppen werden überwiegend ehrenamtlich begleitet. Die Betreuer erhalten Ausbildungen, Fortbildungen und Supervision. Treffen finden meist vierzehntägig statt, in verschiedenen offenen und geschlossenen Gruppen. In einem Text der »Verwaisten Eltern« heißt es: »Durch verständnisvolles, einfühlsames Zuhören und dadurch, dass wir einander erlauben, Gefühle auszudrücken und zu durchleben, helfen wir uns auf dem schweren Weg durch die Trauer. Dabei ist es wichtig, dass wir Eltern treffen, die durch ihren tiefen Verlustschmerz und ihre Trauer hindurch zum Leben zurückgefunden haben.« Es bestehen auch Gruppen für Geschwister von verstorbenen Kindern und Jugendlichen.

Todesfälle in einem frühen Alter treten gar nicht so selten auf. Die Statistik von 1998 besagt: Es starben in jenem Jahr in Deutschland etwa vierzehntausend junge Menschen unter zwanzig. Knapp fünfzehnhundert starben durch Suizid.

Eine Mutter, die im Frühjahr 1998 ihren gerade achtzehnjährigen Sohn durch Suizid verloren hatte und die bei den »Verwaisten Eltern« Leidensgenossen traf, erklärte sich zu einem Gespräch bereit. Sie war um die fünfzig, verheiratet, Mutter von vier Söhnen und berufstätig. Sie lebt in einer süddeutschen Großstadt. Im Folgenden ist das Gespräch mit ihr zusammengefasst, wobei die Fragen weggelassen wurden.

Eine Mutter berichtet

»Der Pfarrer der einen Konfession, mit dem ich eigentlich jahrelang einen guten Kontakt hatte, hat mich sehr enttäuscht. Der der anderen Konfession kam direkt nach dem Tod meines Sohnes mehrmals täglich vorbei. Er unterstützte die ganze Familie im besten Sinne als Seelsorger.

Bei der Beerdigung sagte der Pfarrer am Grab etwas, mein Mann, die ganze Jugend war da, ein Freund meines Sohnes hat gesprochen – es war sehr beeindruckend, ein guter Abschluss.

Wir hatten die Beerdigung aber auch gründlich vorbereitet, mit Liedern und Texten ... Ich bin da über mich selbst hinausgewachsen. Vom Tag des Todes an konnte ich zwei Wochen lang nichts essen und nicht schlafen. Ich habe nachts geschrieben, habe überlegt und nachgedacht. Mit guten Texten zum Beispiel habe ich mich schon immer beschäftigt. Die konnte ich aus einer Schublade meines Gehirns herausziehen. Ich wusste auch gleich, welche Lieder ich für die Beerdigung passend fand.

Alle wollten, dass ich Schlafmittel nehme, aber das habe ich nicht getan. Darüber bin ich sehr froh. Ich habe nichts zugekleistert. Ich habe mir erlaubt, ganz tief reinzugehen in die Trauer. So konnte sich dann etwas Neues aufbauen. Daran habe ich gemerkt, dass ich wohl ein gläubiger und spiritueller Mensch bin. Dass ich wusste: Irgendwo werde ich gehalten.

Es gibt bestimmte Phasen der Trauer, durch die man hindurch muss. Allerdings braucht jeder dafür seine individuelle Zeit. Ein Therapeut hat dabei meiner Ansicht nach nichts verloren. Natürlich gibt es Menschen, die über Jahre nicht von der Stelle kommen. Wenn sie professionelle Hilfe in Anspruch nehmen – ja, klar. Auch wenn jemand nach einem Jahr noch so dasteht wie am ersten Tag. Aber wenn man selbst spürt, dass eine Veränderung vor sich geht, sogar wenn's runtergeht – dann ist es gut. Es muss Bewegung spürbar sein.

In der Gruppe bei den ›Verwaisten Eltern‹ diskutieren wir darüber zum Teil kontrovers. Die einen sagen: Warum soll man kein Schlafmittel nehmen, wenn man nicht schlafen kann? Aber für mich wäre das Gift gewesen. Ich habe auch keinen Alkohol getrunken. Ich wusste, dass das keine Hilfe ist. Auch über das Thema Psychotherapie sprechen wir, und es gibt da tendenziell unterschiedliche Meinungen. Aber im Prinzip stellt das, was ich eben zum Thema Therapie sagte, die Meinung der Gruppe dar.

Meine Familie hat zu mir gestanden. Es war für uns alle sehr schlimm. Man sagt immer, für eine Mutter sei es am schlimmsten. Aber ich glaube, meinem Mann war genauso der Boden unter den Füßen weggezogen wie mir.

Es war natürlich gut, dass er da war. Aber man darf sich da keinen Illusionen hingeben: Ein Mann trauert ganz anders als eine Frau. Er hat einen anderen Rhythmus. Allerdings hätten auch zwei trauernde Frauen keine Zeitgleichheit. In einer bestimmten Tagessituation geht es dir vielleicht gerade mal besser, und der andere fühlt sich miserabel – und umgekehrt. Aber natürlich: Er hat das gleiche Leid wie du. Das ist es auch, was die Gruppe trägt.

Du bist so empfindlich, wenn irgendjemand Außenstehendes etwas Falsches sagt. Du kannst keine Ratschläge annehmen, das sind immer Schläge. Du fragst dich: Was wollen die? Die wissen doch gar nicht, wie es dir geht. Kein Mensch kann sich in diese Situation hineinversetzen, der sie nicht selbst erlebt hat. Und das ist die Kompetenz der Gruppe!

Von jemandem, der das selbst erlebt hat, nimmst du einen Rat an.

Ich glaube und beobachte auch bei denen, die ich durch die ›Verwaisten Eltern‹ kenne, dass die Trauer, der Weg durch die Trauer, der gleiche ist, ob man nun bloß ein Kind hat oder zehn. Ich habe mit einer Mutter gesprochen, die nur ein Kind hatte und es verlor. Es ist im Alter von siebzehn Jahren an einer Herzkrankheit gestorben. Diese Mutter sagte: ›Gott sei Dank habe ich nicht noch mehr Kinder. Ich hätte überhaupt keine Kraft für sie.‹«

»Wie besessen von dem Schlag«

»Ich selbst war wie besessen von dem Schlag, dass mein Sohn nicht mehr lebte. Ich hatte für die anderen Kinder gar keinen Raum mehr. Irgendwann schaffte ich es dann, sie auch wieder zu sehen. Aber erst mal geht es nur um dieses eine.

Meine anderen drei Söhne haben das verstanden. Und sie hatten ja ihre eigene Trauer.

Ich glaube, dass es für jeden gut ist, der etwas durchgemacht hat wie wir, in eine solche Gruppe zu gehen. Jedenfalls, wenn er bereit ist, es auszuhalten, dass da so viel geballtes Schicksal zusammenkommt und zur Sprache gebracht wird. Für manche kann das fast erschlagend wirken. Für andere ist es tröstlich, dass sie nicht allein sind. Na ja, allein schon, aber nicht allein gelassen. Allein musst du deine individuelle Trauer bewältigen. Aber du bist nicht allein gelassen, weil das alles Leidensgenossen sind.

Es ist wichtig, sich auszudrücken. Wenn jemand Neues in die Gruppe kommt, machen wir zum Beispiel immer eine Vorstellungsrunde. Jeder stellt sich mit seinem Namen vor, dem Namen des Kindes, woran es gestorben ist… Ich bin in einer Suizidgruppe. Es gibt auch Gruppen für frühkindlichen Tod, für Fehlgeburten… Für manche ist es furchtbar, es immer wieder sagen zu müssen. Und ich behaupte, dass das auch eine therapeutische Wirkung hat. Wenn du es immer wieder sagst, lernst du, damit besser umzugehen und es besser in dein Leben zu integrieren. Dass du nicht das Gefühl hast, dich verstecken zu müssen.

Du hörst immer wieder, dass die Menschen, wenn sie ›Suizid‹ vernehmen, überlegen: Was ist da in der Familie? Die Eltern haben sich wohl nicht richtig um das Kind gekümmert – oder so etwas.

Ich muss sagen, dass wir es in dieser Hinsicht optimal hatten, mit unserer Familie, unseren Freunden, unserem ganzen sozialen Umfeld. Sie kannten uns und wussten, dass da wirklich nichts war. Von daher hatten mein Mann und ich uns mit dieser Art von Vorurteilen nur wenig auseinander zu setzen.

Für viele Betroffene ist das aber wirklich ein Problem. Sie mögen nicht einmal einkaufen gehen, weil sie Angst haben, sie begegnen jemandem, der sie auf eine blöde Art anspricht oder ausfragt.

Der Auslöser für den Tod meines Sohnes war wohl folgender. Wir hatten im Januar 1998 alle eine Virusgrippe. Die ganze Familie. Er war der Einzige, der sich von dieser Krankheit nicht erholte. Er war immer so schlapp und müde. Er war ein großer Sportler, ein guter Schüler, zwölfte Klasse Leistungskurs Mathe und Französisch – alles bestens. Er sagte: ›Ich kann nicht mehr denken. Ich weiß gar nicht, was die in der Schule da reden.‹ Wir sind zu allen Ärzten gegangen. Die haben nichts gefunden. Irgendwann sagte er zu mir: ›Ich bin nicht mehr wie früher.‹ Er spürte irgendeine Veränderung in seinem Gehirn, ich denke, letztlich ausgelöst durch diesen Infekt. Mir hat jemand nachträglich gesagt, es gibt Viruserkrankungen, die eine Schizophrenie auslösen. Vielleicht war es so etwas. Er empfand sich auf jeden Fall als krank.

Meine Großmutter hat sich das Leben genommen. Ich hegte immer einen Groll auf meinen Vater, dass er darüber nie sprach, dass das Thema für ihn ein Tabu war. Ich habe kürzlich eine Familienaufstellung* gemacht und da erkannt, dass mein Vater das nicht konnte. Dafür bringe ich jetzt sehr viel Verständnis auf, und ich konnte mit ihm Frieden schließen.

Schon 1994 habe ich mich mit diesen Familienaufstellungen beschäftigt. Damals sagte ich: Eines Tages möchte ich das mal praktisch erleben. Aber zu der Zeit hatte ich ein bisschen Angst. Jetzt, nach dem Tod meines Sohnes, dachte ich: Was soll mir noch passieren? Allerdings wartete ich mehr als zwei Jahre, bis ich die Aufstellung machte. Und jetzt war es eine gute und hilfreiche Erfahrung für mich, auch für die Verarbeitung des Todes von meinem Sohn.

Ich habe mich schon immer mit diesen psychologischen, theologischen, spirituellen Dingen beschäftigt. Letztlich war mir das, glaube ich, eine große Hilfe.«

Kompetenz im Zuhören

»In der Selbsthilfegruppe gibt es Menschen, die erst mal mit ihrem Schicksal hadern. Sie fragen, warum und wieso. Sie sagen: Ich kann's nicht glauben. Das ist ja auch ganz normal. Es gibt einige wenige, die sagen: Ich habe mit spirituellen Dingen grundsätzlich nichts zu tun. Aber das sind tatsächlich nur wenige. Nun ist das bei uns ja überhaupt nicht kirchlich und konfessionell ausgerichtet. Da kann auch jemand Mohammedaner sein, der ist genauso willkommen. Oder jemand, der gar keiner Religion angehört. Jeder macht das anders. Aber ich bin der festen Überzeugung: Um den Tod eines Kindes in sein

* Siehe 10. Kapitel.

eigenes Leben integrieren zu können, muss man irgendeinen spirituellen Ansatz für sich finden.

Ich bin ein paar Monate nach dem Tod meines Sohnes zum ersten Mal in die Gruppe gegangen. Und habe gesehen, dass es mir besser ging als vielen anderen dort. Weil sie vielleicht vom Spirituellen her nicht die Möglichkeiten hatten wie ich, weil sie sich nicht so ausdrücken konnten – und vielleicht auch, weil sie nicht die Begleitung hatten wie ich. Ich hatte ja innerhalb und außerhalb meiner Familie so viele Ansprechpartner!

Es tat mir gut, mich um Leute zu kümmern, denen es schlecht ging.

Bei den Gruppenmitgliedern geht es quer durch alle sozialen Schichten. Da herrscht eine Kompetenz im Zuhören! Wenn jemand neu dazukommt – wie viel Raum der einnehmen darf! Der bekommt so viel!

Was mir besonders in den ersten Monaten nach dem Tod meines Sohnes geholfen hat: Ich habe viel gelesen. Zum Beispiel Bücher von dem Benediktinermönch Anselm Grün. Die habe ich verschlungen. Das allerbeste Buch, das ich gelesen habe, wurde von einem amerikanischen Rabbi geschrieben, der auch ein Kind verloren hat. Der Titel lautet: *Wenn guten Menschen Böses widerfährt.** Mein Mann hat es gleich zweimal gelesen. Und dann hörte ich sehr viel Musik, die Passionen, die Johannespassion. Ich lag auf dem Sofa und heulte ohne Ende. Die Musik half mir, in meiner Trauer zu baden, sozusagen. Das war auch für meinen Mann das Richtige. Es hat uns sehr gut getan.

Andere sagen in dieser Situation: Musik kann ich überhaupt nicht hören. Es ist individuell sehr verschieden. Aber ich würde jedem empfehlen, irgendetwas zu finden, das die Tränen zum Fließen bringt, egal, was es ist. Vielleicht auch, in die Natur zu gehen. Bewegung kann gut sein, laufen, Fahrrad fahren. Das Grab besuchen.

Das Spannende bei den ›Verwaisten Eltern‹ ist, dass dort

* Harold S. Kushner: *Wenn guten Menschen Böses widerfährt,* GTB, Gütersloh 1997.

keine Rezepte verteilt werden. Du musst immer genau hinhören: Wie ist es für den anderen? Man darf niemandem etwas von sich selbst überstülpen, sondern man sollte, wie gesagt, eine wirkliche Kompetenz im Zuhören entwickeln.

Natürlich kommt es auch vor, dass jemand sagt: Bei mir war es so und so. Es sind halt ganz frisch Betroffene da und auch Leute, bei denen es schon sechs, sieben Jahre her ist. Die frisch Betroffenen sehen dann: Mensch, denen ging es auch so schlecht. Und schau mal, wie weit sind die jetzt schon. Die können wieder lachen. Das ist das Heilsame.

Die Menschen kommen noch nach fünf, sechs Jahren in die Gruppe, weil sie die gewachsene Gemeinschaft schätzen.«

Lernen, sich um sich selbst zu kümmern

»Wenn ein Kind gestorben ist – egal, ob durch Suizid, durch eine Krankheit oder was auch immer –, haben die Eltern häufig Selbstbestrafungstendenzen und sagen: Ich darf mir selbst jetzt nichts Gutes mehr tun. Ich habe bewusst das Gegenteil gemacht. Ich habe mir Blumen gekauft, gute Bücher, ich habe mich gepflegt. Seitdem gehe ich zur Kosmetikerin. Es war nicht so, dass ich mir sagte: Jetzt erst recht. Sondern ich wusste, es ist ganz wichtig, dass ich gut zu mir bin, dass ich mich um mich kümmere.

Eigentlich bin ich ein Typ, der immer schaut, wie's den anderen geht. Aber nun sagte ich: Jetzt schaue ich mal nur auf mich. Ich habe gelernt, mich abzugrenzen und mit mir selbst behutsam umzugehen. Auch in unseren Gruppen beobachte ich diesen Lerneffekt.

Mein Sohn würde das alles begrüßt haben. Er ist, wie Anselm Grün es so schön formuliert, mein innerer Begleiter. Das wird auch immer so bleiben. Ich denke oft: Was hätte er jetzt gesagt oder gedacht? Er ist immer präsent, immer dabei.

Natürlich muss man den Verstorbenen erst loslassen, bevor er zu einem inneren Begleiter werden kann. Und das geht nicht, wenn man immer noch hadert. Die verschiedenen Phasen der Trauer, die Verena Kast in ihrem Buch beschreibt, müssen alle durchlaufen werden. Die Phasen werden übrigens nicht nur von ihr so beschrieben, sondern jeder, der sich eingehend damit beschäftigt hat, stellt sie so dar.

Wenn du sagen kannst: Ja, er lebt nicht mehr, aber er ist trotzdem bei mir, dann ist die Sache in Ordnung.

Was meinen eigenen Tod betrifft, ist es so. Ich sage heute, ich würde zwar noch gern ein bisschen leben. Aber es wäre nicht schlimm, wenn ich jetzt sterben würde. Ich habe geliebt, ich habe gelitten, ich habe gelebt. Daher kann ich gut gehen. Vor der Erfahrung mit meinem Sohn hatte ich eher Angst davor, oder ich habe das Thema Tod tabuisiert.

Jetzt kürzlich ist mein Vater gestorben, das konnte ich ganz ruhig nehmen. Ich habe ihn noch gesehen, bevor man ihn in den Sarg legte. Meinen Sohn habe ich nicht mehr gesehen. Das war auch in Ordnung. Ich hätte es damals zu dem Zeitpunkt nicht verkraftet. Heute würde ich's verkraften.

Bei uns in der Selbsthilfegruppe wird sehr viel darüber diskutiert, ob man das verstorbene Kind noch einmal sehen sollte. Viele meinen, es sei für sie ganz wichtig gewesen. Denn manche, die das nicht getan hätten, sagten dann hinterher, sie glaubten nicht, dass das Kind tot sei. Das habe ich nie gehabt. Ich glaubte es immer.

Es ist wichtig, dass man die Entscheidung offen lässt. Und dass man sagt: Sie können es noch in zwei Tagen tun.

Unsere Erfahrung mit dem Beerdigungsinstitut war keine sehr gute. Sie haben uns, auf Deutsch gesagt, den letzten Quatsch verkauft. Man befindet sich ja in einer Situation, wo man überhaupt keinen Blick dafür hat, was notwendig ist und was nicht. Man hat nicht die Kraft, sich dagegen durchzusetzen, wenn einem etwas aufgeschwatzt wird. Zum Beispiel wurde uns gesagt, unser Sohn müsse im Sarg ein bestimmtes Hemd tragen. Mir wäre es am liebsten gewesen, wenn er seine Tennissachen getragen hätte oder eine schöne Jeans, die er besonders geliebt hat. Es wurde gesagt, das ginge nicht, besonders nicht nach einem Suizid, aber wir haben hinterher herausgefunden, dass das nicht stimmt. Die wollten uns einfach was verkaufen. Letztlich ist es natürlich egal, was jemand trägt, wenn er im Sarg liegt. Und trotzdem … Ich frage mich: Haben die Bestattungsunternehmen so etwas nötig? Ich habe früher mal in der Verbraucherzentrale Rechtsberatung gemacht. Da gab es auch schon Reklamationen dieser Art.

Der erste Jahrestag des Todes ist erfahrungsgemäß ein sehr wichtiges Datum. Manche Angehörige sind nach dem Trauerjahr schon so weit, dass sie diesem Tag einen würdevollen Rahmen geben können. Zum Beispiel haben wir mit der Familie, unseren Freunden, den Freunden unseres Sohnes und unserem Seelsorger einen Nachmittag gestaltet; zuerst am Grab, mit Kerzen, einer Predigt des Pfarrers, mit Gebeten und Liedern. Dann haben wir den Nachmittag bei uns im Garten mit guten Gesprächen ausklingen lassen. Es war ein wunderschöner Tag, der uns allen weitergeholfen hat.

Eltern, die sich für etwas in dieser Art noch nicht bereit fühlen, können einen solchen Tag natürlich auch ganz anders verbringen. Aber sie sollten sich auf jeden Fall vorher damit beschäftigen, was sie tun wollen. Das Datum einfach so auf sich zukommen lassen – das geht meistens nicht gut.

Gerade kürzlich habe ich ein Paar an das Grab ihres vor einem Jahr verstorbenen Kindes begleitet. Es war eine sehr stille und traurige Situation. Ich hatte ein Manuskript mit einem jüdischen Gedicht eingesteckt, das habe ich dort vorgelesen. Es hat gut gepasst. Die Eltern waren sehr dankbar.

Das ausdrückliche Ziel unserer Selbsthilfegruppen lautet, die Menschen in ihrer Trauer zu begleiten und sie ins Leben zurückzubringen. Für mich persönlich kann ich es folgendermaßen erklären. Es gibt einen Satz, der lautet: Das Loch, in das ich fiel, wurde zur Quelle, aus der ich lebe. Dieser Satz trifft auf mich zu. Auch wenn es schwer ist. Es gibt Tage, da geht es mir nicht so gut. Die Trauer begleitet dich dein ganzes Leben lang. Sie verwandelt sich, aber der Schmerz bleibt. Ich fühle mich wie amputiert. Ich habe vier Kinder, zwei Arme, zwei Beine, und da ist etwas amputiert. Die Amputation bleibt, der

Wundschmerz bleibt. Aber auch ein Amputierter muss wieder gehen lernen. Das habe ich getan. Ich habe gelernt, wieder zu gehen.«

EXKURS: Leitlinien zur Trauerbegleitung

(Die folgenden zehn Leitlinien zur Beratung und Begleitung Trauernder werden von den »Verwaisten Eltern« verwendet und empfohlen.)

Es ist wichtig,

- dem Trauernden bewusst zu machen, dass der Verlust tatsächlich geschehen ist; ihn zu ermuntern, über sich selbst und seine Umstände immer wieder von neuem zu sprechen, während er im Gegenüber einen geduldigen Zuhörer finden soll;
- dem Hinterbliebenen Beistand zu leisten, negative Gefühle (Zorn, Angst, Hilflosigkeit...) als solche zu erkennen und sie zu erlauben; vor allem auch das Weinen soll erlaubt sein;
- dem Trauernden bewusst zu machen, was es heißt, ohne den Verstorbenen und die Rollen, die er eingenommen hat (zum Beispiel als Partner), weiterzuleben; abzuraten ist davon, dass in der ersten Trauerphase wichtige Entscheidungen getroffen werden, damit sollte man warten;
- dem Trauernden zu vermitteln, dass er sich die Zeit nehmen kann, die er braucht; der Begleiter sollte sich darauf einstellen, dass er möglicherweise über einen längeren Zeitraum beansprucht wird;
- das Gefühl eines kontinuierlichen Beistands zu vermitteln, wenigstens über ein Jahr;
- zu verdeutlichen, dass bestimmte, in der Trauer zum ersten Mal gemachte Erfahrungen in der Regel nicht »verrückt« sind, sondern normal;

- individuelle Unterschiede in der Verarbeitung der Trauer einzukalkulieren; bei Eltern, die ein Kind verloren haben, können diese beispielsweise zu einer Verschärfung der Trauersituation und zu Problemen in der Beziehung führen, bis hin zur Trennung;
- die Abwehrmechanismen und Bewältigungsstile des Trauernden im Einzelnen zu untersuchen; sie offenbaren zum Teil gesundes, zum Teil ungesundes Verhalten (Rückzugstendenzen, Verdrängung, Einnahme von Medikamenten, Alkoholkonsum ...);
- die emotionale Ablösung vom Verstorbenen zu unterstützen; hierzu kann gehören, dass man dazu ermuntert, neue Beziehungen einzugehen; dadurch wird weder die Erinnerung an den Verstorbenen befleckt noch seine Unersetzlichkeit angezweifelt; allerdings muss die ganze Tiefe, Intensität und Unverrückbarkeit des Verlustes erfahren und ausgelotet werden, und auf diese Weise muss die Trauerarbeit zum Abschluss kommen, damit der Betreffende wirklich frei wird und den neuen Partner um seiner selbst willen schätzen kann;
- Krankhaftes als solches zu erkennen und im entsprechenden Fall für eine therapeutische Behandlung einzutreten; der Begleiter muss seine Grenzen kennen und dann gegebenenfalls für eine Überweisung zu einem vertrauenswürdigen Therapeuten sorgen.

EXKURS:
»Ich habe einen Traum«

Von Douglas Coupland

(In der Wochenzeitung *Die Zeit* erscheint regelmäßig eine Seite mit dem Titel »Ich habe einen Traum«. Es handelt sich dabei um einen Textbeitrag, in dem eine bekannte Persönlichkeit einen nächtlichen Traum, einen Tagtraum, eine Wunschvorstellung oder auch etwas ganz anderes schildert, das ihr zu diesem Thema einfällt.

Am 22. Februar 2001 erschien ein Beitrag des neununddreißigjährigen kanadischen Schriftstellers Douglas Coupland. Er ist der Erfinder des Namens für eine Generation unpolitischer Langweiler: »Generation X«. [So lautet auch der Titel eines seiner Romane.]*

Couplands »Ich habe einen Traum« handelt von einer besonderen Form der Trauer.**)

Als meine Nichte vor zweieinhalb Jahren geboren wurde, fehlte ihr die linke Hand. Unsere Familie lebt an der Nordküste von Vancouver, wo es eine statistische Häufung von Missbildungen bei Neugeborenen – deformierte Hände und Arme – gibt. Diese Erhöhung ist deutlich und kaum zu bestreiten. Die Behörden fanden sie trotzdem nicht erheblich genug, um eine Untersuchung einzuleiten. Der Grund für die Missbildungen ist bis heute ungeklärt.

Nach der Geburt meiner Nichte begann für meine Familie eine besondere Form der Trauer: Wir trauerten um eine Hand, von der wir neun Monate lang geglaubt hatten, dass es sie gibt. Wir konnten nicht anders, als daran zu denken, wie grausam Menschen sein können, und uns den Spott und die Spitznamen vorzustellen, die sie ihr Leben lang würde aushalten müssen. Wir überlegten uns, was sie zu ihrer High-School-Abschlussfeier tragen würde. Ein langärmliges Kleid? Und wenn die anderen Mädchen schulterfreie Kleider tragen würden? Es klingt vielleicht oberflächlich, aber eigentlich ging es darum, sich damit abzufinden, dass das Leben für dieses kleine Wesen nie so sein würde wie für andere Mädchen. Es ist ein Kreislauf aus Sorge und Angst. Man fängt an, eifersüchtig zu werden auf die anderen Kinder, die mit beiden Händen auf die Welt kommen – und fühlt sich schrecklich, dass man so etwas überhaupt denkt.

* Douglas Coupland: *Generation X,* Goldmann, München 1995.

** Aufgezeichnet wurde Douglas Couplands »Traum« von Heike Faller. Der Abdruck erfolgt mit freundlicher Genehmigung von Douglas Coupland und Heike Faller.

Das einzig Gute daran ist vielleicht, dass wir als Familie enger zusammengerückt sind. Andere Probleme haben sich relativiert. Aber wir spüren auch, dass an der Nordküste etwas passiert sein muss, das schuld daran ist. Irgendwo gibt es einen Grund. Eine Häufung ist eine Häufung. In Deutschland gab es einmal ein Medikament namens Contergan, das ähnliche Missbildungen verursacht hat. Damals war die Ursache klar. Die Ursache heutzutage ist die Welt.

Seit der Geburt meiner Nichte sehe ich die Welt mit anderen Augen. An den Straßenrändern von North Vancouver sehe ich statt Wiesen und Bäumen jetzt Männer von der Straßenbaubehörde, die Herbizide sprühen. Ich laufe herum und rieche plötzlich brennendes Styropor, und mich beschleicht eine Furcht, die erst aufhört in dem Moment, in dem ich den Brandherd lokalisieren kann. Ein Auto rollt im Leerlauf die Straße hinunter, und in meiner Phantasie schmilzt die Antarktis bereits zu Leitungswasser zusammen. Diese eigenartigen Vitamine, die jeder nimmt, Hände voller Kapseln und Pillen und Gel-Dinger, die den Körper sättigen und seine Zellen korrumpieren. Was denken sich die Leute eigentlich? Mit einer Pille nehmen sie mehr Chromium zu sich als ihre Vorfahren in ihrem ganzen Leben. Die modernen Menschen scheinen ihr alltägliches Handeln nicht mit den langfristigen Folgen in Verbindung zu bringen.

Mein Traum wäre, eine philosophische Vorstellung zu entwickeln, mit der die kurze Lebensdauer eines Menschen mit den Konsequenzen dieses Lebens für die Zukunft verknüpft wird. Mit Zeigefinger und Tortendiagrammen geht das nicht. Die Bevölkerung an ihre soziale Verantwortung zu erinnern funktioniert auch nicht. Es scheint überhaupt nichts zu funktionieren, und das hat damit zu tun, dass man nach dem Leben in eine andere Zeit eintritt. Wenn man es erst in die »Ewigkeit« geschafft hat, spielt die Welt keine Rolle mehr. Ich träume davon, dass die Menschen sich die Zukunft und die Ewigkeit nicht mehr als zwei völlig unterschiedliche Reiche vorstellen. Man käme dann nicht mehr so leicht davon. Wer auch immer für die teratogenen, also Missbildungen erzeugenden Substanzen im Ökosystem von North Vancouver verantwortlich ist, kann dann nicht einfach sterben und ins Jenseits verschwinden. In meinem Traum würden die Taten eines Menschen auf der Erde nach dem Tod an seiner Seele kleben bleiben: der alternde Industriekapitän, dem sein Verhalten egal ist, weil er sowieso bald sterben wird und die Konsequenzen seines Handelns nicht mehr mit ansehen muss. Die Soldaten, die beim Rückzug noch Ölquellen in Brand setzen: Es ist viel zu einfach, den Tod als Flucht vor den Problemen der Welt zu benutzen.

Wenn Sie nicht an ein Leben nach dem Tod glauben, würde dieses Verschmelzen von Zeitzonen nichts verändern. Die meisten großen Religionen haben keine ökologische Dimension. Vielleicht wäre das sogar das Ende der organisierten Religionen. Es ist leichter, an eine Apokalypse zu glauben, als damit aufzuhören, Fehler zu machen.

Meine Eltern haben mich und meine Brüder undogmatisch erzogen. Ich bin sehr weltlich aufgewachsen und sehr naturnah, fast schon klischeehaft. Ich bin auf einer Militärbasis in Deutschland geboren, und nachdem mein Vater aus der Armee ausgeschieden war und wir zurück nach Kanada gingen, kaufte er sich ein Wasserflugzeug, mit dem er uns jedes Wochenende durch ganz British Columbia, Yukon und Alaska geschleppt hat. Zwischen November und April fuhren wir jeden Tag Ski. Meine Grundschule lag direkt oberhalb einer Laichstelle für Lachse. Die Jugendlichen trafen sich dort, so wie man sich in New Jersey in einer Shopping-Mall trifft. An meiner High-School wurde über die Holzindustrie und die Reinheit des Wassers diskutiert und seine Auswirkung auf die Lachse. In dem theologischen Vakuum meiner Jugend wurden ökologische Themen extrem wichtig.

Ich bin an einem Zaun aufgewachsen. Dahinter begann die Wildnis, die bis zum Nordpol reichte. Das ist keine Metapher – ich bin tatsächlich genau an der Grenze aufgewachsen, wo die Zivilisation zu Ende ist und das Gegenteil davon anfängt. Wenn wir also über die Abholzung diskutierten, wussten wir sehr genau, was es bedeutete, einen Wald zu verlieren.

Trotzdem sind die Grünen keine starke politische Kraft hier – ich weiß nicht, warum das so ist. Vielleicht, weil es so schwer ist, den Feind überhaupt zu benennen. Das ist das Problem der Holzfäller, die nicht wissen, ob sie den Umweltschützern die Schuld an der steigenden Arbeitslosigkeit geben sollen, und so geht es umgekehrt den Umweltschützern: Der Feind ist überall und nirgends. Wenn es möglich wäre, unsere Vorstellungen vom Jenseits und von der Zukunft zu verschmelzen, dann würde es keine Umweltkriminellen mehr geben. Und ich würde das Leben meiner Nichte aus dem Jenseits oder der Zukunft beobachten können: Wenn sie so alt ist, wie ich es jetzt bin, werde ich entweder tot sein oder 77 Jahre alt. Im Moment ist sie ein charmantes kleines Mädchen, dem es das größte Vergnügen bereitet, imaginäre Teetassen zu servieren und im Park neue Hunde kennen zu lernen.

7. Kapitel

Trauerseminar – Den Weg zurück ins Leben finden

Siebenundzwanzig Eltern, die ihr Kind verloren haben. Ehepaare, einige einzelne Frauen, eine Frau in Begleitung ihrer besten Freundin. Sie sind für ein Wochenende im Benediktinerkloster St. Ottilien, eine Autostunde südwestlich von München, zusammengekommen, um sich mit dem Tod ihres Kindes zu beschäftigen. Organisiert wurde dieses Seminar von den »Verwaisten Eltern«, von denen im vorigen Kapitel die Rede war.

Es gibt Trauerseminare mit unterschiedlicher Ausrichtung: psychologisch-psychotherapeutische, bei denen es hauptsächlich darum geht, Gefühle auszudrücken, sich von Verdrängtem und Feststeckendem zu befreien und dadurch Raum für eine konstruktive Veränderung zu schaffen. Oder solche, bei denen mit künstlerischen Mitteln die Erlebnisse und Gefühle Ausdruck finden können, damit die Betroffenen ihre Trauer bewältigen lernen. (Die »Verwaisten Eltern« geben mehrmals jährlich Informationsblätter mit Beschreibungen und Daten von solchen Seminaren heraus. Die entsprechende Kontaktadresse finden Sie am Ende des Buches.)

Dieses Trauerseminar aber hat den Glauben zum Thema. In der Erläuterung heißt es: »Die wichtigsten Fragen, die Eltern in der Trauer um den Tod ihres Kindes an ihren Glauben stellen, sind oft die unlösbarsten: Warum lässt Gott dies zu? Unser Glaube an einen guten und gerechten Gott wird durch die Trauer im höchsten Maße angefochten …«

Die Leitung des Seminars hat der Prior von St. Ottilien, Pater Claudius Bals. Er wurde schon Ende der Achtzigerjahre von den »Verwaisten Eltern« angesprochen, ob er bereit wäre, eine Veranstaltung dieser Art zu halten. Seitdem tut er das jährlich einmal für frisch Betroffene. Seit einigen Jahren bietet er zusätzlich jeweils ein Wochenende für Eltern an, die das erste Seminar schon besucht haben.

Die brennendsten Fragen sind in all den Jahren jedes Mal die gleichen:

- Warum ist mir/uns dies passiert?
- Hätten wir diesen Todesfall verhindern können? War es Zufall oder Bestimmung?
- Wie komme ich mit meinen Schuldgefühlen zurecht?
- Hilft es dem Verstorbenen, wenn ich für ihn bete? Oder hilft es eher mir selbst?
- Wie gehe ich mit der Unfähigkeit der anderen um, sich mir gegenüber angemessen zu verhalten?
- Welchen Sinn hat das Beten noch für mich, wo doch meine Gebete um das Weiterleben meines Kindes nicht erhört wurden?
- Welchen Sinn hat das Leben für uns Hinterbliebene überhaupt, wo doch mit dem Tod des Kindes die Zukunft ausgelöscht wurde?
- Wie wichtig ist das Sakrament der Krankensalbung?
- Wie hat man sich das Weiterleben der Seele im Himmel oder im Jenseits vorzustellen?

Pater Claudius kann hierzu keinerlei Patentrezepte und -lösungen anbieten. Und dass die Antworten, die er gibt, auf dem christlichen Weltbild basieren, erklärt sich von selbst. Wer damit nichts anfangen kann, meldet sich am besten von vornherein nicht zu einem solchen Seminar an, gehalten von einem Pater, stattfindend in einem Kloster. Doch spielt die Konfession der Teilnehmer überhaupt keine Rolle; auch nicht, wenn jemand aus der Kirche ausgetreten ist. Pater Claudius vertritt, was er eine zeitgemäße Theologie nennt und so beschreibt: Grundwissen der Gotteserfahrung und Wege zum Glauben.

So ist er beispielsweise froh, dass Menschen, die Suizid be-

Hans Bachmann: Zur letzten Ruh

gangen haben, heute wie jeder andere beerdigt werden. (Früher wurden sie und ihre Familien geächtet, ein kirchliches Begräbnis wurde ihnen verwehrt.)

Auch begrüßt er, dass die Beerdigungsriten heute viel mehr auf Befreiung, Erlösung, Auferstehung ausgerichtet sind als auf Trauer und Leiden. Immer wieder betont er, die Väter und Mütter könnten sicher sein, dass es ihren verstorbenen Kindern da, wo sie sich jetzt befinden, über alle Maßen gut geht. – Pater Claudius sagt »im Himmel«, denn das ist der innerhalb des Christentums traditionell verwendete Begriff. Doch steht es laut seiner Aussage jedem frei, stattdessen auch andere Bezeichnungen zu nehmen, zum Beispiel »drüben« oder »in der anderen Dimension«. Die verwendeten Worte sind für ihn nicht relevant. Sondern relevant ist der Glaube daran, dass mit dem Tod nicht alles vorbei ist, sondern dass es ein Weiterleben gibt.

Das Loslassen erleichtern

Einer der Seminarteilnehmer ist ein Mann, der erst vor wenigen Monaten seinen Sohn durch einen Arbeitsunfall verlor, den er selbst verursacht hat. Er redet sich ein: Ich habe meinen eigenen Sohn umgebracht. Dieser Mann, der in Begleitung seiner Frau, der Mutter des Jungen, gekommen ist, befindet sich in einem schrecklichen Zustand der Trauer und der Schuldvorwürfe.

Für ihn und für alle anderen Anwesenden erklärt Pater Claudius vor seinem Hintergrund als hervorragender Philosoph und Theologe, der sich seit Jahrzehnten mit den schwierigsten Fragen auseinander setzt: Eine Schuld liegt nur da vor, wo jemand etwas mit böser Absicht tut. Ein Unfall wie dieser ist der Unvollkommenheit des Lebens zuzuschreiben.

Eine junge Mutter sagt unter Tränen, dass ihre kleine Tochter nicht in den von Hochwasser angeschwollenen Bach gefallen und ertrunken wäre, wenn sie sie auf dem Arm gehabt hätte. Darauf antwortet Pater Claudius, man dürfe Kinder nicht überbehüten. Es sei auch gar nicht möglich, sie ständig auf dem Arm zu haben. Die Mutter möge sich keine Schuldgefühle machen, denn es treffe sie keine Schuld.

Der Vater, der seinen Sohn bei dem Arbeitsunfall verlor, hat noch ein weiteres Problem. Offenbar ist er stark von einem traditionellen katholischen Glauben geprägt. So quält ihn der Gedanke, dass sein Sohn das Sakrament der Krankensalbung (frühere Bezeichnung: »Letzte Ölung«) nicht rechtzeitig erhalten habe.

Dazu erklärt Pater Claudius, die Sakramente hätten nur für uns Menschen in unserer materiellen Dimension eine Funktion, nicht aber für die, die sich jenseits dieser Dimension und damit jenseits von Zeit und Raum befinden. Das Sakrament der Krankensalbung sei einzig und allein dazu gedacht, einem Sterbenden oder auch einfach jemandem, der krank oder alt ist und der wahrscheinlich nicht mehr lange leben wird, das Loslassen zu erleichtern. Er berichtet von einer Frau, der er selbst auf dem Sterbebett die Krankensalbung gab. Sie sagte, nachdem sie das Sakrament erhalten hatte: »Pater Claudius, jetzt kann ich es schaffen.« Genau dies sei der Sinn: Unterstützung zu geben, damit die betreffende Person den Weg hinüber schafft.

Bei dem verunglückten Jungen sei diese Unterstützung aber gar nicht mehr notwendig gewesen, denn er hatte seinen Übergang ja schon bewältigt. Auch hier seien Sorgen unnötig.

Pater Claudius legt dem Vater genau wie der Mutter des ertrunkenen Töchterchens und allen anderen, ob jetzt die Kinder durch Unfälle, Krankheiten, Suizid oder schon bei der Geburt gestorben sind, ans Herz, sie sich in perfektem Zustand, in vollem Glück »im Himmel« vorzustellen.

In diesem Sinne erklärt er auch den Nutzen von Gebeten für Sterbende und Verstorbene. Es sei sehr hilfreich, Sterbenden die Hand zu halten, für sie oder mit ihnen zu beten, für sie da zu sein. Wenn man erst nachträglich vom Tod eines Menschen erfahre, könne man sozusagen zeitlich rückwirkend dafür beten, dass er eine gute Sterbestunde hatte. Denn »drüben« gibt es keine Zeit, und das Gebet kommt daher immer in der rechten Situation an. Für das Wohl längst Verstorbener zu beten sei im Grunde aber unnötig, denn sie befänden sich ja jenseits von Zeit und Raum in vollkommenen Umständen.

Was Pater Claudius hingegen für sehr wichtig hält, ist das Beten für die eigene gute Sterbestunde. Es zeuge weder von irgendeiner Art von Dekadenz, wenn man das tue, noch von einer negativen Lebenseinstellung. Sondern im Gegenteil, wer sich seiner Sterblichkeit jederzeit bewusst sei und sich darauf einstelle, sich im entsprechenden Moment möglichst angstfrei in Gottes Hände zu geben, könne auch bewusster und glücklicher leben. Und wem der Ausdruck »in Gottes Hände« zu religiös sei, dem sei es unbenommen, vom »Großen Ganzen«, vom »Universum« oder Ähnlichem zu sprechen.

Das Gebet als Gespräch mit Gott, ein Sichöffnen in der Meditation oder das Folgen einer geführten Meditation/Imagination tue auf jeden Fall gut. Auch dann, wenn unsere Bittgebete manchmal nicht erfüllt würden… Unser Horizont als Menschen sei begrenzt, und wir seien nur selten fähig, uns an die große, übergeordnete Weisheit anzuschließen. Doch es gehe darum, wieder Vertrauen in diese Weisheit zu gewinnen. Im Übrigen sei die Vorgabe überholt, dass man nur in der »Reinheit des Herzens« mit Gott sprechen dürfe. Es sei völlig in Ordnung, so, wie man das im Alten Testament an einigen Stellen nachlesen könne, frei zu beten. Einfach mit Gott zu sprechen, ihm seine Gefühle, auch seinen Zorn und seine Zweifel mitzuteilen. Ebenso sei es in Ordnung, innerhalb von vorgegebenen Gebeten wie im Vaterunser Stellen auszulassen wie »Dein Wille geschehe«, wenn sie im Moment zu schwierig seien. (Eine Mutter stellte die Frage, ob sie das Vaterunser so lange unvollständig sprechen dürfe, bis es ihr wieder ein wenig besser geht. Seit dem Tod ihres Kindes bringe sie es einfach nicht übers Herz, zu sagen: »Dein Wille geschehe.« Im Moment sei sie schlicht und einfach nicht fähig dazu, Gottes Willen zu akzeptieren.)

Neben Gebet und Meditation können nach Pater Claudius' Erfahrung auch Bilder Halt und Trost vermitteln, wenn man um einen Verstorbenen trauert. »Positive Bilder«, betont er. Es sei eine gute Idee, einem Kondolenzbrief eine entsprechende Postkarte beizulegen. Geeignet seien beispielsweise viele Motive des russisch-französischen Malers Marc Chagall oder die Bilder der bayerischen Malerin Ingeborg Sedlmayr.

Leiden als Lernchance

Pater Claudius sagt: »In einer Gesellschaft, in der zu viele Menschen, einzeln oder im Interessenverband, nur Gewinner sein möchten, indem sie das große Geld machen, das Glück pachten, Ansehen erobern und den Erfolg sichern wollen, besitzt das Leiden als Lernchance im Bewusstsein der meisten keinen hohen Stellenwert.«

Für ihn jedoch bedeute das größte Ziel im menschlichen Leben, dass der und die Einzelne im Herzen, im Geist und in der Persönlichkeit reift. Ein solcher Reifungsprozess werde häufig durch Leiden ausgelöst. So sei das Leiden nicht nur ein »Betrug am Leben«, sondern: »Der Baum des Kreuzes trägt Früchte.« Im Leiden und Trauern könne Einheit mit Gott erfahren und es könne Gottvertrauen geübt werden.

Tatsächlich berichtet eine junge Frau, die zwei Kinder direkt nach der Geburt verloren hat und über diese Verluste noch nicht hinweggekommen ist, dass sie manchmal im Gebet oder in der Meditation in tiefster Verzweiflung einen Hauch des Trostes erfährt. »Aber das kann ich nicht selbst machen und ich kann es mir nicht vornehmen. Wenn ich es mir ganz besonders wünsche, geschieht es vielleicht nicht. Und wenn ich es am wenigsten erwarte, bekomme ich einen solchen Moment der Entspannung und der Hoffnung geschenkt. Ich kann mich nur dafür öffnen. Wenn es geschieht, ist es ein Geschenk.«

Der Vater einer Tochter, die sich im Teenageralter das Leben genommen hat, ist zusammen mit seiner Frau, der Mutter des jungen Mädchens, gekommen. Er sagt in der Kleingruppe: »Ich will solch einen Trost nicht! Ich will auch diese Lernchance nicht. Ich will, dass es so ist, wie es früher war, als unsere Tochter noch lebte.«

Er steckt noch ganz in der Phase des Haderns mit seinem Schicksal fest. Doch als er für einen Moment abwesend ist, erzählt seine Frau der Kleingruppe, dass er früher ganz materialistisch eingestellt gewesen sei und »an nichts geglaubt« habe.

So ist es also schon als Fortschritt zu werten, dass er dieses Wochenendseminar besucht und sich wenigstens ein bisschen für die Angebote aufschließt.

Sich mit dem Leben versöhnen

Im Umgang mit den »Verwaisten Eltern«, so berichtet Pater Claudius, sei ihm klar geworden, dass keine Verbindung so eng und keine Liebe so groß ist wie die zwischen Eltern und Kind. Und dass deswegen Jesus Christus von Gott als von seinem Vater spricht. Es handele sich hier um ein Bild, um eine Aussage über eine Beziehung. Und die gelte nicht nur für Jesus Christus, sondern für jeden und jede von uns. »Wenn Gott unser Vater ist, ist er auch in uns anwesend«, sagt Claudius Bals. In der katholischen Kirche sei der transzendente Gott verkündet worden, der weit weg von uns ist. Ihm gehe es in einer neuen Theologie darum, auch den immanenten Gott zu betonen, also den Gott oder den göttlichen Funken, der in jedem von uns lebt.

Die Arbeit mit den »Verwaisten Eltern« habe ihm sehr viel gegeben, betont er, aus theologischer ebenso wie aus persönlicher Sicht. Habe er doch zwei Geschwister verloren, als sie noch Kinder gewesen seien.

Er sei in der Nähe von St. Ottilien in einer großen Familie aufgewachsen. Seine Mutter habe als Bäuerin sehr viel arbeiten müssen, und offenbar habe sie nie die Zeit dafür gefunden, um ihre beiden verstorbenen Kinder richtig zu trauern. Jedenfalls führe er die Tatsache, dass seine Mutter in den letzten zehn Jahren ihres Lebens an einer schweren Depression gelitten habe, auf die unverarbeitete Trauer zurück. Wenn auch vielleicht nicht ausschließlich, so doch zu einem großen Teil.

Die Seminare, die er für die »Verwaisten Eltern« anbietet, nennt er »Glaubensseminare für Trauernde«. Und er fügt mit einem Lachen hinzu: »Vielleicht sollte ich sagen: Hoffnungsseminare für Trauernde.« Sein Wunsch und sein Ziel dabei ist, dass die Teilnehmer Antworten auf theologische und spirituelle Fragen erhalten, dass sie zum Leben zurückfinden, sich mit dem Leben versöhnen und irgendwann einmal sagen können: »Ich nehme diesen Schicksalsschlag an.«

Aus den Gruppen ist ein Buch entstanden, in dem Pater Claudius eigene Texte und Texte anderer Autorinnen und Autoren anbietet, ebenso wie Gemälde, zum Beispiel von Marc Chagall, die er für Trauernde besonders hilfreich findet.*

Am Ende des Seminars ist von den Teilnehmern zu erfahren, dass sie sich gestärkt und bestätigt finden. Dass es ihnen viel gegeben hat, von Pater Claudius als Fachmann für theologische Fragen wesentliche Anhaltspunkte bekommen zu haben. Dass sie ihn als jemanden kennen und schätzen gelernt haben, der sich sein Leben lang mit spirituellen, religiösen, theologischen Problemen auseinander gesetzt und der sich dabei weiterentwickelt hat.

Hinzu kommt, dass St. Ottilien ein geschütztes und ruhiges Umfeld bietet. Obwohl die meisten aus der Nähe kommen, scheint es doch weit weg zu sein von der gewohnten Umgebung. Das tut ebenso gut wie der Austausch mit Menschen, die das gleiche Schicksal erlitten haben.

Alle hielten sich an die zu Beginn von Pater Claudius ausgesprochene dringende Bitte, dass jeder in seinem Schicksal gehört und respektiert wird. Aussagen wie »Für Sie ist es doch nicht so schlimm, Sie können noch Kinder bekommen« oder »Ihr Kind hat wenigstens nicht leiden müssen« sind nicht angebracht, hier ebenso wenig wie in allen anderen Situationen.

Eine Frau hat an allen dreizehn Seminaren von Pater Claudius in St. Ottilien teilgenommen. Sie verlor vor vierzehn Jahren ihren kleinen Sohn bei einem Verkehrsunfall. Damals fand sie Kontakt zu einer der ersten Gruppen der »Verwaisten Eltern«, und über sie kam es dazu, dass Pater Claudius um die Leitung dieser Art von Seminaren gebeten wurde.

Sie erinnert sich, wie sie selbst bei ihrem ersten Besuch in St.

* Claudius Bals: *Vom Himmel lasst uns träumen,* EOS, St. Ottilien 1992.

Ottilien »zum ersten Mal wieder richtig durchatmen« konnte. Die gleichzeitig trostreichen, liebevollen und fundierten Aussagen von Pater Claudius in seinem ersten Seminar hätten ihr ganzes Gottesbild verändert. Ihrem Mann, der sie begleitet habe, sei es ganz ähnlich ergangen: »Für ihn war es, als wenn sich ein Vorhang öffnet.« Sie unterstützt seitdem Pater Claudius bei diesen Seminaren. Zu ihm und zu St. Ottilien hat sich eine tiefe Freundschaft entwickelt.

Ihrer Beobachtung nach sind die Fragen, die von den Eltern gestellt werden, in jedem Jahr identisch. Es sind ganz einfach immer die gleichen Probleme mit dem Glauben, die eine Herausforderung für diejenigen darstellen, die ein Kind verloren haben. Es sei schlimm, einen geliebten Menschen zu verlieren, der bei seinem Tod erwachsen war. Aber ein Kind zu verlieren, sogar dann, wenn es bereits auf eigenen Füßen stand und schon ein eigenständiges Leben führte, das bedeute wohl die schlimmste Herausforderung. Deswegen seien auch die Gruppen und Seminare von den »Verwaisten Eltern« so besonders wichtig.

Die Vorstellungsrunden am Freitagabend, wo jeder etwas über sich selbst, über sein Kind und die Umstände dessen Todes berichtet, sind für die Mutter bis heute schwer zu ertragen. Und es ist furchtbar für sie, mitzuerleben, wie schlecht es den meisten dieser frisch Betroffenen geht. Ihrer Erfahrung nach dauert es lange, bis dieser Schicksalsschlag verkraftet wird. Aber fast alle, die sich um sich selbst kümmern, indem sie sich bei den »Verwaisten Eltern« oder anderswo Kontakte und Hilfestellungen holen, kommen, so ihr Ausdruck, wieder auf die Beine. Für die meisten gewinne das Leben an Tiefe. Für sie und ihren Mann jedenfalls treffe das zu. Sie werde ihren verstorbenen kleinen Sohn niemals vergessen, doch könne sie heute wieder Freude und Dankbarkeit empfinden, und zwar auf eine intensivere und vielschichtigere Weise als vor dem traurigen Ereignis.

ÜBUNGEN:
Die »Dankesliste« – Der Brief nach einem Jahr

An dem Trauerseminar in St. Ottilien nimmt eine Frau teil, die ihren erwachsenen Sohn vor etwas mehr als einem Jahr bei einem Verkehrsunfall verloren hat. Sie ist verheiratet, und sie hat noch eine erwachsene Tochter.

Die Frau berichtet über zwei Ideen, die sie hatte, um sich und ihrer Familie den Umgang mit dem schweren Schicksalsschlag ein wenig zu erleichtern. Die Umsetzung dieser Ideen war dann tatsächlich hilfreich für sie.

Direkt nach dem Tod ihres Sohnes hat sie sich hingesetzt und eine Liste zusammengestellt, wofür sie trotz allem dankbar sein kann: dass sie mehr als zwanzig Jahre lang mit ihm zusammen sein durfte; dass es ihm gelungen war, die Aufgaben, die das Leben an ihn gestellt hatte, zu meistern; dass er nach dem Unfall nicht mehr hat leiden müssen; dass sie von ihrer Familie und den Nachbarn in ihrer Situation sehr viel Unterstützung fand – und so weiter.

Sie sagt, jeder, egal, wie grauenvoll das war, was er oder der Verstorbene beziehungsweise das verstorbene Kind erleiden musste, könne solch eine »Dankesliste« zu Stande bringen. Denn es lasse sich immer etwas finden, auch wenn es nur einige kleine Details sind. Sie habe die Zeit, in der sie sich mit dieser Liste beschäftigte, als sehr konstruktiv empfunden. Bis heute spiele die Liste eine wichtige Rolle in ihrem Leben.

Die zweite Idee, die sie hatte, war folgende: Zum ersten Todestag ihres Sohnes schrieb sie zusammen mit ihrem Mann einen Brief an alle Freunde und Bekannten. Darin brachte sie zum Ausdruck, dass sie sich freuen würde, wenn der Kreis der alten Freunde sie und ihren Mann wieder aufnähme. Sie wollten keine Sonderbehandlung und möchten nicht, dass Gesprächsthemen ausgespart würden: Sie hörten gern Neues von den Kindern der Freunde. Aber sie bäten sie darum, dass auch sie ihren verstorbenen Sohn im Gespräch nicht übergehen müssten. Sie würde sich gern frei fühlen, auch ihren Gefühlen, vielleicht sogar Tränen, freien Lauf zu lassen, wenn es für sie notwendig sei.

Die Frau erklärte den Bekannten in dem Brief, welche Art des Umgangs mit ihr und ihrem Mann ebenso wie mit dem schrecklichen Schicksalsschlag sie sich wünschte. Und sie gab damit ein Zeichen: Wir sind langsam bereit, ein bisschen von unserer Trauer hinter uns zu lassen und wieder ins Leben zurückzukehren.

Natürlich kann der Zeitpunkt, an dem man sich für eine Aktivität dieser Art bereit fühlt, variieren. Und auch der Inhalt könnte anders aussehen. Er richtet sich immer nach den speziellen Gegebenheiten: ob man ein Kind, einen Partner, einen Elternteil, einen Freund verloren hat; ob man eher Verwandte oder eher Freunde und Bekannte ansprechen möchte, einen kleinen oder einen größeren Kreis von Menschen …

Aber der Gedanke, eine gewisse Zeit nach einem Todesfall einen persönlichen Brief oder einen Rundbrief zu verfassen, in dem man sich zurückmeldet und einige Wünsche ausspricht, ist ganz sicher nachahmenswert. Es ist damit allen Beteiligten geholfen.

---

8. Kapitel

Imaginationsarbeit – Zeitreisen der Trauer

Meine Kindheit verbrachte ich in einer niedersächsischen Kleinstadt, in einem roten Backsteinhaus nahe dem Flüsschen »Krummes Wasser«. Im Erdgeschoss wohnte mein Onkel, der Bruder meiner Mutter, mit meiner Tante, den beiden Cousins und der Cousine. Im ersten Stock lebten meine Eltern, mein älterer Bruder und ich. Das oberste Stockwerk schließlich war das Reich von »Oma und Opa«, den betagten Eltern der Tante.

Diese Beschreibung erweckt vielleicht den Eindruck von Großfamilie und Geborgenheit, aber der ist nicht ganz richtig. Es haperte nämlich unter anderem deutlich an Verständnis, Zuwendung und Fürsorge.

Ich muss fünf, sechs Jahre alt gewesen sein, als ich die folgende Situation erlebte. Oma lag krank in ihrem Bett. Sie wirkte äußerst schwach, dabei aber hektisch und verwirrt. All die Erwachsenen, die sich im Krankenzimmer aufhielten, darunter meine Mutter und meine Tante, erschienen mir ebenfalls hektisch, angstvoll, unglücklich.

Oma war im Begriff zu sterben, das weiß ich heute, wenn ich mir die Szene vor Augen führe. Damals hat es mir leider niemand erklärt.

Ich erlebte nur, dass Oma wenig später nicht mehr da war. Zur Beerdigung hat man mich nicht mitgenommen. Was mit der alten Frau passiert ist, wurde mir nicht vermittelt.

Nicht nur heute in der Rückschau, sondern auch damals hätte ich es mir anders gewünscht. Schade, dass sich niemand die Zeit genommen und die Mühe gemacht hat, die Funktion des »Übersetzers« zu erfüllen. Ich spürte ja tief drinnen genau, was ablief. Aber gern hätte ich ein paar Erklärungen und Orientierungshilfen gehabt. Gern wäre ich mit zur Beerdigung gegangen, an der Hand von jemandem, dem ich vertraute. Es wäre ein heilsamer Abschied und Abschluss gewesen. Aber so, wie es tatsächlich vor sich ging, war kein Abschied möglich. Er hat nie stattgefunden.

Bis jetzt. Denn ich habe ihn nachgeholt.

Per »Tagtraum« Jahrzehnte zurück

Wie habe ich das gemacht? – Ich habe eine Imagination unternommen, eine innere Reise zurück in die Zeit damals in den Fünfzigerjahren. In diesem Zusammenhang konnte ich dann alles richtig stellen, sozusagen. Und nun, nachdem ich das Drehbuch umgeschrieben und den Film anders realisiert habe, fühlt sich die Situation »geheilt« an. Es ist, als hätte ich nachts einen intensiven und guten Traum gehabt, den ich mir detailliert merken konnte. Ein Traum dieser Art kann, wie jeder weiß, Wunder wirken und die ganz normale Alltagsrealität verändern. Und das funktioniert auch mit Visualisationen, Meditationen, Imaginationen, inneren Reisen, »Tagträumen«.

Konkret sah das so aus: Ich legte mich hin und entspannte mich, indem ich langsam und tief atmete und den Atem in alle angespannten Körperteile schickte.

In meiner Erinnerung suchte ich dann nach ebendieser Situation, wo ich als Kind zum allerersten Mal mit Sterben und Tod konfrontiert gewesen war. Schnell hatte ich das Bild von Oma in ihrem Bett und von den Umstehenden vor meinem inneren Auge. Aber nicht nur das Bild war mir präsent, sondern ich spürte auch mit allen Sinnen die hektische, verwirrte, chaotische, angsterfüllte Atmosphäre, die ich zwar mit dem Herzen, aber nicht mit dem Kopf verstand.

In meiner Imagination war ich ganz in die Szene eingetaucht, die sich vor Jahrzehnten ereignet hatte. Jetzt war aber nicht nur mein kindlicher Anteil von damals zugegen, sondern auch mein Anteil als Erwachsene, so, wie ich heute bin. Und diesem erwachsenen Anteil war bewusst, dass die Situation, in die ich mich hineinversetzt hatte, keiner der anwesenden beteiligten Personen gut tat. Daher verhielt ich mich in meiner Vorstellung so, wie ich mich, würde das Ganze jetzt in diesem Moment real geschehen, verhielte. Ich schickte alle hinaus, die das Sterbezimmer bevölkerten, auch das kleine Mädchen. Ich setzte mich an Omas Bett, fragte sie, ob ich ihre Hand nehmen dürfe, nahm dann ihre Hand und sprach mit ihr in ruhigen, leisen und freundlichen Worten. Ich erklärte ihr ehrlich und ohne Umschweife, dass sie dabei sei, in eine andere Dimension zu gehen.

Dass es keinen Grund zur Sorge gebe. Sobald sie das Tor durchschritten habe, werde sie empfangen und es werde ihr geholfen.

In dem, was ich sagte, stellte ich mich auf ihr christliches, katholisches Weltbild ein. Ich sprach von ihrem Schutzengel, von Engeln allgemein, von Maria, von Christus, vom Licht, vom Himmel.

Dann schloss ich diesen Teil meiner Zeitreise ab.

Ich wandte mich nun als Erwachsene an die kleine, fünf- oder sechsjährige Irene. Wir machten einen Spaziergang ans »Krumme Wasser« und setzten uns unter einen Baum. Dort erklärte ich ihr die Situation genauso, wie ich sie heute einem Kind erläutern würde: dass Oma dabei ist zu sterben. Dass dies einerseits traurig ist. Andererseits aber ist Oma krank und hat Schmerzen. Und die wird sie nach ihrem Tod nicht mehr spüren. Ihre Seele wird im Himmel weiterleben.

Schließlich ging ich in meiner Imagination in die Situation der Beerdigung hinein. Ich hielt das kleine Mädchen an der Hand, die anderen Verwandten und die Nachbarn standen um das offene Grab herum. Der Priester sprach die Abschiedsworte, die Messdiener schwenkten das Weihrauchgefäß. Vor meinem inneren Auge lief das ganz Ritual ab, und dann die Situation, wie ich es dem Kind erklärte: dass nun Omas Körper und ihre Seele verabschiedet worden waren. Viele, die sie kannten, waren gekommen, um dabei zu sein. Der Priester hatte dazu im wahrsten Sinne des Wortes seinen Segen gegeben. Wir alle hatten dafür gebetet, dass Oma jetzt in einer anderen, schönen Welt zu Hause sein kann. Nun ist eine Zeit des Verlustgefühls und Trauerns angesagt. Und danach werden wir ganz entspannt von Oma sprechen können als von einem Menschen, der vor uns aus diesem Leben gegangen ist.

Am Ende meiner Imagination nahm ich das kleine Mädchen in den Arm.

Bevor ich in mein Alltagsbewusstsein zurückkehrte, wurde mir so deutlich wie nie zuvor, dass den Erwachsenen, die damals in den Fünfzigern um mich waren, etwas Wesentliches fehlte: Keiner von ihnen war fähig gewesen, in natürlicher Weise über die wichtigsten Dinge des Lebens zu sprechen: Geburt, Liebe/Sexualität, Tod. Diese Themen wurden nie offen, sondern immer nur verstohlen und hinter vorgehaltener Hand angesprochen. Wahrscheinlich lässt sich das aus der strengen, verklemmten Erziehung erklären, die sie genossen (oder auch nicht »genossen«) hatten. Aus der Prüderie, Sittenstrenge und Gefühlskälte der Zeit, die sie geprägt hatte. Und aus dem Krieg oder den beiden Kriegen, die sie miterleben mussten.

Schade für sie, schade ebenso für uns Kinder, denn wir wurden ja auch entsprechend geprägt.

Jeder Erwachsene hat sein Inneres Kind

Als ich im Herbst 2000 für ein Kapitel in diesem Buch mit dem amerikanischen Kinderpsychiater und Bestsellerautor Dr. Jerry Jampolsky sprach, fragte ich ihn zu Beginn, wie alt er sei. Er antwortete: »Ich habe einen sehr aktiven Neunjährigen in mir. Und ich bin fünfundsiebzig.« Für ihn als Profi von Weltformat ist es völlig selbstverständlich: In jedem Erwachsenen lebt bis heute das Kind, das er einmal war. Die Prägungen, die wir als Kinder erhielten, bestimmen unser Leben für immer. Wenn wir uns nun diesem kindlichen Anteil liebevoll und verständnisvoll nähern, dann ist es möglich, ungesunde Muster aufzulösen und durch zuträgliche Einstellungen zu ersetzen. In weiten Kreisen innerhalb der modernen Psychologie beziehungsweise Psychotherapie wird die »Arbeit mit dem Inneren Kind« als wirkungsvolle Methode eingesetzt, besonders erfolgreich unter anderem bei Süchten wie Alkoholismus und Esssucht. Es gibt dazu ausgezeichnete Literatur, zum Beispiel *Aussöhnung mit dem Inneren Kind**, ein Buch, das Schritt für Schritt beschreibt, wie man diese Methode auf eigene Faust anwenden kann. In meinem Buch *Krafttiere*** beschäftige ich mich über ein ganzes Kapitel hinweg mit dem Inneren Kind und in einem weiteren mit dem übergeordneten System »Voice Dialogue«.***

Solche Arten von Zeitreisen oder auch von Reisen in Bereiche jenseits von Raum und Zeit haben die Menschen schon immer unternommen. Die Fähigkeit dazu scheint uns allen mitgegeben zu sein, nur sind manche dafür begabter als andere. Zweck solcher Unternehmungen war und ist Heilung und Vervollständigung, und zwar im Zusammenhang mit allen Themen, die das menschliche Leben anbietet, auch mit Sterben, Tod und Trauer.

Das erste Mal, dass ich mit solchen Reisen mehr als nur sporadisch zu tun hatte, war Ende der Achtzigerjahre in San Francisco. Dort fiel mir das Werk *Personal Mythology***** der amerikanischen Psychologieprofessoren David Feinstein und Stanley Krippner in die Hände, ein Buch, das die Muster zum Thema hat, die das individuelle Lebensdrehbuch eines jeden ausmachen. Es enthält viele aufeinander aufbauende Übungen, mit denen man schädliche Prägungen aufspüren kann,

* Erika Chopich/Margaret Paul: *Aussöhnung mit dem Inneren Kind,* Hermann Bauer, Freiburg, 7. Aufl., 1997.

** Irene Dalichow: *Krafttiere – Boten der Göttin,* Goldmann, München, 2. Aufl., 2000.

*** Empfehlenswert dazu ist auch die Lektüre von Artho Wittemann: *Die Intelligenz der Psyche,* Kösel, München 2000.

**** David Feinstein/Stanley Krippner: *Persönliche Mythologie,* Heyne, München 1998.

»Emergence into this world« (»Auftauchen in dieser Welt«)
von Cynthia West

von deren Existenz man bislang nichts wusste. Und Anleitungen dazu, wie man sich von ihnen befreit, um das Drehbuch seines Lebens zu überarbeiten und so »umzuschreiben«, dass es besser passt. Feinstein und Krippner kennen sich besonders gut im Schamanismus aus. Krippner ist auch noch Fachmann in Traumanalyse und Traumtherapie. Ich arbeitete das Buch von vorn bis hinten durch, und ich war von den Tiefen, in die ich gelangte, genau wie von den praktischen Resultaten begeistert. (Eine Übung daraus finden Sie im Anschluss an dieses Kapitel.)

Mitte Februar 1997 nahm ich dann in Esalen an einem fünftägigen Seminar mit David Feinstein und Stanley Krippner zum Thema »Persönliche Mythologie« teil, das die beiden dort regelmäßig anbieten. Dies war mindestens genauso beeindruckend wie das Durcharbeiten ihres Buches auf eigene Faust Jahre zuvor. Zumal wenige Tage vor Beginn des Seminars der Todesfall geschehen war, über den ich in der Einleitung berichte…

Ein persönlicher Mythos zum Thema Tod

Im Winter 2000/01 hatte ich schließlich in San Francisco ein Gespräch mit Stanley Krippner, in dem er mir die Zusammenhänge zwischen Tod und persönlicher Mythologie erklärte.

Tod und Sterben, so sagte er, sei in allem enthalten, was mit persönlicher Mythologie zu tun hat. Die psychologische Definition von Mythos laute folgendermaßen: Ein Mythos ist eine Geschichte oder manchmal sogar bloß ein Statement, ein Satz aus der Imagination. Dieser Mythos wird gebraucht, um menschliche Belange anzusprechen, und er hat Auswirkungen auf das eigene Verhalten.

> »Existenzielle menschliche Belange«, sagte Krippner, »haben mit Leben und Tod zu tun. Mit Gesundheit und Krankheit. Mit Liebe und Krieg. Das heißt, der Tod stellt in vieler Hinsicht die Basis persönlicher Mythologie dar. Wir menschlichen Wesen sind die einzigen Kreaturen, die sich ihrer selbst bewusst sind. Deswegen wissen wir auch, dass wir sterben müssen. Vieles, was wir in unserem Leben tun, ist von der Auseinandersetzung mit dem Wissen um den eige-

nen Tod geprägt. Und von der Angst vor dem Tod. Persönliche Mythen versuchen in der eigenen Sterblichkeit einen Sinn und eine Bedeutung zu finden. Wenn jemand diese Bedeutung auf die eine oder andere Art gefunden hat, entwickelt er einen persönlichen Mythos, um entweder das Beste daraus zu machen und sein Leben mit sinnvollen Aktivitäten auszufüllen. Oder auch um das Ganze mit Vergnügungssucht oder Selbstzerstörung oder Suizid zu beenden. Mit Handlungs- und Verhaltensweisen, die zeigen, dass er aufgegeben hat.«

Menschen, die alles daransetzen, fit, jung, reich und erfolgreich zu sein, verleugnen den Tod und ihre panische Angst davor, sagte Kripper.

»Ich habe mal bei jemandem zu Hause auf einem Sofakissen folgenden Spruch gelesen: ›Gut zu leben ist die beste Rache.‹ Dem Menschen, der da wohnte, war klar, dass er sterben wird. Und er wollte, solange er lebt, möglichst gut leben. Das war seine Rache dem Tod gegenüber. Meiner Auffassung nach handelt es sich dabei um einen etwas besseren Mythos als diesen: ›Wer bei seinem Tod das meiste Geld hat, gewinnt.‹ Häufe so viele materielle Güter an, wie du kannst, dann hast du gewonnen. Das ist ein bisschen unlogisch, denn man kann ja nichts mitnehmen. Aber trotzdem, auch dies ist ein persönlicher Mythos.«

Auf die Frage, wie er es als erfahrener Psychologe sieht, dass sich heute so viele Menschen mit Bodybuilding und Straffungsoperationen von Speck und Falten befreien, dass Karriere und Geldscheffeln den Lebensinhalt vieler darstellen, antwortete er:

»Wenn sich für diese Leute alles um ihr Körperimage und um ihre materiellen Belange dreht, na ja, dann verletzen sie damit wenigstens niemanden anders. Dieser Lebensstil ist besser, als wenn Menschen kriminell werden. Auch die setzen sich mit ihrer Angst vor dem Tod auseinander. Auch sie sammeln materielle Güter an, aber sie tun das auf Kosten anderer. Wenn sie mit Drogen handeln, wenn sie Schutzgelder eintreiben… Aber natürlich gibt es auch viele legale Wege, mit denen andere verletzt werden können. In der Geschäftswelt werden Betriebe verkleinert, es werden Arbeitnehmer gefeuert, weil es irgendwelche anderen Möglichkeiten gibt, effizienter zu sein. Damit mehr Geld gemacht werden kann, landen Mitarbeiter auf der Straße.

Oder Menschen in der Dritten Welt werden ausgenutzt und unterbezahlt, obwohl in Wirklichkeit eine gerechte Bezahlung überhaupt kein Problem darstellt. Unethisches Verhalten kann sowohl legale als auch illegale Aktivitäten einschließen. Und vieles davon wird von der Angst vor dem Tod genährt. Es kann sogar sein, dass jemand Güter anhäuft, an denen er sich nicht einmal erfreut.«

Neue Lebensstile

Natürlich sei die Botschaft einiger – nicht aller – Kirchen, dass die Menschen innehalten sollen. Viele spirituelle Gruppen, viele Autoren plädierten dafür. Seiner Ansicht nach orientierten sich auch immer mehr Menschen, zumindest in den USA, an anderen als materiellen Werten.

»Wir haben eine signifikante Anzahl von Leuten, die neue Lebensstile praktizieren, Lebensstile der Einfachheit, der Spiritualität, des Mitgefühls und der Fürsorge. Wenn sich jemand mit den materiellen Gütern identifiziert, die er angesammelt hat, mit dem Geld, das er auf der Bank deponiert hat, mit der Macht, über die er in seinem Beruf verfügt, mit der Kontrolle, die er über andere Menschen hat – na ja, dann identifiziert er sich mit zeitgebundenen, vorübergehenden Prozessen und Objekten. Wenn sich einer mit dem Lebensprozess selbst identifiziert, mit dem Gewebe, das alle lebendigen, fühlenden Wesen auf der Welt verbindet, und mit dem Weiterleben nach dem Tod, auf die eine oder andere Weise, dann sind einige dieser fassbaren, materiellen Objekte und Prozesse nicht mehr so wichtig für ihn.«

Die letzte Frage an Professor Krippner lautete: »Wie können sich Menschen, die weder über eine fachliche Vorbildung noch über sehr viel freie Zeit verfügen, mit ihrem eigenen Sterben und mit dem Tod auseinander setzen? Und wie können sie mit geliebten Verstorbenen Kontakt aufnehmen?« Hier seine Antwort:

»Die Übungen von David Feinstein und Peg Mayo, die ja auch in deutscher Sprache vorliegen*, sind die beste Einführung in diesen Bereich für Laien, die ich mir vorstellen kann. Es sind einfache und bedeutsame Übungen. Und sie können von jedem gemacht werden, egal, welches jeweils der religiöse Hintergrund ist. So kann man bestimmte Dinge klären und eine persönliche Mythologie zum Thema Tod und Sterben entwickeln, die individuell funktioniert.

Was die Kontaktaufnahme mit geliebten Verstorbenen anbetrifft, so fürchte ich, ist das eine komplizierte Sache. Es gibt viele Sensitive und Medien, die komplette Schwindler sind. Dann gibt es viele Medien, die es gut meinen, die aber Selbsttäuschungen erliegen. Und schließlich gibt es einige, die tatsächlich mit der so genannten geistigen Welt in Kontakt zu stehen scheinen.

Ich persönlich denke, wenn jemand aus der geistigen Welt jemanden hier auf der irdischen Ebene kontakten möchte, dann wird er das im Traum tun. Sich dazu zu erziehen, dass man sich an Träume erinnert, ist nicht nur eine gute Art, die eigenen inneren Prozesse zu beobachten. Sondern es öffnet auch dafür, dass man Informationen aufnimmt, die aus unerwarteten Quellen kommen können. Es

* David Feinstein/Peg Mayo: *Zeit des Lebens – Zeit des Sterbens, Rituale für den Umgang mit der eigenen Sterblichkeit,* Buch plus CD, Kösel, München 1996.

gibt durchaus Fälle, wo durch Träume wichtige Informationen von einem Verstorbenen gekommen sind, zum Beispiel über irgendwelche wertvollen Gegenstände, die im Haus versteckt waren. Oder Informationen, was jemand tun sollte, um sein Leben zum Positiven hin zu verändern. Das ist übrigens das Thema von Charles Dickens' Novelle *A Christmas Carol.* Darin geht es um Menschen aus der anderen Welt, die kommen und die Menschen hier in der materiellen Dimension dazu bringen, eine neue persönliche Mythologie zu entwickeln, bevor es zu spät ist.

Ich glaube, wenn ich auf der anderen Seite wäre, würde ich bessere Sachen machen, als durch Sensitive und Medien zu sprechen. Ich würde mich um meine eigene Weiterentwicklung kümmern. Eine Bekannte von mir hat einem Medium tausend Dollar pro Monat gezahlt, um mit ihrem verstorbenen Sohn zu sprechen. Als wir auf einer Studienreise in Brasilien waren, machte ich sie mit einer afrikanisch-brasilianischen spiritistischen Kirche bekannt. Ein junges Medium aus dieser Gemeinschaft stellte sich zur Verfügung, um mit ihrem Sohn in Kontakt zu treten. Es war nachts und in freier Natur.

Der Sohn sagte durch den jungen Sensitiven: ›Mutter, bitte nimm nicht mehr über dieses andere Medium Verbindung zu mir auf. Es hält mich von Dingen ab, die ich hier tun muss. Ja, das Medium stellt Kontakt zu mir her, und es bekommt von mir, was es hören will. Aber es will dir nicht sagen, dass ich bitte in Ruhe gelassen werden möchte.‹

In dem Moment schoss eine Sternschnuppe über den Himmel. Die Frau hat das als Zeichen genommen. All dies hat sie überzeugt. Sie hat das Medium aufgegeben, und sie pflegt jetzt die schönen Erinnerungen an ihren Sohn. Das reicht ihr aus, und sie kümmert sich um ihr eigenes Leben.

Ich sage immer: Tu dein Bestes in dieser Welt. Was immer in der nächsten Welt auf dich zukommt: wunderbar. Auch da tust du dann dein Bestes. Wo immer du bist, musst du das Beste aus dem Moment machen.«

EXKURS:
Zeit des Lebens – Zeit des Sterbens

Wenn ein Mensch starb, der in einer alten oder vorindustriellen Kultur lebte, hatte er ein religiöses oder philosophisches System im Rücken, das dem Sterben und dem Tod einen übergeordneten Sinn verlieh. Zudem war er wahrscheinlich darin erfahren, mit veränderten Bewusstseinszuständen umzugehen: mit nächtlichen Träumen und ihren Inhalten, mit Trance, Imagination et cetera. Außerdem hatte er sehr wahrscheinlich symbolische Begegnungen mit dem Tod hinter sich.

In diesen Gesellschaften hatte der Tod in der Großfamilie, im Clan, einen Platz, und alle kümmerten sich um einen Sterbenden oder Toten. Manchmal stand sogar eine ganz spezifische Sterbebegleitung zur Verfügung.

Die Situation, mit der ein Durchschnittswestler konfrontiert ist, wenn es um sein Sterben geht, ist eine grundsätzlich andere. Bei uns ist kaum jemand vorbereitet, und so gut wie niemand befindet sich beim Sterben in einem liebevollen, unterstützenden Umfeld. Dies schreiben sinngemäß Christina und Stanislav Grof in ihrem Buch *Jenseits des Todes**.

In *Zeit des Lebens – Zeit des Sterbens* zitieren der Psychologieprofessor David Feinstein und die Sozialarbeiterin Peg Mayo** diese Aussagen und artikulieren damit, was sie mit ihrem Buch beabsichtigen: Sie wollen diesen verarmten Bereich in unserer Kultur wieder füllen und beleben.

Feinstein und Mayo bieten in ihrem Buch, das durch eine CD ergänzt wird, ein sorgfältig erarbeitetes und vielfach praktisch erprobtes Programm mit achtzehn Ritualen zum Thema Sterben und Tod an. Dabei sind auch die »kleinen Sterbesitua-

* Stanislav Grof/Christina Grof: *Jenseits des Todes. An den Toren des Bewusstseins,* Kösel, München, 2. Aufl., 1986.

** David Feinstein/Peg Mayo: *Zeit des Lebens – Zeit des Sterbens,* a. a. O.

tionen« gemeint, die dauernd geschehen: der Verlust einer Freundschaft, einer Zusammenarbeit, einer beruflichen Tätigkeit (und damit häufig eines gesellschaftlichen Status) und so weiter.

»Ein gelassenes Akzeptierenkönnen des Todes vermindert nicht nur Angst, Beklemmung und Sorge«, schreiben sie, »sondern es bringt auch eine tiefe Freiheit, die unsere Herzen für größere Liebe, Freude und Dankbarkeit öffnet.«

Zu Beginn des Kapitels schildere ich eine Imagination, während derer ich mich mit meiner allerersten bewussten Erfahrung des Sterbens konfrontiere. Innerhalb der Imagination korrigiere ich, was damals in unguter Weise abgelaufen ist, und schreibe damit sozusagen einen Teil meiner inneren Mythologie zum Thema Tod und Sterben um.

Das Ritual, das ich schildere, beruht auf Ideen von David Feinstein und Peg Mayo, die sie in ihrem Buch und auf der CD präsentieren. Und es beruht auf meinen eigenen theoretischen und praktischen Kenntnissen sowie auf dem psychotherapeutischen Handwerkszeug, das ich mir erworben habe.

Es ist also möglich, die Rituale so zu vollziehen, wie sie von den Autoren beschrieben werden; es ist möglich, sie nach den eigenen Bedürfnissen abzuwandeln. Und natürlich ist es möglich, sich einen Therapeuten zu suchen, der einen in der vorgeschlagenen oder in abgewandelter Weise anleitet.

Feinstein und Mayo schreiben: »Die persönliche Mythologie – die tiefen Glaubenssätze, Vorstellungen und unausgesprochenen Regeln –, die wir über Leben und Sterben in uns tragen, üben einen unsichtbaren, aber entscheidenden Einfluss auf die Entschlüsse aus, die wir jeden Tag unseres Lebens treffen.«

Wenn man ihnen auf den Grund geht und sie in konstruktiver Weise korrigiert, sind größerer innerer Friede und größere innere Kraft die Belohnung.

ÜBUNG: Die Mythen unserer Vorfahren

Von David Feinstein und Stanley Krippner

(Folgende Übung stammt aus Stanley Krippners und David Feinsteins Buch *Persönliche Mythologie**. Das Einzige, was Sie dafür benötigen, ist eine Stunde, in der Sie garantiert nicht gestört werden. Und Sie sollten sich dafür sowohl entspannen als auch gleichzeitig konzentrieren können – eine Fähigkeit, die ausgebildet wird, indem man regelmäßig meditiert. Wenn diese äußeren und inneren Bedingungen erfüllt sind, können Sie mit der Übung wichtige persönliche Informationen erhalten, und zwar über die »Mythen«, die Ideen des Lebens, die Ihnen Ihre Vorfahren »vererbt« haben.)

Suchen Sie sich einen Platz aus, an dem Sie sich zwei bis drei Meter nach vorn und nach hinten bewegen können, ohne dass Sie an Möbel anstoßen. Stellen Sie sich bequem hin und schließen Sie Ihre Augen. Treten Sie einen Schritt zurück und imaginieren Sie, dass Sie in den Körper und in das Wesen Ihres Vaters einsteigen, wenn Sie ein Mann sind, oder in den Körper und das Wesen Ihrer Mutter, wenn Sie eine Frau sind. (Falls Sie nicht bei Ihren eigenen Eltern aufgewachsen sind, wählen Sie bewusst aus, ob Sie diese Erfahrung mit Ihren leiblichen oder Ihren Adoptiv- beziehungsweise Pflegeeltern machen wollen.)

Nehmen Sie sich ein paar Augenblicke, um ein Gefühl dafür zu bekommen, wie es gewesen sein muss, in diesem Körper zu sein und diese Persönlichkeit zu haben.

Treten Sie einen weiteren Schritt zurück, hinein in den Körper und das Wesen des Vaters Ihres Vaters respektive der Mutter Ihrer Mutter. Nachdem Sie sich dort für ein paar Momente

* David Feinstein/Stanley Krippner: *Persönliche Mythologie – Die psychologische Entwicklung des Selbst,* Heyne, München 1998. Abdruck mit freundlicher Genehmigung von Stanley Krippner.

eingefühlt haben, treten Sie einen weiteren Schritt zurück, hinein in den Körper und das Wesen des Vaters Ihres Großvaters/der Mutter Ihrer Großmutter. Und noch einmal das Ganze: Treten Sie in den Körper und das Wesen Ihres Ururgroßvaters/Ihrer Ururgroßmutter ein, eines Menschen, den Sie nie kennen gelernt haben, aber dessen körperliches und seelisches Erbgut Sie in sich tragen.

Nehmen Sie die Körperhaltung an, von der Sie sich vorstellen, dass es die typische Körperhaltung dieses Menschen war. Fühlen Sie sich ganz und gar ein, bis Sie verstehen, was die Haltung über das Leben der jeweiligen Person aussagt. Sie werden jetzt darüber reflektieren, wie sie sich selbst, ihr Umfeld und ihre Lebensaufgabe sah.

Obwohl es unwahrscheinlich ist, dass Sie Zugang zu den Tatsachen haben, die Ihnen erlauben würden, die Antworten auf diese Fragen mit Sicherheit zu erhalten: Ihre Familienmythologie wurde durch das geprägt, wie diese Person sich selbst und das Leben wahrnahm. Es gibt davon ein Echo in Ihrer eigenen Psyche. Nehmen Sie an, dass dieses Echo so tief in Ihrem eigenen Wesen aufgezeichnet ist, dass die Antworten, die Ihre Intuition Ihnen anbietet, vielleicht nicht ganz präzise sind, aber dass Sie sie bildlich verstehen können und dass Sie auf diese Weise Ihre Erbschaft begreifen können.

Gehen Sie an die folgenden Fragen so heran, als wenn sie Ihrem Ururgroßelternteil gestellt würden:

- Welches sind die wichtigsten Fragen, mit denen Sie sich beschäftigen?
- Wie verstehen Sie Ihre Stellung in der Gesellschaft – die Begrenzungen, Privilegien und Verantwortlichkeiten?
- Wenn Sie zu einer nicht menschlichen, übermenschlichen Autorität aufschauen, um das menschliche Schicksal zu erklären, was wäre das für eine Autorität?

Geben Sie sich einige Minuten Zeit, um diese Fragen zu beantworten, und nehmen Sie sich vor, sich alles zu merken.

Treten Sie nun einen Schritt nach vorne und nehmen Sie

die Körperhaltung an, die für Ihren Urgroßelternteil typisch gewesen sein mag, als er das Alter hatte, in dem Sie jetzt sind. Fühlen Sie sich in die Haltung so ein, dass Sie ihre Bedeutung verstehen. Stellen Sie nun Ihrem Urgroßelternteil die gleichen vier Fragen, finden Sie die Antworten und nehmen Sie sich vor, sich alles zu merken.

Treten Sie wieder einen Schritt nach vorne, fühlen Sie sich in Ihren Großelternteil ein und verfahren Sie wie beschrieben. Und schließlich tun Sie das Gleiche für Ihren Vater oder Ihre Mutter.

Schließlich treten Sie wieder in Ihren eigenen Körper und in Ihre eigene Persönlichkeit hinein. Finden Sie eine für Sie typische Körperhaltung. Horchen Sie in sich hinein, welchen Satz, welches Statement über das Leben, diese Körperhaltung ausdrückt. Sagen Sie diesen Satz laut. Bewegen Sie sich und sprechen Sie Ihren Satz dabei immer wieder laut aus. Experimentieren Sie mit ihm und mit Ihren Bewegungen. Wenn Sie das Gefühl haben, dass Statement oder Haltung noch nicht stimmen, machen Sie weiter, bis Sie damit zufrieden sind.

Schreiben Sie, was Sie erlebt und erfahren haben, in Ihrem Tagebuch auf. Genau wie der Inhalt eines nächtlichen Traums sich zuweilen schnell verflüchtigt, können die Inhalte dieses »Tagtraums« schnell dahin sein. Es ist gut, sie nachlesen zu können.

Wenn Sie möchten, können Sie auf diese Weise Ihren gesamten Stammbaum explorieren. Sie können, wenn Sie als Frau die Linie Ihrer Großmütter erforscht haben, mit der Linie des Vaters Ihrer Mutter weitermachen und dann mit der Mutter Ihres Vaters, des Vaters Ihres Vaters… Und als Mann entsprechend.

Was hier geschieht, ist mit dem vergleichbar, was bei den Familienaufstellungen abläuft (siehe 10. Kapitel).

---

9. Kapitel

Verzeihen – der Schlüssel zu innerem Frieden

Fünfzig Jahre lang, so sagt er, habe er ein an Äußerlichkeiten orientiertes Leben geführt. Dr. Gerald »Jerry« Jampolsky, 1925 geboren, hatte sich auf seine Karriere als erfolgreicher Kinderpsychiater konzentriert, bis Mitte der Siebzigerjahre eine qualvolle Scheidung und eine schwere Alkoholabhängigkeit ihn fast sein Leben kosteten.

Der Auslöser für seine Heilung war, dass ihm eine Freundin das damals noch unveröffentlichte Manuskript von *A Course in Miracles** zu lesen gab. In diesem von einer amerikanischen Universitätsprofessorin medial empfangenen Werk, das eine Art liebevoller Neuinterpretation der Bibel darstellt, fand er, was ihm als erklärtem Atheisten eigentlich gar nicht so recht als Ziel vorgeschwebt hatte. Er fand eine spirituelle Orientierung. Und er fand im »Kurs«, was zum Fokus seiner Arbeit und seines Privatlebens werden sollte, nämlich die Idee, dass Verzeihen der Schlüssel zur Lösung der schlimmsten und hoffnungslosesten Probleme ist. Dass diese Idee nicht nur auf der abstrakten, philosophischen Ebene funktioniert, sondern auch in der Praxis, dafür ist Jerry Jampolsky selbst das beste, lebendigste Beispiel.

Jampolsky blühte auf. Er veröffentlichte Bücher, die in einfachster Sprache und in eingängigen Beispielen die Essenz des über sechshundert Seiten umfassenden *Kurses in Wundern* vermitteln. Sie wurden Weltbestseller.

* In Deutsch erschienen unter dem Titel *Ein Kurs in Wundern,* Greuthof, Gutach o. J.

Gustave Doré: Paradiso, 12. Gesang
Das Werk des französischen Malers und Zeichners Gustave Doré (1832–1883) ist außerordentlich vielfältig und umfangreich. Unter anderem schaffte er es, spirituelle Motive in sehr origineller und inspirierender Weise umzusetzen. Dieses Bild zeigt eine Szene aus der »Göttlichen Komödie« von Dante Alighieri.

Im Jahr 1975, als er sich selbst noch mitten in seinem Heilungsprozess befand, gründete er in der kalifornischen Kleinstadt Tiburon nahe San Francisco das Center for Attitudinal Healing (»Zentrum für die Heilung von inneren Einstellungen«). Mittlerweile ist dieses Zentrum einige Meilen weiter gezogen, nach Sausalito, denn es hat sich sehr vergrößert. Jampolskys Ziel war, dass sich schwer kranke Kinder in Selbsthilfegruppen gegenseitig Kraft geben könnten, mit ihrer schwierigen Situation fertig zu werden. Wohlgemerkt: Das war zu einer Zeit, als noch nicht sehr viele Menschen um den Segen von Selbsterfahrungsgruppen wussten. Jampolskys Idee wurde so hilfreich und erfolgreich, dass sich auch Geschwister-, Eltern- und Erwachsenengruppen bildeten und dass mittlerweile in dreißig Ländern rund hundertfünfzig weitere dieser unentgeltlich arbeitenden Zentren entstanden sind. Die neuesten wurden in Japan und auf den Philippinen eröffnet, wo man Jampolsky sowie seine Frau und engste Mitarbeiterin Diane Cirincione begeistert empfing.

Auch nach Europa kommen die beiden regelmäßig, um Vorträge und Seminare zu halten. Während eines ihrer letzten Deutschlandbesuche kam es zu einem ausführlichen Gespräch, bei dem Jampolsky erzählte, was er von schwer kranken Kindern und Erwachsenen gelernt hat:

»Als ich 1975 das Zentrum für die Heilung von inneren Einstellungen eröffnete, war ich gerade erst dabei, selbst gesund zu werden. Ich war Alkoholiker gewesen. Ich hatte alles getan, um mich mit Alkohol umzubringen. Gleichzeitig hatte ich aber auch schreckliche Angst zu sterben. Als ich begann, mit den krebskranken Kindern zu arbeiten, war ich schon so weit, mich von der Idee leiten lassen zu können: Diese Kinder sind weise spirituelle Wesen in kranken Körpern. Und dass sie mir und den anderen freiwilligen Helfern zeigen würden, wie es möglich ist, Leben und Tod auf eine andere als die gewohnte Weise anzuschauen. Das haben sie tatsächlich getan.

Sie lehrten mich, ehrlich zu sein. Sie lehrten mich, in der Gegenwart zu bleiben. Sie lehrten mich zuzuhören.

Egal, ob Sie mit sterbenden Kindern oder Erwachsenen arbeiten – die beste Hilfe, die Sie geben können, ist, zuzuhören und inneren Frieden in sich zu tragen.

Oft werde ich gefragt, was ich sage, wenn jemand sterben muss. Für mich ist das Wichtigste, ihm klarzumachen, dass er frei ist, so zu sterben, wie er will. Dass er sich nicht an irgendwelche Vorstellungen zu halten braucht.«

Die eigene Sterblichkeit anschauen

Diane Cirincione ergänzt, sie habe jahrelang mit Aidspatienten gearbeitet. Dabei habe sie Folgendes erfahren:

»In dem Moment, wo ich meine eigene Sterblichkeit anschauen und akzeptieren konnte, konnte ich wirklich leben. Manche Leute meinen: O Gott, wenn ich ans Sterben und an den Tod denke, wird das schwierig und deprimierend. Aber das ist nicht so. Wenn man sich einmal damit auseinander gesetzt hat, spielt es keine sonderlich wichtige Rolle mehr. Es ist erleichternd. Dann lebt man einfach sein Leben.

Die Zentren für die Heilung von inneren Einstellungen, die es überall auf der Welt gibt, auch in Deutschland, stellen ein sicheres Umfeld zur Verfügung. Kinder und Erwachsene, die sich mit ihrem eigenen Sterben beschäftigen wollen, mit ihren Ängsten, können das dort tun. Häufig geben schwer kranke Menschen eine Menge ihrer kostbaren Energie dafür her, ihre Familienmitglieder zu schützen. Kranke Kinder schützen sogar ihre Eltern davor, sich mit der Angst und dem Schmerz um das Thema Sterben auseinander setzen zu müssen. Im Zentrum können sich alle – die, die ihren eigenen Tod vor Augen haben, und die, die ein geliebtes Kind, einen geliebten Angehörigen verlieren werden – darüber unterhalten. So können sich die Familien auf eine neue Weise zusammenfinden. Die Erfahrung wird lebendig. Sie wird zu einem atmenden Prozess.

Es gibt bei alldem keine Patentrezepte. Aber es funktioniert, und jeder wächst daran.«

Verzeihen: ein lebenslanger Prozess

Gerald Jampolsky und seine Frau haben bei zehntausenden von Patienten und Klienten, von Zuhörern und Seminarteilnehmern erfahren, dass das Verzeihen im menschlichen Leben eine zentrale Rolle einnimmt, vielleicht sogar *die* zentrale Rolle.

Sie sagen, Verzeihen sei ein lebenslanger Prozess: Wenn man in einer Partnerschaft oder Familie lebt, wenn man eine Freundschaft unterhält, muss man ständig verzeihen, damit die Sache funktioniert. Wir sind alle Menschen, wir machen Fehler, wir treten einander auf die Füße, ob gewollt oder ungewollt. So ist das nun mal.

Es geht also darum, dem Thema Vergebung einen Platz im Alltag einzuräumen und es immer wieder zu praktizieren. Es geht aber auch darum, hinzuschauen, ob aus der Vergangenheit noch irgendetwas unerledigt ist, vielleicht sogar in der ganz fernen Vergangenheit, möglicherweise mit längst Verstorbenen. Sehr viele Menschen, so sagt Jampolsky, hätten ihren Eltern noch nicht vergeben, und sie schleppten Altlasten von Schuldzuweisung, Hass, Ablehnung und so weiter bis heute mit sich herum. Seiner Erfahrung nach liegen in solchen unerledigten Geschichten die Ursachen für viele körperliche und seelische Krankheiten. Und die Klärung führt zu Heilung, zu Liebe und Selbstliebe, zu dem Gefühl: »Endlich kann ich mein Leben selbst in die Hand nehmen und mich daran mit gutem Gewissen freuen.«

Manchmal sind Dinge zu vergeben, für die die betreffende Person nichts kann. Wenn beispielsweise ein Elternteil gestorben ist und das Kind – oder der mittlerweile Erwachsene – ihm noch immer grollt, dass er ihn allein gelassen hat. Oder jemand war krank, jemand war behindert, und der Betreffende hat bis heute das Gefühl, er sei um seine Kindheit betrogen worden, weil seine Mutter im Rollstuhl gesessen hat oder weil sein Bruder geistig behindert gewesen ist.

Zuweilen handelt es sich objektiv gesehen nur um Kleinigkeiten. Dennoch stellen diese Kleinigkeiten schwere Blockierungen dar. Sind sie verziehen, geschieht Heilung.

Manchmal ist aber jemand auch bewusst zum Täter geworden und hat beispielsweise ein Kind mental, psychologisch, körperlich oder sexuell missbraucht und ihm damit Schaden zugefügt. Wie kann man so etwas verzeihen? Hieße Verzeihen nicht, dass man die Tat oder die Taten auf diese Weise billigt? – Auf die Frage antwortet Jampolsky:

> »Wir haben die Stimme des Ego. Das Ego hält nichts von Vergebung. Deswegen erzählt es uns bestimmte Sachen, warum wir nicht verzeihen sollten. Es sagt: Verzeih nicht, denn wenn du es tätest, wäre das ein Zeichen von Schwäche. Es würde bedeuten, dass du die Tat gutheißt und dass du dieser Person die Verantwortung dafür abnimmst. Sie würde es wieder tun. Das Ego will Konflikt und Trennung. Tatsächlich aber vergiftet man mit solchen Gedanken seinen Körper. Verzeihen bewirkt eine körperliche, seelische und spirituelle Heilung.«

Allerdings müsse man die eigene göttliche Natur ansprechen und die höhere Macht – Jampolsky sagt: Gott – darum bitten, Gnade zu erweisen. Der wichtigste Punkt beim Verzeihen sei, es zu wollen. Auch wenn es nur ein ganz kleines bisschen sei, das aber aus dem Herzen komme; wenn man sagte: »Ich möchte diesem Menschen wirklich verzeihen«, dann könne es geschehen.

In seinen Vorträgen berichtet er von den unglaublichsten Leistungen auf diesem Gebiet, zum Beispiel von einer Frau, die es schaffte, dem Mörder ihres Sohnes zu verzeihen. Es hat sie sehr viel Zeit und Kraft gekostet, das zu vollbringen. Aber es machte sie zu einem neuen Menschen – und den Mörder ihres Sohnes ebenfalls. Diese Frau hat dann jahrelang im Center for Attitudinal Healing in Sausalito mitgearbeitet.

In dem Buch *Verzeihen ist die größte Heilung** bringt Jampolsky

* Gerald G. Jampolsky: *Verzeihen ist die größte Heilung*, Integral, München 1999.

mehrere Beispiele dafür, wie es möglich ist, einen Prozess des Verzeihens mit einem Verstorbenen einzuleiten. Unter anderem auch das Beispiel seiner Frau Diane.*

Als er Diane 1981 kennen lernte, schrieb er gerade an einem Buch mit dem Titel *Liebe ist die Antwort***. Er hatte all seine Freunde gebeten, ihm zu erzählen, was ihnen die stärksten Schuldgefühle verursachte.

Als er dieselbe Bitte an Diane herantrug, antwortete sie, sie fühle sich wegen nichts schuldig. Aber noch am selben Tag begann sie dann von ihrem verstorbenen Vater zu erzählen. Dabei entdeckte sie, dass sie ihre Schuldgefühle, ihre Wut und ihre Unfähigkeit zu verzeihen vor sich selbst versteckt hatte.

Sie berichtete, dass ihr Vater gewalttätig gewesen sei. Zwar war sie selbst nie geschlagen worden, aber sie hatte Schuldgefühle, weil sie sich gewünscht hatte, dass ihr Vater anders gewesen wäre. Sie fühlte sich auch deswegen schuldig, weil andere geschlagen worden waren, sie selbst aber verschont wurde. Sie hatte ihre Wut unterdrückt, die sich auf ihren Vater richtete, und sie hatte diese Wut in sich versteckt.

Als sie sich im Verlauf der darauf folgenden Woche an die damaligen Ereignisse erinnerte, fiel ihr ein, wie oft sie in ihrer Kindheit die Vermittlerin und Friedensstifterin gespielt hatte.

* Eine weitere sehr wirkungsvolle, heilsame Methode zur Lösung von Verstrickungen mit noch lebenden oder bereits verstorbenen Menschen und zum Verzeihenlernen lehrt Phyllis Krystal. Sie hält dazu regelmäßig in Deutschland Seminare (Informationen darüber beim »Frankfurter Ring«, siehe Adressenteil.) Und sie hat ein Buch dazu geschrieben, in dem die Methode ganz genau und Schritt für Schritt beschrieben wird. Der Titel lautet: *Die inneren Fesseln sprengen,* Ryvellus, München 1994. Peter Dawkins, siehe 11. Kapitel, berichtet, er und seine Frau hätten diese Methode verwandt, als ihre Kinder erwachsen wurden. Das Ritual habe jeweils ähnlich wie ein Initiationsritus gewirkt. Die Beziehung zwischen ihnen, den Eltern, und den nun erwachsenen Kindern sei hervorragend und unbelastet von »alten Geschichten«.

** Gerald G. Jampolsky: *Liebe ist die Antwort,* Goldmann, München 1994.

Sie war mit ihren eigenen Gefühlen nur deswegen zurechtgekommen, weil sie sie zurückgehalten und alles in ihrer Macht Stehende getan hatte, um den Frieden in der Familie zu sichern. Sie hatte alles getan, um zu verhindern, dass jemandem wehgetan wurde.

Als nun die verdrängten Gefühle zum Vorschein kamen, bat sie ihre höhere Macht – Gott –, ihr verzeihen zu helfen. Eines Tages fühlte sie sich inspiriert, ein Gedicht an ihren Vater zu schreiben. Nachdem sie es geschrieben und darin über ihre Gefühle ihm gegenüber gesprochen hatte, entdeckte sie, dass Heilung durch Verzeihen augenblicklich stattfinden kann, selbst wenn der betreffende Mensch schon gestorben ist. »Vergebung«, so schreibt Jampolsky, »löscht den Schatten der schmerzhaften Vergangenheit aus und bringt Erinnerungen an die Oberfläche, die bisher verdrängt worden waren. Heute erinnert sich Diane nur noch mit Liebe an ihren Vater.«

Das Schreiben eines Gedichtes oder eines Briefes kann im Prozess der Vergebung und der Heilung von Beziehungen ein machtvolles Instrument sein. Ein Gedicht, ein oder zwei Seiten in einem Tagebuch, ein Brief, sogar ein Brief, der nie abgeschickt wird, kann die Möglichkeit bieten, Gefühle auszudrücken. Gefühle, die vielleicht unangenehm sein mögen, die aber dennoch ihre Berechtigung haben. Nachdem diese Gefühle zum Ausdruck gebracht wurden und »sein durften«, ist es viel leichter zu vergeben.

Die Bücher von Jerry Jampolsky, von denen einige in Koautorenschaft mit seiner Frau entstanden sind, fließen von praktischen Beispielen und einprägsamen Geschichten nur so über. Die Lektüre ist für jeden empfehlenswert, besonders für Menschen, die sich mit den Themen Krankheit und Tod auseinander setzen. Wenn Sie noch mehr tun möchten als lesen, können Sie sich nach einer Gruppe umschauen, in welcher die Prinzipien der Heilung von inneren Einstellungen umgesetzt werden. Oder Sie können sich nach Vorträgen und Seminaren erkundigen, die Jerry Jampolsky und Diane Cirincione regelmäßig in Deutschland halten.

Zum Abschluss dieses Kapitels noch eine Art Gedicht über

das Verzeihen, das Jampolsky im Jahr 1998 verfasst hat, als er sich in Bosnien aufhielt. Er war auf dem Weg zu einem Seminar mit dem Titel »Vergebung und Versöhnung für religiöse und spirituelle Führungspersönlichkeiten«. Er empfiehlt, den Text immer wieder zu lesen, um sich die Prinzipien der Vergebung ins Gedächtnis zu rufen:

*Über das Verzeihen**

Zu verzeihen ist das beste Rezept, um glücklich zu sein.

Nicht zu verzeihen ist das beste Rezept, um zu leiden.

Ist es möglich, dass alles Leid
– ungeachtet seiner Ursache –
ein Element der Unversöhnlichkeit in sich trägt?

Das Klammern an Rachegelüste,
das Verweigern von Liebe und Mitgefühl
muss sich mit Sicherheit
auf unsere Gesundheit und unser Immunsystem auswirken.

Das Festhalten dessen, was wir »gerechte Wut« nennen,
verhindert, dass wir den Frieden Gottes erfahren.

Verzeihen heißt nicht
der Tat zustimmen.
Es heißt nicht
verbrecherisches Verhalten gutheißen.

Verzeihen bedeutet
nicht länger in den Ängsten der Vergangenheit leben.

* Aus Gerald G. Jampolsky: *Verzeihen ist die größte Heilung,* Integral, München 1999. Abdruck mit freundlicher Genehmigung von Gerald Jampolsky.

Verzeihen bedeutet
die Wunden nicht länger aufkratzen,
damit sie aufhören können zu bluten.

Verzeihen heißt
ohne die Schatten der Vergangenheit
vollkommen in der Gegenwart
leben und lieben.

Verzeihen heißt
frei sein von Wut
und aggressiven Gedanken.

Verzeihen bedeutet
alle Hoffnung auf eine bessere Vergangenheit fahren lassen.

Verzeihen bedeutet
niemand von Ihrer Liebe ausschließen.

Verzeihen heißt
das Loch in Ihrem Herzen heilen,
das unversöhnliche Gedanken gerissen haben.

Verzeihen heißt
das Licht Gottes in jedem Menschen sehen
– unabhängig von seinem Verhalten.

Vergebung gilt nicht nur dem anderen Menschen,
sondern uns selbst,
den Fehlern, die wir gemacht haben,
und der Schuld und Scham, an die wir uns klammern.

Vergebung in seiner tiefsten Bedeutung heißt,
uns selbst dafür zu verzeihen,
dass wir uns von einem liebevollen Gott getrennt haben.

Vergebung heißt,
Gott zu verzeihen
und uns für unsere falsche Wahrnehmung,
dass wir jemals allein
oder im Stich gelassen wurden.

In diesem Augenblick zu verzeihen bedeutet,
dass wir nicht länger
König oder Königin des Klubs der Zauderer sind.

Vergebung gibt uns die Chance,
zu spüren, dass wir im Geist
als eins mit allen verbunden sind
und alle mit Gott.

Es ist niemals zu früh, zu verzeihen.
Es ist niemals zu spät, zu verzeihen.

Wie lange brauchen Sie, um zu verzeihen?
Die Antwort hängt von Ihrem Glauben ab.
Wenn Sie glauben, es wird nie geschehen,
wird es nie geschehen.
Wenn Sie glauben, Sie brauchen sechs Monate,
brauchen Sie sechs Monate.
Wenn Sie glauben, Sie brauchen nur eine Sekunde,
werden Sie nur so lange brauchen.

Ich glaube von ganzem Herzen,
dass Frieden auf Erden sein wird,
wenn jeder von uns die Verantwortung dafür übernimmt,
jedem – auch sich selbst – vollständig zu verzeihen.

EXKURS: Die zwölf Prinzipien zur Heilung von inneren Einstellungen

von Dr. Gerald Jampolsky

Hier sind die zwölf Prinzipien zur Heilung von inneren Einstellungen, die Dr. Gerald Jampolsky auf Grund des Buches *Ein Kurs in Wundern* formuliert hat:

- Die Essenz deines Seins ist Liebe.
- Gesundheit ist innerer Friede. Heilung geschieht, wenn wir die Angst loslassen.
- Geben und Nehmen sind eins. Wenn wir unseren Fokus aufs Geben legen, können wir heil werden.
- Wir können die Vergangenheit und die Zukunft loslassen und heil werden, indem wir in der Gegenwart leben.
- Jetzt ist die einzige Zeit, die es gibt. Wut, Depressionen, Schuld, Schmerz und andere Formen von Angst verschwinden, wenn wir im gegenwärtigen Augenblick leben.
- Wir lernen, uns selbst und andere zu lieben, indem wir vergeben, statt zu urteilen. Vergebung ist der wahre Weg zu Gesundheit und Glück.
- Wir können zur Liebe werden, indem wir andere erkennen, statt ihnen ihre Fehler anzukreiden. Egal, wie sich jemand verhält, wir können uns entscheiden, immer nur das Licht der Liebe in ihm zu sehen.
- Wir können innerlich in Frieden sein, unabhängig davon, was draußen passiert. Es ist unsere Entscheidung.
- Wir sind alle gleichzeitig Lehrer und Lernende. All unsere Beziehungen sind gleichberechtigt.
- Wir können unser Leben als ein Ganzes betrachten statt als aus einzelnen Fragmenten bestehend. Es ist eine Illusion, dass wir von anderen getrennt sind.
- Da die Liebe ewig ist, brauchen wir den Tod nicht zu fürchten. Wir verlieren unsere Angst, wenn wir daran glauben, dass das, was wahr ist, sich niemals ändert.

- Wir können uns selbst und andere immer als reine Liebe betrachten, oder als Hilferufende, die nach Liebe schreien. Wut und Angriffe können wir immer als einen Ruf nach Hilfe ansehen, und wir können mit Liebe antworten.

---

10. Kapitel

Familienaufstellungen – Liebe ist stark wie der Tod

»Heimat ist, wo man seine Gräber hat.« Dieser Ausspruch stammt von der fast siebzigjährigen deutschen Bestsellerautorin Stefanie Zweig. Ihre Erfahrung mit Heimat wie mit Gräbern ist eine ebenso ungewöhnliche wie dramatische. Denn 1938 wanderte die Tochter jüdischer Eltern als Fünfjährige von Oberschlesien nach Afrika aus und erlebte ihre Kindheit auf der Farm, die ihr Vater dort leitete. 1947 kehrte die Familie nach Deutschland zurück, denn trotz des Grauens, das Hitler den Juden und vielen Verwandten von Stefanie Zweig angetan hatte, sah der Vater Deutschland als seine Heimat.

In Frankfurt fing die junge Stefanie zum dritten Mal an. Sie arbeitete jahrzehntelang als erfolgreiche Journalistin und Buchautorin. Sie heiratete nie, sondern lebte mit ihrem jüngeren Bruder zusammen. Ihn verlor sie vor einigen Jahren. Und heute antwortet sie auf die Frage, wo ihre Heimat sei – in Oberschlesien, Afrika oder Frankfurt? –: »Heimat ist, wo man seine Gräber hat.«

Tatsächlich kann das Grab eines geliebten Menschen in gewisser Weise Wurzeln darstellen. Ist es doch ein Denkmal für einen Verstorbenen, ein Platz der Ehrerbietung. Ein Grab zu besuchen, vielleicht regelmäßig, und dort im inneren Zwiegespräch bestimmte Dinge zu erledigen, ist für viele ein wichtiger Weg zum eigenen inneren Frieden. Und, wie gesagt, kann ein Grab Heimat und Wurzeln bedeuten: Hier hat man eine tiefe innere Verbindung. Hier stammt man her (wenn es sich um das Grab der Eltern, Großeltern oder Urgroßeltern handelt). Es kann sehr bedeutsam sein, ein solches altes, vielleicht

Gustave Doré: Der Engel zeigt Johannes Jerusalem, aus den Illustrationen zur Heiligen Schrift.

lang vergessenes Grab bewusst aufzusuchen und die Verbindung der Seele wieder aufzunehmen. Jetzt, wo der Eiserne Vorhang nicht mehr besteht, ist das auch in Ostdeutschland und in noch weiter östlich gelegenen Regionen möglich, woher Menschen stammen, die im Krieg fliehen mussten – für viele eine gute Möglichkeit, etwas zum Abschluss zu bringen.

Tiefe Verbundenheit mit den Altvorderen

In unserer Zeit wird auf die Ahnen und Vorfahren kaum geschaut. Bei anderen Kulturen und in anderen Zeiten spielte die Verehrung der Ahnen hingegen eine wesentliche Rolle, und man war sich ihres Einflusses ständig bewusst. Im alten China beispielsweise galten sie als die unsichtbaren Familienmitglieder. Der mit einem reichen Ritual verabschiedete Verstorbene sorgte für Glück und Wohlstand bei seinen Hinterbliebenen, für einen üppigen Fluss von Chi, von Lebensenergie. Die Grabhügel, aus denen die Einwirkung der Ahnen in das Umfeld der Lebenden hineinströmte, waren ein zentraler Ausgangspunkt für das Feng Shui.

Während des Kommunismus wurden in China die Grabhügel platt gemacht. Der Glaube an alles, was daran hängt, konnte auf diese Weise allerdings nicht zerstört werden. Heute wachsen sie allenthalben wieder aus dem Boden.

Auch in unserem Kulturraum gab es uralte Rituale und Regeln, mit denen man sich die tiefe Verbundenheit mit den Altvorderen bewusst machte. Sie waren völlig ins Alltagsleben eingebunden. Diese Rituale und Regeln sind bei uns weitgehend verloren gegangen – ein wesentlicher Grund für die Wurzellosigkeit vieler Zeitgenossen.

Die einzige Richtung, die das Verlorene und Vergessene aus diesem Bereich aus der Versenkung geholt hat und auf kraftvolle Weise wieder belebt, ist das so genannte Familien-Stellen des deutschen Philosophen, Theologen und Psychologen Bert Hellinger. Diese psychotherapeutische Methode beruht auf der theoretischen und praktischen Arbeit der vor einigen Jahren verstorbenen amerikanischen Familientherapeutin Virginia Satir. Das Familien-Stellen ist bei uns sehr bekannt geworden, denn es wirkt außerordentlich tief und nachhaltig. Und tatsächlich verbindet es mit den verloren geglaubten Wurzeln. Bert Hellinger und seine Kollegen demonstrieren und lehren es mittlerweile in aller Welt, zum Beispiel in den USA, in China und in Japan. Dort wird nach den bisherigen Erfahrungen von der Methode genauso profitiert wie hier bei uns. Das heißt, offenbar ist sie kulturell unabhängig und betrifft Probleme, die mit dem Menschsein an sich zu tun haben.

»In den meisten Aufstellungen geht es um Leben und Tod. Um Schuld und den Umgang mit Schuld. Das ist universell«, sagt Jakob Schneider, ein erfahrener Therapeut, der bei Bert Hellinger selbst gelernt hat. Bei einem Familienaufstellungsseminar in München, das er leitet, können die fünfundzwanzig Teilnehmer am eigenen Leib und an der eigenen Seele erfahren, was es mit Folgendem auf sich hat: Die »systemische Therapie« Hellingers geht davon aus, dass jede Familie ein System darstellt, in dem eine Fülle von offenen und verborgenen Kräften wirkt und in dem jeder seinen Part innehat. Man könnte von einem »morphischen Feld« sprechen oder von einer Gruppenseele. Innerhalb dieser Gruppenseele haben auch frühere Partner einen Platz, Fehlgeburten, außereheliche Kinder, sogar dann, wenn sie verschwiegen wurden, andere Mitglieder der Familie, über die man, aus welchen Gründen auch immer, nicht sprach. In erschreckender Weise wirkt bis heute in vielen Familiensystemen die Schuld, die Väter und Großväter in den Kriegen und in der NS-Zeit auf sich geladen haben. Und die furchtbaren Dinge, die Frauen im Krieg ertragen mussten.

Genau zu diesem Thema gibt es in dem erwähnten Seminar bei Jakob Schneider die Aufstellung einer Frau knapp über vierzig. Nennen wir sie Marion. Ihr Anliegen, also das Problem, das sie bearbeiten möchte, ist ein belastendes Problem in ihrer Ehe, das sie nicht genau erklärt. Offenbar stellt sie sich die Frage, ob sie sich trennen soll oder nicht.

Jakob Schneider findet mit wenigen Fragen nach Vorkommnissen in der Familie von Marions Vater und Mutter das Schlüsselereignis heraus, das er zum Thema der Aufstellung macht: Die Großmutter mütterlicherseits war im Zweiten Weltkrieg Opfer einer Massenvergewaltigung, deren Ohrenzeugin Marions Mutter war, damals zwölf Jahre alt. Als Folge dieser Vergewaltigung wurde die Großmutter schwanger. Sie ließ das Kind später abtreiben, weil sie nicht akzeptieren konnte, wie es entstanden war. Offenbar erholte sie sich nie von ihrem Trauma, denn sie starb im relativ frühen Alter von vierundvierzig Jahren an Brustkrebs.

Wie bei allen Familienaufstellungen, die von einem guten Therapeuten – männlich oder weiblich – angeleitet und von einem engagierten Klienten – männlich oder weiblich – aufgestellt, kommentiert, miterlebt werden, kann sich auch hier jeder der »Stellvertreter« ohne Schwierigkeiten in die Gruppenseele einfühlen und seinen Part perfekt ausfüllen.*

Es wird klar, dass der Großmutter Unsägliches angetan wurde, mit dem sie nie in Frieden kam. Dass sich Marions Mutter stark mit dem ungeborenen Halbbruder verband und eine Menge der Schuld auf sich nahm, die die Familie mit der Abtreibung auf sich geladen hatte. Und dass sich Marion selbst ebenfalls an diese Schuld gekoppelt hatte.

Die Medizin für die verletzte Gruppenseele und für die einzelne Seele von Marion besteht darin, dass durch die Aufstellung die geheime systemische Verstrickung aufgedeckt wird. Und dass verschiedene kraftvolle Sätze gesprochen werden, vom Therapeuten vorformuliert, dann von den Stellvertretern nachgesprochen.

Zum Beispiel sagt die Stellvertreterin der Großmutter folgende Worte: »Lieber Sohn, ich konnte dem Schicksal nicht zustimmen, und ich konnte dir das Leben nicht geben. Jetzt bin ich auch tot. Und dein Vater ist tot. Im Tod sind wir uns alle gleich geworden.« Die Stellvertreterin von Marions Mutter sagt, ebenfalls an das nie geborene Kind gerichtet: »Lieber kleiner Bruder, ich habe dich immer als meinen Bruder in meinem Herzen gehabt. Bitte sei mir freundlich, dass ich lebe, obwohl du nicht leben durftest. Und bitte sei Mama nicht böse, dass sie dich abgetrieben hat. Ich und meine Tochter Marion – wir geben dir einen Platz, damit du nicht vergessen wirst. Und so lasse ich dich jetzt im Tod los.«

Die Stellvertreterin von Marions Mutter, der Stellvertreter

* Wie das genau abläuft, erklärt der Exkurs, der sich an dieses Kapitel anschließt.

ihres Vaters und ihre eigene Stellvertreterin verneigen sich am Schluss der Aufstellung vor allen Beteiligten, auch vor dem Stellvertreter des Vergewaltigers. Sie tun das buchstäblich, mit einer tiefen Verbeugung.

Die Toten wollen einen Platz einnehmen

All dies wäre für jemanden, der es nicht miterlebt, sondern nur von außen betrachtet, sehr, sehr befremdlich: sich vor einem Vergewaltiger verbeugen und vor einer längst verstorbenen Frau, die ihr Kind abgetrieben hat. Vor einem nie Geborenen. Gefühle einer Familie und dessen, der ihr ein Trauma zufügte, in dramatischer Weise wieder aufleben lassen, statt sie zu vergessen oder in der Versenkung zu belassen. Auch die Worte, die gesprochen werden, haben etwas Befremdliches und seltsam Altmodisches. Wer aber ein solches Seminar miterlebt, wer auch selbst als Stellvertreter oder Stellvertreterin fungiert und von innen heraus spürt, mit welcher Intensität die Gruppenseele und das Gruppenwissen Einfluss nehmen, findet dabei nichts mehr merkwürdig.

Jakob Schneider sagt, man müsse sich nach einer Aufstellung Zeit und Raum geben, um das Geschehene in der Tiefe zu verarbeiten und Heilung geschehen zu lassen. Von früheren Teilnehmern ist zu erfahren, dass in der Tat nachhaltige Effekte zu verzeichnen sind. (Sonst wären die Familienaufstellungen ja auch nicht so populär; Jakob Schneiders Seminare sind über viele Monate im Voraus ausgebucht.) Aber Marion wirkt schon direkt nach ihrer Aufstellung erleichtert. Sie hat Klarheit über etwas gewonnen, das ihr überhaupt nicht bewusst gewesen war. Sie konnte Frieden herstellen, die Toten ehren und verabschieden sowie ihr eigenes Leben aus der Verstrickung in ihr Familienschicksal herauslösen. Wie dies genau auf ihre Eheprobleme Einfluss nehmen wird, ist noch nicht klar. Auf jeden Fall traut man ihr nun zu, dass sie zu gegebener Zeit die richtige Entscheidung treffen wird. Oder dass sie wissen wird: Es gibt keine Entscheidung zu treffen, ich werde in meiner Ehe bleiben.

Die Toten wollen einen Platz einnehmen. Das ist Jakob Schneiders Erfahrung, und es ist die Erfahrung, die Bert Hellingers systematischer Therapie zu Grunde liegt. Die Toten wollen anerkannt sein und einen Platz im Herzen der Lebenden einnehmen. Dann können sie zu Helfern und Verbündeten werden, zu »Ahnen«. Zu solchen Ahnen, wie sie im alten China oder in anderen alten, traditionellen Kulturen oder bei Naturvölkern verehrt wurden und werden.

Eine angemessene Art, mit dem Tod eines geliebten Menschen umzugehen, egal, ob Familienmitglied oder nicht, ist laut Jakob Schneider die folgende: Zunächst muss man den Gestorbenen gehen lassen und betrauern. Dafür soll man sich die Zeit geben, die man braucht. Wenn man die Trauer hinter sich gelassen hat, kann man ein kleines oder größeres Fest feiern, vielleicht am Geburtstag oder Todestag des Verstorbenen. Ab diesem Zeitpunkt wird er als »Ahn« angesehen. Er hat dann einen Platz im Herzen seiner Angehörigen, und dort wird er zu einer guten Kraft.

Familienforschung

Um sich aus systemischen Verstrickungen lösen zu können, empfiehlt Schneider, Familienforschung zu betreiben: Fehlt irgendjemand im System, ist jemand im wahrsten Sinne des Wortes totgeschwiegen worden? Woran ist die Oma, deren Todesursache als Geheimnis behandelt wird, wirklich gestorben? Wo lebt der unbekannte Bruder in den USA? Es ist gut, alte Briefe zu lesen (sofern sie nichts Intimes enthalten), Fotoalben anzuschauen, Gräber zu besuchen – einfach Licht in die Geschichte der Familie zu bringen. Das braucht nicht als »Arbeit« angesehen zu werden, sondern es kann viel Freude machen. Und häufig entstehen im Zuge von Recherchen dieser Art herzliche Kontakte zwischen Verwandten, auch solchen, die nichts voneinander wussten oder sich nicht kannten.

In der systemischen Arbeit geht es, wie gesagt, um Leben

und Tod, um den Umgang mit Schuld, um Ehre und Ehrerbietung, um Würde und Würdigung, es geht um das Anerkennen davon, dass »Ordnungen der Liebe« (so der Ausdruck von Bert Hellinger) bestehen und einen nachhaltigen Einfluss ausüben.

Dass innerhalb der Ordnungen der Liebe auch die ihren angemessenen Platz einnehmen müssen, die vor uns gelebt haben und die heute die »unsichtbaren Familienmitglieder« sind. Dass ohne die Würdigung der Verstorbenen in all ihren konstruktiven Beiträgen wie auch in der Schuld, die sie auf sich geladen haben, das System nicht gesund ist. Dies in seiner ganzen Dynamik und Kraft wieder entdeckt und praktisch umsetzbar gemacht zu haben ist wohl eins der wichtigsten Verdienste der systemischen Therapie. Auf Grund ihrer rapide wachsenden Popularität wird das Wissen darum einer immer breiteren Öffentlichkeit zugänglich. Und es wird hoffentlich bald so weite Kreise ziehen, dass die verdrängten und verschwiegenen Verbrechen aus der NS-Zeit und die daraus folgende Schuld auf eine Weise ans Tageslicht kommen, dass endlich Friede einkehren kann.

EXKURS:
Ohne Wurzeln keine Flügel

VON BERTOLD ULSAMER

(In seinem Buch *Ohne Wurzeln keine Flügel** gibt der Diplompsychologe Dr. Bertold Ulsamer eine knappe und verständliche Einführung in die Praxis der Familienaufstellungen nach Bert Hellinger. Hier ein Auszug aus seinem Buch, der eine wichtige Ergänzung des vorigen Kapitels darstellt.)

* Bertold Ulsamer: *Ohne Wurzeln keine Flügel,* Goldmann, München, 1999 (7. Aufl., 2001) Abdruck mit freundlicher Erlaubnis des Goldmann Verlages und des Autors.

Am besten und leichtesten lässt sich eine Aufstellung in einem Seminar durchführen. Es gibt auch Aufstellungen in einer Einzelberatung oder -therapie, aber die Seminarform ist vorzuziehen, denn durch die vielen Stellvertreter wird ein umfassenderer Eindruck vermittelt. Im Seminar treffen sich Menschen, von denen jeder seine Familie aufstellen will. Meistens kommt jeder Teilnehmer allein, die anderen Mitglieder seiner Familie braucht er nicht für diese Arbeit. Manchmal nehmen auch Geschwister, ein Elternteil mit einem Kind oder Paare an einem Seminar teil. Das macht die Arbeit für die gemeinsam Anwesenden besonders bereichernd.

Wer eine Aufstellung durchführen will, braucht ein Thema oder ein Problem, das so genannte Anliegen, als Ausgangspunkt. Beispielsweise spürt eine längst erwachsene Tochter immer wieder ohne besonderen Anlass Zorn auf ihre Mutter. In der Aufstellung sucht sie nach unbekannten Ursachen für diesen Zorn. Zudem hat sie die Hoffnung, dass ihr Zorn sich durch die Aufstellung verändert, abnimmt oder sich sogar auflösen wird.

Zunächst fragte der Therapeut oder Leiter (diese Begriffe werden im Folgenden gleichbedeutend verwendet) die Klientin nach den wesentlichen Ereignissen, die sich in ihrer Familie in den letzten zwei Generationen ereignet haben. Mehr als ihr Anliegen und diese Ereignisse will er nicht wissen. Dann wählt die Klientin für jedes lebendige, aber auch für jedes tote Mitglied ihrer Kernfamilie (Eltern, Geschwister) und für sich selbst unter den Seminarteilnehmern einen Stellvertreter oder eine Stellvertreterin aus. In der Regel nimmt sie für männliche Verwandte Männer und für weibliche Frauen.

Nun kommt die Aufstellung, wozu man Platz in der Raummitte oder eine kleine Bühne benötigt. Die Klientin gibt jetzt spontan – ohne zu sprechen und ohne jede Erklärung – jedem Stellvertreter der Reihe nach einen Platz im Raum und eine Blickrichtung. Sie stellt also erst die Mutter hin, dann den Vater und so weiter, bis alle Familienmitglieder ihren Platz erhalten haben. Dieses Aufstellen passiert ohne langes Überlegen, so wie es sich für die Klientin im Moment stimmig anfühlt.

Wichtig dabei ist allein, dass sie mit ihrer inneren Aufmerksamkeit dabei ist.

Wenn die Klientin alle Familienmitglieder aufgestellt hat, setzt sie sich hin, sodass sie einen guten Überblick hat. Von jetzt ab bis zum Ende der Aufstellung ist sie nur noch Beobachterin und lässt das, was der Therapeut und die Stellvertreter sagen und tun, auf sich wirken.

Das Verblüffende, ja Mysteriöse an dieser Methode ist, dass die aufgestellten Stellvertreter an ihren jeweiligen Plätzen Zugang zu den Gefühlen und Beziehungen der betreffenden Familienmitglieder haben.

Wenn beispielsweise ein Kind oder Elternteil an den Rand gestellt wird und von den anderen wegschaut, erlebt das der Stellvertreter meist als belastend. Das lässt sich noch einfach verstehen und nachvollziehen. Aber darüber hinaus erspüren die Stellvertreter viele Gefühle und Beziehungen, die in der betreffenden Familie – oft unter der Oberfläche – existieren. Sie empfinden häufig sogar körperliche Veränderungen, ihre Knie zittern, sie schwanken, die Schultern spannen sich an, oder der Bauch verkrampft sich. Die Stellvertreter spüren, wen sie in ihrer Rolle mögen und wen nicht, auf wen sie ärgerlich sind und mit wem sie gern mehr Kontakt hätten. Die Plätze haben alle ihre eigene Kraft, sodass jeder, der an einem bestimmten Platz steht, ähnlich reagiert. Ja, bisweilen verwendet ein Stellvertreter sogar die Sätze, die das betreffende Familienmitglied immer benutzt hat.

In der Regel befragt der Therapeut nun die Stellvertreter nacheinander, wie sie sich an ihren Plätzen fühlen. Nachdem auf diese Weise zunächst die Gefühle und Beziehungen zwischen Eltern und Kindern erforscht werden, lässt der Therapeut den Klienten häufig noch andere Familienmitglieder aus vergangenen Generationen hinstellen oder stellt sie selbst auf. Überraschendes geschieht oft, wenn längst vergessene, verstorbene Mitglieder, die bislang fremd oder kaum bekannt waren, aufgestellt werden.

Da kann sich beispielsweise ein Neffe plötzlich wie magisch zu seinem Onkel hingezogen fühlen, der schon vor vielen

Jahrzehnten im Krieg gefallen ist. Aufstellungen zeigen: Wer mit jemand anderem innerlich stark verbunden ist, hat oft im eigenen Leben ähnliche Gefühle und ein ähnliches Schicksal wie dieser Vorfahre. Dies ist tatsächlich eine der bedeutsamsten Entdeckungen Hellingers: Kinder übernehmen Gefühle und Verhalten von früheren Familienmitgliedern. An diesen Gefühlen und Verhaltensweisen, die ihnen eigentlich fremd sind, halten sie oft ihr Leben lang fest. Der Begriff, den Hellinger dafür verwendet, ist »Verstrickung«. Die Kinder sind dann – oft noch bis ins Erwachsenenalter – mit diesen Personen »verstrickt«. So lassen sich viele Erscheinungen wie Depressionen, Schuldgefühle, psychische Störungen oder Neigung zum Selbstmord auf diese verborgenen Verbindungen mit anderen Familienmitgliedern zurückführen. Solange jemand nicht erkennt, mit wem er verbunden ist, bleiben ihm seine eigenen Gefühle und sein Verhalten häufig unverständlich. Er wird von diesen Bindungen unsichtbar beeinflusst, ja manchmal sogar beherrscht.

Eine Ursache für eine Verstrickung kann sein, dass eine Person aus der Familie ausgeschlossen und vergessen worden ist. Denn solche Familienmitglieder werden regelmäßig in der nächsten oder übernächsten Generation durch ein neues Mitglied vertreten.

Da ist zum Beispiel in der Familie des Vaters dessen ältere Schwester mit vier Jahren an einem Verkehrsunfall gestorben. Dieser Tod war so schlimm für die Eltern und die anderen Geschwister und schockierte alle so stark, dass man nur noch ganz selten von dieser Schwester sprach. Sie scheint fast ganz vergessen.

Um herauszufinden, ob und welchen Einfluss diese tote Schwester auch heute noch auf lebende Familienmitglieder hat, genügt es, für sie eine Stellvertreterin auszusuchen und sie aufzustellen. Die Stellvertreter der Toten nehmen wahr und fühlen wie die Lebenden. In den Rollen ist kein Unterschied zu bemerken.

Falls die Klientin mit der Toten verbunden ist, wird die Stellvertreterin der Klientin sofort reagieren. Sie fühlt vielleicht

Sympathie oder Angst, wenn die tote Schwester dazugestellt wird. Ebenso werden auch die aufgestellten Stellvertreter der anderen Familienmitglieder auf das Hinzukommen der toten Schwester auf ihre Weise reagieren. In der ganzen Familie ändern sich Empfindungen und Gefühle. Plötzlich bekommt jemand Angst, oder ein anderer ist erleichtert und so weiter. Die Klientin kann an diesen Reaktionen sehen, mit wem sie verbunden ist und von wem sie Gefühle übernimmt.

Die Begegnung mit den Toten ist in vielen Aufstellungen ein erlösender Schritt. Wenn die Toten geachtet werden, werden sie freundlich gegenüber den Lebenden, und deren Beziehungen zu den Toten wandeln sich ebenfalls. Während die vergessenen Toten einer Familie eher eine unheimliche, bedrohliche Kraft im Hintergrund darstellen, werden sie jetzt zu einer Stärkung und Unterstützung für die Lebenden.

ÜBUNG:
»Spirituelles Vergessen« üben

Im Leben jedes Menschen gibt es Situationen, die man als entsetzlich, erniedrigend, verletzend erlebt hat. Situationen, die man nicht vergessen kann; in denen Menschen eine Rolle spielen, denen man nicht verzeihen zu können glaubt.

Viele verschiedene religiöse, spirituelle und psychotherapeutische Richtungen beschäftigen sich mit diesem Thema, denn es gehört einerseits unabdingbar zum menschlichen Leben. Andererseits gehört es aber auch dazu, verzeihen und vergessen zu lernen und sich zum eigenen Wohl sowie zum Wohl der anderen Beteiligten und des großen Ganzen von den Gespenstern der Vergangenheit zu befreien.

Das Verzeihen steht ganz im Zentrum der Arbeit des amerikanischen Psychiaters und Autors Dr. Gerald Jampolsky. Um ihn und seine Arbeit geht es im 10. Kapitel. Doch auch bei den Familienaufstellungen spielt es eine wesentliche Rolle.

Es gibt eine Übung, die Jakob Schneider in seinen Seminaren mehrfach erwähnt und die er jedem ans Herz legt, auch Menschen, die keine Familienaufstellungen machen. Er nennt sie eine Übung für »spirituelles Vergessen«. Sie geht so:

Stellen Sie sich die Situation, die Sie als belastend empfinden, so vor, als wenn Sie im Kino auf der Großleinwand eine Szene anschauen. Das heißt: Identifizieren Sie sich nicht mehr mit der Rolle, die Sie damals einnahmen, sondern schauen Sie sich alles von außen an. Gehen Sie dann langsam von der Leinwand weg, sodass das Bild sich verkleinert. Lassen Sie den Farbfilm schließlich zu einem Schwarzweißfilm werden. Die Leinwand schrumpft zur Größe eines Fernsehers und wird noch kleiner. Stellen Sie auch den Ton leiser.

Machen Sie diese Übung immer wieder, bis Sie merken, dass es leichter geht und dass Sie die Situation, mit der Sie sich beschäftigen, akzeptieren können. Dass Sie den »Tätern« vergeben können. Dass Sie die gesamte Angelegenheit als vergangene Episode in ihre Lebensgeschichte integrieren können.

Das bedeutet »spirituelles Vergessen«.

11. Kapitel

Eine Lichtsäule für »verlorene Seelen«

Zugegeben: Auch ich hätte noch bis vor wenigen Jahren das Thema »verlorene Seelen« mit Skepsis betrachtet. Denn es handelt sich dabei um etwas, das in all dem konventionellen Wissen, das uns vermittelt wurde, keinen Platz hat. Und doch gibt es diese »verlorenen Seelen«. Und doch sind sie auf unsere Hilfe angewiesen. Nun möchte ich in einem Kapitel etwas dazu sagen – oder besser: in zwei Kapiteln, denn das Thema soll auch noch vor dem Hintergrund des Schamanismus beleuchtet werden. Aber das ist keine ganz einfache Aufgabe, denn wie gesagt: Aus konventioneller Sicht gibt es dafür keine rechten Worte und keinen Platz.

So möchte ich Sie bitten, sich für etwas zu öffnen, das Ihnen möglicherweise zunächst einmal fremd und weit hergeholt erscheinen mag. Und ich möchte Sie bitten, dass Sie mir folgen, wenn ich ein wenig aushole. Dieses Ausholen ist wichtig, um das Ganze in einen angemessenen Rahmen zu stellen.

Der Begriff lautet also »verlorene« oder »erdgebundene Seelen« beziehungsweise »Geister« (englisch *spirits*) von Verstorbenen. Die Bezeichnungen tauchen so oder so ähnlich in allen alten Kulturen auf. Überall, wo Menschen in den Kreislauf der Natur, in den Zyklus von Werden und Vergehen bewusst eingeklinkt waren, haben die Seelen der Verstorbenen eine wichtige Rolle gespielt. Man half kürzlich Verstorbenen durch vielfältige Rituale, den Übergang in eine andere, möglichst lichtvolle Dimension zu schaffen. Dann betrauerte man sie, und nach einer Zeit galten sie als »Ahnen«, als unsichtbare Familienmitglieder und wohlwollende, helfende Wesen, die

Gustave Doré: Paradiso, 31. Gesang aus den Illustrationen zu Dantes »Göttlicher Komödie«.

man um Rat fragen und Unterstützung bitten durfte. Doch auch bei den alten Naturvölkern kam es vor, dass der Übergang nicht klappte und dass die Seele eines Toten in einer Art Zwischenwelt stecken beziehungsweise unserer materiellen Welt verhaftet blieb. Dann war es Aufgabe des Schamanen, männlich oder weiblich, des Medizinmannes, der Medizinfrau, des Priesters oder der Priesterin, die Seele zu rufen, ihr zu erklären, dass es jetzt an der Zeit ist, sich von der materiellen Welt zu verabschieden, und ihr den Weg ins Licht zu zeigen. Die tatsächliche Begleitung ins Licht und das Willkommenheißen auf der entsprechenden Ebene waren dann nicht mehr Sache des menschlichen Vermittlers.

Bei den Naturvölkern ebenso wie in vielen Hochkulturen, zum Beispiel bei den alten Ägyptern oder bis in die heutige Zeit hinein bei den Tibetern, waren die Menschen sehr gut auf das Sterben und den Tod vorbereitet. Sie erhielten dabei alle nur erdenkliche Hilfe von der Gemeinschaft. Trotzdem konnte etwas schief laufen, zum Beispiel, wenn jemand sehr plötzlich und unerwartet starb, vielleicht an einem Herzschlag oder Unfall. Und wenn er deswegen nicht recht verstanden hatte, dass er nicht mehr unter den Lebenden weilte. Die Gruppe bemerkte ihn, weil er im wahrsten Sinne des Wortes herumgeisterte. Dann war also der entsprechende Fachmann oder die Fachfrau und das Vermittlungsritual gefragt, und das Problem war erledigt.

Fachleute für »Rettungsarbeit«

Auch unter christlichen Priestern gab es solche, die speziell dafür ausgebildet waren, verlorenen Seelen den Weg ins Licht zu zeigen. Leider sind die entsprechenden Vorgehensweisen heute verkümmert, meist zu dem, was als »Exorzismus« bezeichnet wird. Das Wort bedeutet »Austreibung böser Geister«. Dabei wird aber nur an die lebenden Personen gedacht, die sich von »Geistern« belästigt fühlen. Die Geister, die »arme Seelen« sind, werden bloß verjagt, sie werden also nicht erlöst und gerettet.*

Die ursprüngliche, ganzheitlich orientierte und von der sprichwörtlichen christlichen Nächstenliebe geprägte Art, mit der Problematik umzugehen, war diese: Man half sowohl den Lebenden, die sich gestört fühlten, als auch den erdgebunde-

* Wobei allerdings in anderen christlichen Ritualen der verlorenen Seelen immer wieder in mitfühlender Weise gedacht wird.

nen Seelen, und zwar, indem man ihnen den Weg zu den Engeln und zum Licht wies.

Die Priester ebenso wie die Schamanen und Medizinleute, die diese Art von Rettungsarbeit leisteten, waren immer hervorragend ausgebildet, manchmal über Jahre hinweg. Denn die Arbeit ist einerseits enorm wichtig für das Wohlbefinden von Mensch, Tier, der gesamten Natur. Die Geister können nämlich tatsächlich nicht nur stören, sondern auch eine Menge Energie blockieren oder abziehen, die zum Wachsen, Blühen und Gedeihen fließen muss. Sie können aber auch gefährlich werden, oder mindestens einige von ihnen können das. Deswegen müssen die »Rettungskräfte« bei ihren Aktivitäten bestimmte Regeln beachten. Sie müssen fähig sein, sich sehr zu konzentrieren, sich zu schützen, bestimmte intuitive Fähigkeiten anzuwenden. (Hellsichtigkeit ist nicht unbedingt notwendig.)

Wenn jemand jedoch die Grundvoraussetzungen mitbringt, wenn er sich für diese Arbeit interessiert, dabei von echter Liebe zu den Menschen – den lebenden und den verstorbenen – getragen ist und sich bereit findet, sich fachlich unterweisen zu lassen, dann geht es nach einer gewissen Trainingsphase einfacher, als man vielleicht denken mag. Es ist keineswegs schwierig oder kompliziert.

Durchgeführt wird *rescue work* von schamanischen Beratern oder Schamanen. Darum geht es im folgenden Kapitel.

Weiterhin gibt es Einzelpersonen und Gruppen, die sich um verlorene Seelen kümmern und die häufig ganz im Stillen arbeiten. Meist gehen die Aktivitäten von hellsichtigen Menschen aus, die die Wesen wahrnehmen können und ihnen voller Mitgefühl ihre Hilfe anbieten. Es gibt sogar Einzelpersonen und Gruppen, die aufs Meer fahren und sich dort um die Seelen von Ertrunkenen kümmern. (Es kann hilfreich sein, sich an den Ort zu begeben, wo jemand gestorben ist, um ihn zu erlösen. Besonders bei Spukphänomenen ist das günstig. Es muss aber nicht unbedingt sein.)

Und schließlich gibt es Gruppen überall in Europa, die von dem britischen Architekten, Sensitiven und Seminarleiter Peter Dawkins ausgebildet sowie angeleitet wurden und sich regelmäßig treffen. Dawkins, über den ich auch in meinem Buch *Naturgeister** berichte, ist ein hochspiritueller Mensch, bei dem ein nicht kirchlich gebundenes, undogmatisches, mystisches Christentum im Hintergrund steht. Auch die jüdische Mystik, die Kabbala, und da besonders das Symbol vom Baum des Lebens, hat für ihn eine wichtige Bedeutung.

Als junger Mann kannte Dawkins die Begründerin der White Eagle Lodge, Grace Cooke, sehr gut. Der Mitbegründer der berühmten Findhorn-Gemeinschaft in Schottland, Peter Caddy, war bis zu seinem Tod ein enger Freund von Peter Dawkins, ebenso der weltbekannte englische Philosoph Sir George Trevelyan.

Dawkins ist von Kindheit an sensitiv. Bereits als Jugendlicher begann er zu meditieren und seine sensitiven Fähigkeiten zu verfeinern.

In Cambridge studierte er Architektur und machte seinen Abschluss. Gleichzeitig studierte er vergleichende Philosophie, Religion, Geschichte und sakrale Architektur ebenso wie die westlichen Weisheitstraditionen. Auch begann er sich für Vorgeschichte, heilige Orte und Ähnliches zu interessieren. 1972 entdeckte er in Edinburgh das Phänomen der »Landschaftstempel«: Er »sah« ein Chakrasystem** in der Anlage der Stadt. Eine andere Vision enthüllte ihm eine große Energielinie, die vom Norden Schottlands durch England hindurch bis in den Süden Frankreichs verläuft. Dieser Landschaftstempel Europas, den er auch den »Gralstempel« nennt, spielt in seiner Arbeit eine wichtige Rolle.

Was Peter Dawkins seitdem vor dem Hintergrund seiner ganz speziellen Begabung und Ausbildung erfahren und zu-

* Irene Dalichow: *Naturgeister. Mittler zwischen Erde und Mensch,* Knaur, München 1997.

** Wir kennen die Lehre von den Chakren, den feinstofflichen Energiezentren, aus dem Hinduismus. Peter Dawkins sagt, früher habe die Chakralehre auch zum Geheimwissen unseres Kulturkreises gehört.

sammengetragen hat, nennt er »Zoënce«, das heißt »Wissenschaft des Lebens«.

Das westliche Feng Shui

Peter Dawkins' Buch trägt den Titel *Zoënce – Die Wiederentdeckung der Tempelwissenschaft**. Darin erklärt er in eingängiger und verständlicher Weise die grundlegenden Prinzipien von Zoënce. *Rescue work,* also Rettungsarbeit, die Rettung verlorener Seelen, spielt dabei eine wesentliche Rolle. Allerdings geht er in seinem Buch auf dieses Stichwort nicht ein; denn wie gesagt birgt diese Arbeit, obwohl sie nicht im eigentlichen Sinne schwierig ist, doch Gefahren. Und so hält er selbst Seminare dazu, beziehungsweise er verweist Interessierte an von ihm ausgebildete Seminarleiter (Adressen dazu finden Sie am Ende des Buches). So können Sie direkt an der Quelle alles Wissenswerte und Beachtenswerte erfahren, ohne sich in Gefahr zu begeben.

Tempelwissenschaft? Ist die nicht eher etwas für mittelalterliche Kirchenarchitekten als für uns neonlichtbestrahlte, voll verkabelte spirituelle Normalverbraucher am Beginn des dritten Jahrtausends? Offenbar nicht. Denn unter »Tempel« kann auch der Ort in einem ganz gewöhnlichen Wohnhaus, sogar in einem Einzimmerapartment innerhalb eines Betonwohnblocks verstanden werden, wo Kontakt zu anderen Dimensionen aufgenommen wird. Und als Tempel kann man, wie die Freimaurer, den Tempel des eigenen Inneren deuten, »der durch Arbeit an sich selbst zu schaffen und auszugestalten ist, ebenso aber auch als Sinnbild der Menschheit, für die der Tempel geschaffen werden soll«.**

Diese symbolische Verständnisebene des Begriffs »Tempel« ist zeitlos. Was es in dem Bereich zu erfahren gibt, ist für uns

* Peter Dawkins: *Zoënce – Die Wiederentdeckung der Tempelwissenschaft,* Knaur, München 1996.

** Eugen Lennhoff/Oskar Posner: *Internationales Freimaurerlexikon,* Herbig, München 2000 (1932).

heute genauso spannend und relevant, bedeutungsvoll und hilfreich, wie es das für die Menschen im Mittelalter und davor war, wie es aber auch für die Menschen in der Zukunft sein wird. Nur dass dieses Wissen in unserem Kulturkreis, anders als beispielsweise im Fernen Osten, verloren gegangen ist beziehungsweise nur in wenigen geheimen Zirkeln bewahrt und weitergegeben wurde. Dass es also hier bei uns einer breiten Öffentlichkeit nicht zur Verfügung steht. Wäre das der Fall, gäbe es nicht so viele Kraft abziehende, krank machende Auswüchse unserer Zivilisation.

Peter Dawkins hat zu diesem alten Wissen, zu der alten Weisheit Zugang. Lange Zeit verwendete er für das, was er betrieb, erforschte und vermittelte, den Begriff »Tempelwissenschaft« oder auch »Feng Shui des Westens«. Mit dem Begriff »Zoënce«, der, wie gesagt, »Wissenschaft des Lebens« bedeutet, macht er deutlich, dass sich die Grundsätze der »Tempelwissenschaft« auf alle Lebensbereiche auswirken.

Das Feng Shui hat in den letzten Jahren bei uns viele Menschen begeistert. Sie haben gewisse Prinzipien aus dieser uralten Lehre in ihren Häusern, Wohnungen, Gärten, sogar in ihrem Arbeitsumfeld angewandt.

Feng heißt »Wind«, *Shui* heißt »Wasser«. Feng Shui ist die chinesische Form der Geomantie. Geomantie bedeutet Erdweissagung ebenso wie die Verbindung von landschaftlichen Gegebenheiten mit der Astrologie. Und es bedeutet das Wissen von der Erde als lebendigem Wesen. Wie ein menschlicher Körper, so die Auffassung der Geomanten, ist die Erde von Kraftlinien, von »Nervenbahnen« durchzogen. Und an bestimmten Kraftorten ist die Energie gebündelt. Die Strömungen der Erde lassen sich mithilfe der Radiästhesie aufspüren. Es gibt sichere Hinweise, dass schon den keltischen Druiden eine derartige Technik des Aufspürens bekannt war. Sie fanden Kraftlinien und Kraftorte mit einer Wünschelrute, und an sehr energiereichen Plätzen errichteten sie Heiligtümer. Denn dort vermochten sich die Menschen besonders leicht auf andere Dimensionen einzustellen. Sie konnten dort ohne Mühe ihr Herz öffnen.

Später wurden auf diesen alten Kultplätzen häufig Kirchen gebaut. Das bedeutet, dass auch in vielen alten Kirchen die Kraft von Mutter Erde spürbar ist. Und dass Verstorbene, die dort aufgebahrt werden, leicht in eine andere Dimension hinübergelangen.

Vor hundert Jahren wurde in England entdeckt, dass eine große Anzahl von alten Kirchen und Kultplätzen auf einer geraden Linie liegen. Das wird deutlich, wenn man auf einer Karte nachschaut und die Punkte mit einem Lineal verbindet.

Erfahrene Geomanten können diese so genannten Leylines schon an der Beschaffenheit der Vegetation erkennen. Bestimmte Pflanzen fliehen Erdstrahlen, zum Beispiel Tannen und Fichten. Von Strahlen angezogen werden Brennnesseln, Holunder- und Haselnusssträucher. An Kraftorten findet man sehr häufig Eiben, Weißdorn, Wacholder und die schönsten aller Schmarotzer, die Misteln.

Die Geomantie, wenn man sie so versteht wie hier beschrieben, ist überall auf der Welt bei naturverbundenen Kulturen zu finden. Die Essenz ist die gleiche, wenn auch die Erscheinungsformen variieren.

Die Tradition wurde im Fernen Osten nie wirklich gebrochen. Auch der Kommunismus konnte ihr nicht viel anhaben. So werden bis heute öffentliche und private Gärten, Wohnhäuser, Museen und Bankgebäude nach den Prinzipien des Feng Shui berechnet, errichtet, eingerichtet. Ein wesentlicher Bestandteil der Lehre ist die Auffassung – und hier wird's spannend! –, dass die Wohnstätten in die für Lebende und in die für Verstorbene unterteilt werden.

Der Weg in eine lichtere Welt

Es besteht ein großer Hunger nach Wissen und Weisheit, nach Regeln, an die man sich halten kann, um ein glücklicheres, erfüllteres, entspannteres Leben zu führen. So erklärt sich der unglaubliche Erfolg des Feng Shui in der gesamten westlichen Welt. Allerdings lassen sich viele Details aus dieser

Lehre nicht ohne weiteres auf die Gegebenheiten bei uns hier im Westen übertragen. Das fängt dabei an, dass manche der empfohlenen Zimmer- oder Gartenpflanzen bei uns gar nicht erhältlich sind und gedeihen. Und es hört mit unserer Psyche auf, die ganz anders »gepolt« ist als die der Menschen in China.

So spielt bei ihnen die Ahnenverehrung bis heute eine wichtige Rolle. Die Menschen wachsen damit auf, sie empfinden sie als ganz natürlich und stellen sie nicht in Frage. Wenn also im Feng Shui die Wohnstätten in solche für Lebende und solche für Verstorbene unterteilt werden, so ist für sie daran nichts Ungewöhnliches.

Für uns jedoch schon, besonders dann, wenn wir spürbare Konsequenzen erleben. Das heißt ganz konkret: wenn nach einer »Überarbeitung« eines Gartens, eines Hauses, einer Wohnung das auftaucht, was man schlicht und einfach als »Spukphänomen« bezeichnet. Das erschüttert uns zutiefst, weil es in unser Denksystem nicht hineinpasst.

Wer jedoch damit schon einmal konfrontiert war, weiß: So etwas gibt es in der Tat. Spuk im Haus kann den stärksten Mann umhauen. Wer darunter über einen längeren Zeitraum hinweg leiden muss, überlegt, ob er einen Psychiater braucht oder ob er umziehen muss.

Doch es ist möglich, sich in einem solchen Fall selbst zu helfen, zum Beispiel mit der Einrichtung eines Hausaltars. Wie das geht und warum das so wirksam ist, erfahren Sie in dem separaten Text im Anschluss an dieses Kapitel. Man kann aber auch lernen, wie man einer, mehreren und noch vielen weiteren verlorenen Seelen den Weg in eine bessere, lichtere Welt zeigt. Und wie man zusammen mit einigen Mitstreitern in einer regelmäßigen Arbeit der Menschheit und der Natur einen unschätzbaren Dienst erweist. Die erste und wichtigste Voraussetzung dafür ist, dass man den Halbsatz »... dass nicht sein kann, was nicht sein darf...« für sich umformuliert zu: »Auch das, was konventionellerweise nicht sein darf, kann sein.«

Peter Dawkins berichtet, dass sich für seine *Rescue-work*-Seminare viele Menschen anmelden, die privat und beruflich Feng Shui betreiben und die mit den dabei auftretenden Spukphänomenen nicht zurechtkommen. Ist ein Ort »gereinigt«, so zieht er künftig in vielen Fällen immer mehr dieser Seelen an. Dawkins sagt: »Es ist wie mit Pandoras Büchse oder mit dem Zauberlehrling. Die Leute werden die Geister, die sie – wenn auch unabsichtlich – riefen, nicht mehr los.«

Im Laufe seiner mittlerweile jahrzehntelangen Praxis hat er eine Technik beziehungsweise ein kraftvolles Ritual entwickelt, mit dem die verlorenen Seelen, die dazu bereit sind, über eine Lichtsäule ins Licht eingehen können. Zur Unterstützung und zum Weiterführen dieser Arbeit, die in sehr entfernt liegende Bereiche führt, werden Engel angerufen. Es ist eine anrührende Zeremonie, die auch bei denen, die sie ausführen, tiefe Heilung bewirken kann.

Dawkins orientiert sich dabei an überlieferten Techniken und Ritualen. Er hat sie aber mit Ergänzungen versehen, die seiner eigenen Intuition und Inspiration entstammen. So ist, was er selbst mit einer eingespielten Gruppe regelmäßig praktiziert und was er lehrt, erprobt und wirksam.

Er gibt dabei eine Struktur vor, ebenso Sätze und Formulierungen. Es sind Anleitungen zu einer geführten Meditation und Visualisation, die – Vorbereitung und Nachbereitung eingeschlossen– etwa eine halbe Stunde dauert. Das Ganze soll zügig durchgeführt werden, damit die Konzentrationsfähigkeit der Beteiligten nicht ermüdet.

Seine Empfehlung lautet, dass diese Arbeit regelmäßig in einer Gruppe von mindestens drei Teilnehmern ausgeführt wird, wobei es sich nicht jedes Mal um die gleichen drei Personen zu handeln braucht. Die Treffen sollten einmal im Monat oder alle sechs Wochen stattfinden. Gut eignen sich die Jahreskreisfeste als Fixpunkte, also die Tagundnachtgleichen, die Sonnenwenden und die vier Feste dazwischen.

Man solle für die Rettungsarbeit eine Verpflichtung eingehen, sagt Dawkins. Man solle beispielsweise festlegen: Wir treffen uns als Gruppe für ein Jahr, jeweils zu den Jahreskreisfesten. Anschließend könne man die Verpflichtung um ein weiteres Jahr verlängern, dann um noch ein weiteres und so weiter. Die Regelmäßigkeit sei wichtig.

Wie die Sache genau abläuft, soll hier nicht ausgeführt werden. Aber wenn Sie sich für *rescue work* interessieren, können Sie über die am Ende des Buches aufgeführten Adressen erfahren, wo Sie sich ausbilden und gegebenenfalls zur Einrichtung einer eigenen regelmäßig arbeitenden Gruppe anweisen lassen können. Ein gleichzeitig wirksamer und sicherer Tipp zur Selbsthilfe ist, wie gesagt, das Aufstellen eines Hausaltars, das im Anschluss an dieses Kapitel beschrieben wird.

Peter Dawkins sagt, unser Lebensraum sei im Moment von verlorenen Seelen geradezu überschwemmt, und zwar aus verschiedenen Gründen. Gerade in letzter Zeit seien viele Menschen durch Katastrophen und Kriege im Schock gestorben und hätten deswegen den Übergang nicht geschafft. Und in den ehemals kommunistischen Ländern habe über Jahrzehnte hinweg die Überzeugung geherrscht, dass mit dem körperlichen Tod alles aus sei. Wenn Menschen nach ihrem körperlichen Ableben spürten, dass die Seele auf einer anderen Ebene weiterexistiert, kehre große Verwirrung ein und ein Sichklammern an die materielle Welt.

Für Dawkins stellt die Rettungsarbeit eine ganz wesentliche Aufgabe dar. »Die beste, qualifizierteste, wesentlichste Heilungsarbeit überhaupt«, sagt er. Sein Wunsch wäre, dass im gesamten europäischen Raum *Rescue-work*-Gruppen entstehen, die zuverlässig und regelmäßig diese Heilungsarbeit leisten, zum Wohl des großen Ganzen, aber auch zum Wohl für den Einzelnen. Denn tatsächlich ist es so, dass man selbst, während man diese Meditation, dieses Ritual vollzieht, mit den höchsten Ebenen und mit den Engeln in engen Kontakt tritt. Und dass man auf diese Weise auch für sich selbst auftankt. Dass man sein eigenes Leben bereichert und dass sich dies auf der ganz alltäglichen Ebene positiv auswirkt.

ÜBUNG:
Der Hausaltar

Peter Dawkins' Empfehlung für eine gute, ungestörte Atmosphäre in einem Haus oder einer Wohnung ist das, was man früher einen »Herrgottswinkel« nannte: ein kleiner Altar. Wenn man ihn hegt und pflegt, mit Blumenschmuck, Kerzenlicht, guten Gedanken, Gebeten, Meditationen »auflädt«, kann er, so Dawkins, eine eigene »Lichtsäule« entstehen lassen. Feststeckende oder fehlgeleitete Energien können hier von sich aus den Weg ins Licht finden, egal, ob sie schon länger an diesem Ort vorhanden, erst kürzlich aufgetaucht sind oder ob in dem Haus, in der Familie jemand aktuell verstorben ist und seinen Weg ins Licht noch sucht.

Wenn ein solcher Hausaltar Pflege erhält, kann man es dem übergeordneten großen Ganzen überlassen, dass dieser Kanal wie ein guter Schornstein funktioniert. Eine genaue Analyse, warum sich diese Energien dort befinden et cetera, ist nicht notwendig.

Der Hausaltar oder Herrgottswinkel hat eine lange Tradition. Bis heute gibt es ihn in süddeutschen Bauernhäusern. Bestandteil sind Heiligenbilder, ein Kreuz, häufig ein Bild oder eine kleine Statue der Madonna mit dem Kind, ein Weihwassergefäß, Kerzen, Blumen, Bilder von verstorbenen Familienmitgliedern, manchmal auch ein Kräuterbüschel, das an Mariä Himmelfahrt (15. August) gepflückt und geweiht wurde. In der dunklen Jahreszeit werden davon kleine Teile als Kräutertee zubereitet oder verräuchert. So kann die in den Kräutern eingefangene Heilkraft der Sommersonne wieder aktiviert werden.*

* In dem Kapitel »Auf der Suche nach dem göttlichen Raum« trägt der Innenarchitekt Horst Fritze in seinem Buch *Am richtigen Ort – Der Wohnraum als Spiegel der Seele* (Bastei Lübbe, Bergisch Gladbach 2000) weitere Informationen zum Thema Herrgottswinkel und Hausaltar zusammen.

Besonders in den so genannten Raunächten in der Zeit zwischen Weihnachten und dem 6. Januar, dem Fest der Heiligen Drei Könige, wurde und wird geräuchert. Raunächte heißt eigentlich »Rauchnächte«. Das ganze Haus und die Ställe wurden und werden in diesen dunkelsten Tagen atmosphärisch gereinigt und auf das neue Jahr, auf das neue Licht vorbereitet (siehe dazu auch das 4. Kapitel).
Offenbar haben viele Menschen Sehnsucht nach einer Station zum Erinnern, Zur-Ruhe-Kommen, Beten/Meditieren und Auftanken. Denn in vielen Wohnungen sind auf Fenstersimsen, Kommoden oder Schreibtischen Installationen mit Fotos, Erinnerungsstücken, Symbolen, Kerzen, Blumen zu finden, die fast wie ein Altar wirken. Sie können Stress und deprimierende Gedanken vertreiben helfen. Sie können Freude und Kreativität anregen, einfach dadurch, dass sie Schönheit ausstrahlen und an geliebte Menschen erinnern.

Peter Dawkins begrüßt, dass es so populär ist, seine Wohnung auf diese Weise zu beleben. Doch seiner Erfahrung nach kommt ein Vielfaches an Wirkkraft dazu, wenn man die Installation tatsächlich als Altar bezeichnet und ganz bewusst als Ort des Lichts ansieht. Darüber braucht man nicht zu sprechen. Es reicht aus, wenn man das innerlich tut, einfach nur für sich.

Diese innere Einstellung ist das Ausschlaggebende, ebenso wie das energetische Aufladen. Äußerlich darf es sich ruhig um etwas Einfaches, Zurückhaltendes handeln. Wenn Ihr persönlicher Geschmack zum Einfachen hin tendiert oder wenn Sie aus Rücksichtnahme auf Mitbewohner oder Familienmitglieder in spirituellen Dingen Diskretion üben wollen, so reicht es beispielsweise aus, an einem ruhigen, ungestörten Platz in Ihrem Zuhause ein Bild zu platzieren und davor eine kleine Schale mit Wasser zu stellen, in die eine Kerze getan wird. Um die Kerze herum können Sie frische Blumen legen, die von dem Wasser in der Schale profitieren. Dieses Plätzchen kann, wenn es mit der entsprechenden inneren Einstellung bedacht wird und regelmäßige Zuwendung erhält, ein perfekter Hausaltar sein und eine kraftvolle »Lichtsäule« entwickeln. Und niemand wird sich dadurch missioniert fühlen.

Andererseits kann ein reich bestückter Platz, der von Bildern, Blumen, Kerzen und Symbolen nur so überquillt, in Wirklichkeit kraftlos sein, wenn es an der inneren Einstellung hapert.

Aber natürlich ist auch Üppigkeit erlaubt. Was auch immer Ihnen entspricht und gefällt, ist möglich. Ihrer Inspiration sind keine Grenzen gesetzt.

Peter Dawkins legt nur Wert darauf, dass zum effektiven Fließen der Energie die beiden Elemente Feuer und Wasser vorhanden sind (eine Kerze oder ein Teelicht, die regelmäßig entzündet werden, und eine ansprechende Schale, ein schönes Glas mit Wasser; auch eine Muschel als Symbol für das Element Wasser ist denkbar).

Und er warnt vor Kristallen. Sie sind, so sagt er, Akkumulatoren von allen möglichen Informationen. Sie können für viele Zwecke in konstruktiver Weise eingesetzt werden, aber nur dann, wenn sich jemand ausgezeichnet damit auskennt. Ist das nicht der Fall, können Kristalle auf den subtilen Ebenen großen Schaden anrichten. Man sollte also besser die Finger davon lassen und Kristalle in seinem Wohnumfeld meiden.

Wenn Sie den Eindruck haben, dass sich bei Ihnen Energien befinden, die Sie stören, oder wenn es bei Ihnen sogar spukt, sollten Sie, so Peter Dawkins, etwas unverpackte Schokolade auf Ihren Hausaltar legen. Sie sollten sichergehen, dass niemand – auch kein Kind oder Haustier – versucht ist, diese Schokolade anzurühren. Denn sie ist ausschließlich dazu bestimmt, den störenden »Geist« anzulocken und ihm auf diese Weise die Lichtsäule und damit den Weg ins Licht zu zeigen.

Wenn die Schokolade dort für einige Tage gelegen hat, nehmen Sie sie weg und werfen sie in ein fließendes Gewässer.

EXKURS:
Das keltische Kreuz

Ein weiterer nützlicher Tipp von Peter Dawkins, der auf einer uralten Tradition beruht und der genauso gut in unsere heutige Zeit passt wie in die Tage vor vielen hundert Jahren, ist das keltische Kreuz. Das bedeutet: ein Kreuz, das von einem vollständigen Kreis umgeben ist. Das Kreuz steht für die Verbindung der horizontalen mit der vertikalen Ebene und für männliche Energie. Der Kreis symbolisiert die Jahreszeiten und den Kreis des Lebens, er ist ein weibliches Symbol. Hier haben wir also das Yin-und-Yang-Zeichen unseres Kulturraums. Vielleicht wird es Sie überraschen, wo es bis heute zu finden ist: auf der Oblate für die heilige Kommunion oder das Abendmahl. Die Oblate ist rund, und auf ihr können Sie ein Kreuz erkennen.

Mit dem keltischen Kreuz lässt sich sehr viel machen. Hier nur einige wenige Ideen: Legen Sie auf Ihrem Hausaltar, auf einem runden Tisch, auf dem Fußboden, auf der Terrasse oder im Garten ein keltisches Kreuz, ein Mandala. Mandalas sind aus Indien und von den Indianern bekannt, die dazu »Medizinrad« sagen. Bei vielen Indianerstämmen werden die Himmelsrichtungen anderen Elementen zugeordnet als bei uns. Peter Dawkins schlägt vor, es hier so zu machen, wie es unserer alten Tradition entspricht: Bei uns hat der Osten mit dem Element Wasser zu tun, der Süden mit Luft, der Westen mit Feuer und der Norden mit Erde.

Bestimmen Sie den Mittelpunkt Ihres Mandalas und platzieren Sie dort eine Kerze. Finden Sie heraus, in welcher Richtung sich Norden, Süden, Osten und Westen befinden, wenn nötig mit einem Kompass. Wenn Sie keinen haben, beobachten Sie, wo die Sonne auf- und untergeht. Damit haben Sie Osten und Westen.

Markieren Sie die Himmelsrichtungen mit einem Gegenstand oder Symbol, das jeweils passt, zum Beispiel Osten mit einer Muschel oder einem Seestern oder einem schönen Gefäß mit Wasser, Süden mit einer Feder, einer kleinen Vogel- oder Schmetterlingsstatue (für Element Luft), Westen mit einer weiteren Kerze oder einem goldenen Gegenstand (für Feuer) und Norden mit einem Stein oder einer Münze (für Erde).

Wenn Sie möchten, können Sie auch Südost, Südwest, Nordwest und Nordost markieren, möglicherweise mit jeweils einem Teelicht. Innerhalb dieser Koordinaten können Sie das Mandala ausgestalten, wie Sie möchten. Dies rundet das Ganze dann zum keltischen Kreuz ab.

Es kommt nicht auf die Größe an; vielleicht möchten Sie es ganz klein haben. Oder Sie wollen in Ihrem Garten eins einrichten, das dauerhaft ist, das Sie entsprechend bepflanzen und bei dem Sie nicht Kerzen, sondern Laternen verwenden. Wie gesagt, im Symbol des keltischen Kreuzes steckt sehr viel drin.

Und wozu ist es gedacht? – Nun, es handelt sich um einen Fokus, um einen Kraftpunkt. Mit ihm markieren Sie »die Mitte der Welt« für diesen Moment, für diesen Ort. Es zeitigt eine besonders starke Wirkung, wenn Sie sich das bewusst machen: Hier ist ein Zentrum. Hier ist meine Konzentration gebündelt.

Aber es kann auch wirken, ohne dass die Menschen ausdrücklich über die Bedeutung informiert werden. Ein kleines Mandala in einer Wohnung oder in einem Büro sorgt für eine klare Atmosphäre. Ein Mandala, an einer wesentlichen Stelle in einem Garten eingerichtet, wird das Wachsen, Blühen und Gedeihen des gesamten Areals positiv beeinflussen. (Ein Radiästhesist kann beim Herausfinden einer solchen Stelle behilflich sein.)

Das keltische Kreuz übt seine segensreiche Wirkung, besonders seine Schutzfunktion, nicht nur in materieller, sondern auch in geistiger, spiritueller Weise aus. Das heißt, Sie können in Ihrer Vorstellung einen anderen Menschen, Ihr Auto, Ihre Wohnung, Ihren Wohnort, ein Gerichts- oder Regierungsgebäude, die gesamte Hauptstadt… mit einem keltischen Kreuz aus Licht umgeben. Genauso können Sie Ihre eigenen Chakren mit einem solchen vorgestellten Lichtkreuz »versiegeln«, wenn Sie sich beispielsweise nach dem Gebet oder nach der Meditation offen und verletzlich fühlen. Sie können ein inneres Organ, eine Körperstelle, die Ihnen Sorgen oder Schmerzen bereitet, auf diese Weise schützen und mit Lichtenergie versorgen. Und natürlich ist es möglich, sich das Grab eines geliebten Menschen vorzustellen (oder auf einem Foto zu betrachten), und es mit einem keltischen Kreuz aus Licht zu versehen. Oder der Seele des Verstorbenen ein solches Symbol zu schicken. Peter Dawkins sagt, es gebe nichts, was sich nicht mit dem Lichtkreuz schützen und erhellen lässt.

---

12. Kapitel

Schamanismus – Freunde aus der Anderswelt

Sicher erinnern Sie sich an »Frau Holle«, das Märchen aus der Sammlung der Brüder Grimm, in dem die von ihrer Stiefmutter benachteiligte Tochter eine Wandlung zur Goldmarie erfährt, während sich die berechnende Stiefschwester mit der Rolle der Pechmarie abfinden muss. Das Märchen ist ein Lehrstück des Schamanismus. Dabei kommt es weder von Indianern noch irgendeinem anderen Naturvolk eines fremden Erdteils. Es stammt aus unserem Kulturraum. Aus alter Zeit wurde es überliefert, und es zeigt, dass unsere Vorfahren genauso im schamanischen Weltbild daheim waren wie alle anderen naturnah lebenden Menschen auf diesem Planeten.

Unsere Vorfahren waren darin zu Hause, auch wenn uns das heute vielleicht gar nicht bewusst ist. Und wir selbst sind noch mit den Vorfahren verbunden, selbst wenn das in unserer zivilisierten und übertechnisierten Alltagswelt keine Rolle mehr zu spielen scheint. In der Realität der Träume besitzen die Lebensumstände unserer Altvorderen nach wie vor eine hohe Bedeutung. Nie werde ich vergessen, wie mir ein Bekannter – ein Spitzenjurist, der immer in einer Großstadt lebte – einen Traum erzählte, in dem er sich selbst in einer Zeit vor vielen Jahrhunderten erlebt hatte, und zwar als Hirte. Er sagte zu mir: »Ich wusste überhaupt nicht, wie schwierig es ist, die Tiere zusammenzuhalten.« Der Traum zeigte ihm auf eindrucksvolle Weise, dass er trotz seiner modernen Lebensart eine tiefe Verbindung zur Natur, zu den Tieren, zu den Menschen früherer Zeiten, zu ganz existenziellen Problemen hat. Er war regel-

Waldkauz (Syrnium aluco). Die Eule galt in vielen Kulturen als Vogel des Todes und als besonders vertrauenswürdige Begleiterin in die Welten, in die wir nach dem Sterben eingehen. Der Begriff »Tod« muss in diesem Zusammenhang allerdings nicht den körperlichen Tod bedeuten, sondern er kann generell für »Ende und Neuanfang« stehen.

recht erschüttert davon, dass diese eigentlich so ferne Situation ihm doch so nahe ging.

Ganz ähnlich ein junger deutscher Arzt während eines Schamanismusseminars. Er äußerte, er habe keine Ahnung gehabt, wie einfach es sei, schamanische »Reisen« zu unternehmen. Er sei bass erstaunt, dass im Grunde alle siebenundzwanzig Teilnehmer an diesem Einführungsseminar in schamanische

Techniken der Anleitung folgen konnten. Die Anleitung hatte geheißen, in die »obere Welt« zu gehen, sich dort umzuschauen und von einem Weisen, einem ganz persönlichen spirituellen Lehrer die nicht alltägliche Wirklichkeit zeigen zu lassen.

Er selbst habe sich dort ganz und gar willkommen gefühlt. Er habe die wunderbare Erfahrung gemacht, in einem See zu baden, dessen Farbe sich ständig änderte. Und ja, er sei einem Weisen begegnet, der einige wichtige Botschaften für ihn gehabt habe.

Der Arzt ist ein für spirituelle Themen aufgeschlossener Mann, und er hatte zu diesem Zeitpunkt schon Erfahrungen mit ungewöhnlichen therapeutischen Techniken wie zum Beispiel Rebirthing und Holotropem Atmen. Doch auf diese Art – in entspannter Körperhaltung, mit geschlossenen Augen, von Trommelrhythmen begleitet – in andere Welten zu wandern, das war neu für ihn.

Der schamanische Lebensbaum

Der Reisebericht einer Tanztherapeutin fiel ganz anders aus. Sie sprach von verschiedenen Ebenen, von Fluren mit vielen Türen, von Blüten, die sich öffneten und in andere Blüten übergingen. Sie erhielt vom Seminarleiter die Empfehlung, während späterer Reisen, die sie auf eigene Faust unternimmt, die Ebenen zu erforschen und nach und nach herauszufinden, was hinter den Türen verborgen ist, die sie in ihrer oberen Welt vorgefunden hat.

Ein anderer Teilnehmer hatte in der oberen Welt einen Landsknecht als seinen spirituellen Lehrer angetroffen. Mit dieser Figur war er nicht zufrieden. Seine Empfindungen waren zwiespältig. Hier lautete der Kommentar des Workshopleiters, es könne sein, dass dieser Landsknecht nur eine Art Verkleidung sei und dass sich darunter bei näherem Kennenlernen jemand verberge: ein spiritueller Ratgeber, mit dem der Betreffende dann sehr viel anfangen kann. Er solle geduldig und beharrlich immer wieder in die obere Welt reisen, seinen Ratgeber rufen und ihn bitten, sich in seiner wahren Gestalt zu zeigen.

Eine Frau erzählte, sie habe vor ihrem inneren Auge kaum etwas wahrnehmen können. Dafür habe sie aber starke körperliche Empfindungen gehabt. So habe sie eine Hand auf ihrer Schulter gefühlt – als wolle ihr spiritueller Lehrer oder ihre spirituelle Lehrerin ihr dadurch Kraft geben. Sie sagte, sie sei kurz davor gewesen, ihre Augen zu öffnen, um nachzusehen, wer ihr die Hand auf die Schulter lege. Sie habe erst nach und nach verstanden, dass es keine materielle Hand gewesen sei.

Hierauf bemerkte der Seminarleiter, dass unsere Kultur übermäßigen Wert auf das Sehen legt. In anderen Zeiten und Kulturen würde den übrigen Sinnen – Fühlen, Hören, Riechen, Schmecken – die gleiche Bedeutung beigemessen. Nicht jeder erlebe schamanische Reisen als »inneres Kino«. Bei manchen spielten einer oder mehrere der anderen Sinne eine noch wichtigere Rolle als das Sehen; zum Beispiel bei dieser Teilnehmerin das Fühlen, das Empfinden über den ganzen Körper.

Eine weitere Wahrnehmungsebene sei das »Wissen«, das heißt, dass die fünf Sinne nur eine untergeordnete oder gar keine Rolle spielen, sondern dass stattdessen die betreffende Person bei der Reise einfach bestimmte Dinge ganz sicher weiß.

Begriffe wie »Visualisieren« oder »Imaginieren« legten ebenfalls nahe, dass die Wahrnehmung über die inneren Augen laufen müsse. So könnten diese Begriffe in die Irre führen.

Im Übrigen werde im Schamanismus, anders als in der Psychologie oder Psychotherapie, *nicht* angenommen, dass man während der Reisen visualisiert, sich etwas vorstellt oder in die eigenen inneren Welten geht. Sondern hier würden die nicht alltägliche Wirklichkeit und die dort anzutreffenden Wesen als ganz real angesehen – als ebenso real wie die Alltagswirklichkeit, gleichwohl nicht als materiell.

Die drei wichtigsten Ebenen bezeichnet man als »schamanischen Lebensbaum«. Da gibt es die obere Welt. Sie macht die

Krone des Baumes aus. Die mittlere Welt gilt als der Stamm. Die Wurzeln sind die untere Welt, die sich genauso weit in die Erde hinein ausbreiten, wie sich die Krone in den Himmel erstreckt.

Wie es in der oberen Welt aussehen kann, das wissen wir alle durch Deckengemälde in Kirchen. Es ist die himmlische Ebene. Aus schamanischer Sicht leben hier nicht nur Heilige, Engel, religiöse Führungspersönlichkeiten. Sondern es ist auch die Welt der Verstorbenen, der Ahnen. Dabei muss man sich aber die Ahnen nicht durchweg als Alte vorstellen. Auch wer beispielsweise ein Kind verloren hat, darf es als Vorfahren ansehen. Denn auf der geistigen Ebene der oberen Welt, wo es uns begegnen kann, ist es verbunden mit der zeitlosen Weisheit des Universums, so wie alle Menschen, die vor uns auf diesem Planeten gelebt haben.

Jedes dieser Wesen kann die Rolle eines persönlichen spirituellen Lehrers – männlich oder weiblich – übernehmen. Und auch mythologische Wesen in menschlicher Gestalt, Götter und Göttinnen beispielsweise. Allerdings keine Fabelwesen halb menschlicher und halb tierischer Art. Wenn sich ein solches Wesen als spiritueller Ratgeber zeigt, sollte man es bitten, sich entweder in eine Gestalt in einem rein menschlichen Körper zu verwandeln oder jemand anderen zu schicken.

Unbedingt wichtig ist auch, dass der spirituelle Ratgeber oder die spirituelle Ratgeberin nicht mehr unter den Lebenden weilt. Dass er wirklich ein rein geistiges Wesen ist, erlöst von allen weltlichen Bedürfnissen und Einengungen.

Die untere Welt, Heimat der Krafttiere

In der unteren Welt, die auch die »Anderswelt« genannt wird, sind die Naturgeister, die Pflanzengeister und die geistigen Helfertiere, die Krafttiere, zu Hause. Es ist die weibliche Ebene von Mutter Erde und Mutter Natur. Sie birgt genauso tiefe und bedeutsame Weisheit wie die Ebene des Himmels, allerdings ist sie etwas anders gelagert.

Die obere Welt betrifft eher den intellektuellen, mentalen und spirituellen Bereich. Die untere Welt hat mehr mit dem Körperlichen, dem Materiellen und auch dem Gefühlsmäßigen zu tun.

Wer über längere Zeit regelmäßig schamanische Reisen unternimmt, wird die Erfahrung machen, dass obere und untere Welt nicht durch Grenzpfähle voneinander getrennt sind, sondern dass die Grenzen fließen und sich manchmal auflösen. Der schamanische Lebensbaum unserer mittel- und nordeuropäischen Vorfahren, die Weltenesche Yggdrasil, soll Wurzeln gehabt haben, die sich mit ihren höchsten und weitesten Zweigen wieder verbinden. Besser kann man diesen Umstand gar nicht bildlich ausdrücken: Achtung, fließende Grenzen!

Die mittlere Welt hat mit unserer menschlichen Welt zu tun, die ja im Idealfall zwischen Himmel und Erde vermitteln soll. Doch sie ist nicht unser konkreter Lebensraum, sondern die geistige Version davon. Wenn Sie also nachts von einer Situation im Alltagsleben träumen, dann befinden Sie sich in der mittleren Welt. Oder wenn Sie eine schamanische Reise unternehmen, um herauszufinden, wo sich ein verloren gegangener Gegenstand befindet oder ein verschollener Freund sich aufhält – dann gehen Sie in die mittlere Welt.

In früheren Zeiten gab es schamanisch Tätige, die auf diese Art von Reisen spezialisiert waren. Sie zogen von Tür zu Tür und boten gegen Bezahlung ihre Dienste an. In den Haushalten war bekannt, um welche Zeit des Jahres sie zu erwarten waren, und sie hielten eine ganze Liste mit Aufgaben für sie bereit.

Der schamanische Lebensbaum und die Sichtweise von oberer, unterer und mittlerer Welt war und ist bei Naturvölkern überall auf dem Globus gültig. Wie gesagt, auch bei uns hier in Europa galt sie. Diese Sichtweise gehört zu den Grundgedanken des so genannten Kernschamanismus. Der amerikanische Anthropologe Michael Harner hat jahrzehntelang in verschiedenen Teilen der Welt geforscht. Er hat die Grundprinzipien des Schamanismus herausgefunden und im Kernschamanismus zusammengefasst. Dazu gehört der Gebrauch von Trommeln oder von monotonen Perkussionsklängen zum Erreichen außergewöhnlicher Bewusstseinszustände. Es gehören dazu das »Herausziehen« von Krankheiten und viele weitere Techniken.

Das wesentliche Merkmal eines Schamanen oder eines *shamanic practitioner*, also einer Person, die Schamanismus praktiziert, ist laut Michael Harner, dass sie in andere Welten reist; dass sie dort direkt von den Geistern lernt und von ihnen Hilfe bekommt. Harner spricht ganz selbstverständlich von »den Geistern« (in Englisch *spirits*, nicht etwa *ghosts*). Für ihn stellen sie eine Realität dar. Er sagt: »Wir verwenden im Schamanismus keine psychologischen Fachausdrücke, weil sie über zehntausende von Jahren hinweg nicht notwendig waren. Also weswegen sollten wir sie jetzt einführen? Wir machen Schamanismus, nicht Psychologie. Ich habe mit Psychologie kein Problem, aber das ist ein anderes System. Es gibt kein besseres Wort als ›Geister‹.«

Harner gründete die Foundation for Shamanic Studies (FSS, Stiftung für schamanische Studien). Sie ist rund um die Welt vertreten. Die Lehrbeauftragten, die alle von Harner selbst ausgebildet wurden, vermitteln den Kernschamanismus. Das Basisseminar mit einer Reise in die obere Welt, einer Reise in die untere Welt und einfachen Heilritualen ist standardisiert. Das heißt, es läuft überall auf der Welt gleich ab. Sein Besuch ist die Voraussetzung für alle weiterführenden Seminare. Die Teilnehmer werden in den USA registriert und können dann, wo auch immer sie die Gelegenheit ergreifen möchten, auf ihrem Grundwissen aufbauen. Auch die weiterführenden Seminare, darunter das mit dem Titel »Tod und Sterben in schamanischer Sicht«, haben auf der ganzen Welt die gleichen Inhalte.

Für Michael Harner ist Schamanismus eine Heilpraxis – keine Theorie, auch keine Religion. In diesem Sinne verstanden, lässt sich der Schamanismus vor jedem religiösen Hintergrund ausüben, auch dem Christentum. Harner und seine Lehrbeauftragten begrüßen es sogar, wenn Menschen in ihrer eigenen Religion oder spirituellen Tradition verwurzelt sind. Durch den Schamanismus lernen sie dann den sorgsamen

Umgang mit der Natur, was eine wunderbare Vervollständigung bedeutet.

»Die Geister schlafen«

Körperliche oder seelische Krankheit wird im Kernschamanismus als Verlust der Harmonie mit dem Universum verstanden. In diesem Sinne hat heute fast jeder Heilung nötig. Heilung bedeutet, dass der Betreffende in die Harmonie mit dem Universum zurückgebracht wird oder dass er das für sich selbst tut. Einfache, wirkungsvolle und sichere Methoden werden im Grundseminar und dann in den weiterführenden Seminaren vermittelt.

Michael Harner hat bei den Indianerstämmen, bei den Sami, also den Ureinwohnern Lapplands, und bei anderen Naturvölkern, die brutal missioniert wurden und ihre Schamanen verloren haben, junge Menschen in Kernschamanismus unterrichtet. Er sagt, so schlimm es sei, dass das alte Wissen fast völlig ausgelöscht wurde – es lasse sich wieder erwecken: »Die Geister schlafen. Niemand hat sie beachtet. Wenn Sie wieder anfangen sie zu beachten, erwachen die Geister zu neuem Leben. Das gilt für die gesamte Welt. Wenn jemandem einmal das Tor zu den Geistern gezeigt wurde, kann das ganze alte Wissen zurückkommen. Menschen, die lernen, dorthin zu reisen, können die alten Rituale zurückholen.«

So ist es Harners enger Mitarbeiterin Sandra Ingerman ergangen. Während einiger Seminare, die sie hielt und bei denen sie von Teilnehmern um Hilfe gebeten wurde, entdeckte sie die uralte Praktik der »Seelenrückholung« wieder. Sie hat darüber ein Buch geschrieben*, sie hält dazu spezielle Workshops, und sie hat auch hier in Europa Menschen ausgebildet, die Seelenrückholung in Einzelarbeit machen und die darüber Seminare halten.

* Sandra Ingerman: *Auf der Suche nach der verlorenen Seele,* Ariston, Kreuzlingen1998.

Zu diesen Personen gehört Paul Uccusic, der vor vielen Jahren Michael Harner nach Wien einlud und sich von ihm zusammen mit einigen anderen in Kernschamanismus ausbilden ließ. Uccusic leitet mit seiner Frau Roswitha die Dependance der Foundation for Shamanic Studies in Österreich und Deutschland. Er arbeitet hauptberuflich für einen großen Wiener Medienbetrieb und steht kurz vor seiner Pensionierung. Die Schweizer Dependance hat der Psychologe und Psychotherapeut Dr. Carlo Zumstein unter sich, der sich privat schon seit dreißig Jahren mit dem Schamanismus beschäftigt. Beruflich setzt er ihn erst seit ein paar Jahren ein.

Bei Zumstein besuchte ich das Basisseminar, bei dem sich für mehr oder minder alle Teilnehmer neue Dimensionen eröffneten. Denn zwar wurde an diesem Wochenende intensiv, konzentriert und zügig gearbeitet. Es gab keine Trödelei. Dennoch stellten diese knapp achtundvierzig Stunden von Freitagnachmittag bis Sonntagmittag eine Einweihung dar, eine Initiation. So drückte sich Carlo Zumstein aus. Für fast alle war dies die erste gezielte und strukturierte Reise in die obere Welt, um dort den persönlichen spirituellen Lehrer zu treffen. Und in die untere Welt, um dort seinem Krafttier zu begegnen.

Die Reisen, so die Empfehlung der Seminarleiter von der FSS, sollen regelmäßig etwa ein- bis zweimal pro Woche allein zu Hause wiederholt werden und sich zu einer Gewohnheit, zu einem Ritual entwickeln. Vor allem sollen sie zunächst dazu dienen, mit dem Krafttier und dem spirituellen Ratgeber vertraut zu werden. Während dieser späteren Reisen tauchen dann häufig noch weitere geistige Helfer aus der oberen und unteren Welt auf, darunter solche, die sich als »Ahnen« zu erkennen geben. Ahnen aus der tatsächlichen Herkunftsfamilie, aber auch aus dem Bereich der Wahlverwandtschaften im weitesten Sinne.

Die allerersten Begegnungen jedoch während des Basisseminars mit »dem« Krafttier und »dem« spirituellen Lehrer sind für immer gültig. Sie bleiben, wenn nicht ein Leben lang, so doch für viele Jahre. Sie sind zuverlässige Ansprechpartner,

Freunde aus der Anderswelt, Gefährten fürs Leben sozusagen. Wobei das Krafttier* sich meist besonders gut in allem auskennt, was Heilung anbetrifft, und der spirituelle Ratgeber in den Bereichen Wissen und Weisheit ist.

Carlo Zumstein sagte: »Häufig höre ich, dass Menschen nach der Teilnahme an einem solchen Basisseminar oder nach einer Einzelberatung sagen: ›Wie schön! Jetzt bin ich nicht mehr allein!‹ Die Begegnung mit ihrem Krafttier und ihrem Weisen stellt für viele eine Art Nachhausekommen dar.«

Er betonte, dass der Kontakt zu den »Freunden aus der Anderswelt« gepflegt werden müsse. Und dass es wichtig sei, nicht nur Hilfe zu erwarten, sondern auch etwas zurückzugeben; entweder drüben in der anderen Dimension oder hier im realen Leben. Doch warteten die Helfer in der oberen und unteren Welt darauf, dass wir mit ihnen Kontakt aufnehmen. Und sie seien froh, wenn sie uns unterstützen und durch uns hier auf der materiellen Ebene etwas Konstruktives bewirken könnten. Dazu bräuchten sie uns in unserer Körperlichkeit.

Bei den Seminaren wird immer wieder betont, wie wichtig es ist, die Inhalte der Reisen hier in unserem Alltagsleben zu verankern: sie aufzuschreiben, jemandem zu erzählen, aufzumalen oder zu zeichnen, die Bewegungen des Krafttieres in einen Tanz umzusetzen und so weiter. Trotzdem aber sei es wichtig, die Ebenen zu unterscheiden, die Alltagsrealität nicht mit der nicht alltäglichen Wirklichkeit zu vermischen.

Tod und Sterben in schamanischer Sicht

Nachdem ich Michael Harner in Esalen und Sandra Ingerman während eines ihrer Europaaufenthalte in den Schweizer Alpen interviewt hatte, nachdem ich mit dem amerikanischen Spezialisten für keltischen Schamanismus, Tom Cowan, ge-

* Darum geht es in meinem letzten Buch, das thematisch direkt mit diesem verbunden ist: *Krafttiere – Boten der Göttin,* Goldmann, München, 2. Aufl., 2000.

sprochen und bei Carlo Zumstein das Basisseminar besucht hatte, nahm ich bei Roswitha und Paul Uccusic in Österreich an dem Fortgeschrittenenseminar »Tod und Sterben in schamanischer Sicht« teil. Denn im Hinblick auf dieses Buch wollte ich noch einige grundlegende Erfahrungen sammeln und ein paar wesentliche Informationen einholen.

Eine Erfahrung, die ich zwar schon wiederholte Male gemacht hatte, die jetzt aber noch unterstrichen wurde, war die, dass in meiner persönlichen nicht alltäglichen Wirklichkeit Engel und weitere im Christentum beheimatete Wesen zugegen sind. Und dass sie sich dort mit nichts und niemandem stören. Die Wochenendveranstaltung fand im Stift Schlägl statt, einem alten Waldkloster nahe Linz. Die Mönche dort sind sehr weltoffen und gegenwartsnah. (Sonst würden sie wohl kaum ihre Räumlichkeiten für Menschen zur Verfügung stellen, die sich in Schamanismus weiterbilden möchten!) Gemälde von Engeln und Heiligen, Kreuze, Statuen der Madonna sind überall präsent, und ich erlebte es so, dass sie meine individuellen Prozesse noch unterstützten.

Paul Uccusic sagte, jeder habe seine eigene nicht alltägliche Wirklichkeit. Und ich erinnerte mich an mein Gespräch mit Michael Harner, in dem er betonte, es sei gut, wenn der, der Schamanismus praktiziert, um seine eigenen religiösen oder spirituellen Wurzeln weiß. Bei mir und meiner nicht alltäglichen Wirklichkeit ist da offenbar alles in Balance.

Es existiert im Schamanismus keine einheitliche Lehrmeinung zur Reinkarnation. Der Schamanismus ist erfahrungsorientiert, das heißt, man könnte sagen: Es trifft zu, was die entsprechende Person bei ihren Reisen erlebt und was ihre geistigen Helfer und Lehrer ihr zeigen.

Auf alle Fälle wird aber davon ausgegangen, dass die Seele eines Menschen nach dem körperlichen Tod weiterlebt. Und dass sie, wenn man sie in der nicht alltäglichen Wirklichkeit aufsucht, etwa so aussieht wie der Mensch selbst, als er noch lebte.

Wie findet man aber heraus, wo sich ein Verstorbener aufhält und ob es ihm gut geht? Nun, das erfährt man, indem man eine Reise unternimmt und sich von seinem persönlichen Krafttier und/oder spirituellen Lehrer an den Platz und zur Seele des Betreffenden führen lässt. Dieser Platz kann sich zum Beispiel in einer Landschaft befinden. Wenn es sich um ein Kind handelt, das nicht mehr unter uns weilt, könnte es sein, dass man es auf einer Wiese mit anderen Kindern spielend wahrnimmt. Manche Ahnen befinden sich in einem Umfeld, das an naturverehrende Gesellschaften erinnert oder an alte Hochkulturen. Die Möglichkeiten sind unbegrenzt.

Es ist jedoch auch möglich, dass die eigenen Hilfsgeister einen Verstorbenen an einem Ort aufspüren, bei dem man kein gutes Gefühl hat. Dass diese Seele also offenbar ihren Weg an einen angemessenen Platz in der nicht alltäglichen Wirklichkeit noch nicht fand. In einem solchen Fall ist sie sehr wahrscheinlich in der mittleren Welt »hängen geblieben«. Sie hat also noch mit unserer Alltagswelt Verbindung und stört vielleicht sogar.

Mit schamanischen Methoden kann man dann, unterstützt durch die eigenen Geister, der Seele das Angebot machen, an einen guten Platz zu gehen. Ideale Helfer können dabei andere Verstorbene sein, die ihren Übergang schon längst glücklich vollzogen haben. Sie kommen entweder von sich aus, man kann aber auch versuchen, sie herbeizurufen. Bedenken, dass man vielleicht jemanden in seiner Ruhe stört, sind nicht notwendig.

Paul Uccusic sagte, es sei nicht möglich, jemanden zu zwingen. Wer komme, tue das entweder ungerufen oder gerufen, auf jeden Fall aber freiwillig. Und es verhalte sich mit den Ahnengeistern genau wie mit den spirituellen Lehrern und den Krafttieren: Sie seien froh, wenn sie um Unterstützung gebeten werden und auf diese Weise in unserer materiellen Welt etwas bewirken können.

In der materiellen Welt etwas bewirken – das kann beispielsweise bedeuten, dass sie eine Wohnung, ein Haus, einen Ort in freier Natur von einem Spuk oder einer »unguten Energie« befreien helfen. Und dass sie uns dadurch wieder ein ungestörtes, gesundes Wachsen ermöglichen.

Genau wie Peter Dawkins unterstreicht Paul Uccusic, wie wichtig es ist, dass »verlorene Seelen« liebevoll in die nicht alltägliche Wirklichkeit geleitet werden, damit sie dort ihren Weg weitergehen können. Und damit wir hier in unserer materiellen Realität ebenfalls unsere Aufgaben erfüllen können, ohne von ihnen behindert zu werden.

Blumen für einen Ort des Schreckens

Eine Workshop-Teilnehmerin berichtete von einem schrecklichen Mord, der vor Jahren an ihrem Wohnort geschehen war und der ihrem Eindruck nach die Atmosphäre dort noch immer belastete. In einem eindrucksvollen gemeinsamen Ritual, an dem die gesamte, mehr als vierzig Personen umfassende Gruppe teilnahm, gelang es, Kontakt zu der schockierten und »stecken gebliebenen« Seele der Ermordeten aufzunehmen. Und es gelang, ihr den Weg in eine bessere Welt zu zeigen.

Immer sind bei Unternehmungen dieser Art traditionelle schamanische Musikinstrumente – Rasseln, Trommeln, Klangschalen – von wesentlicher Bedeutung.

In der Nachbesprechung ergänzte Roswitha Uccusic, wie heilsam es für einen Ort ist, an dem etwas Schreckliches geschah, wenn man dort Blumen niederlegt oder Kerzen anzündet. Das helfe, die Atmosphäre wieder in Ordnung zu bringen und die Seele zu erlösen.

Auch die Auseinandersetzung mit dem eigenen Sterben und dem eigenen körperlichen Tod spielte in dem Seminar eine Rolle. Es gab Übungen, die sich tatsächlich nur für Fortgeschrittene eignen, zum Beispiel die, eine Reise zu unternehmen, während derer man seine eigene Zerstückelung erlebt; und dann, wie man sich neu wieder zusammensetzt beziehungsweise zusammengesetzt wird – eine schamanische Erfahrung, die immer wieder spontan auftritt, manchmal im Traum. Sie ist weniger erschreckend, als man vermuten möchte.

Eine andere Reise aber eignet sich auch für Menschen, die

mit dem Schamanismus noch keine oder nur geringe Erfahrung haben. Man braucht sie nicht als »Reise« zu unternehmen, sondern man kann die Sache auch als Meditation oder Kontemplation angehen.

Von wesentlicher Bedeutung ist dabei die Frage, der auf den Grund gegangen werden soll: Was wäre zu tun, wenn dies der letzte Tag meines Lebens wäre? Was müsste ich noch organisieren und erledigen, mit wem müsste ich noch einmal sprechen?

Häufig fällt es Menschen deswegen schwer, sich von dieser materiellen Ebene zu verabschieden, weil sie ganz tief in ihrem Inneren das Gefühl haben, es gibt noch Dinge zu sagen oder in Ordnung zu bringen. Es ist aber sehr vorteilhaft und empfehlenswert, wenn man seine Angelegenheiten soweit geregelt hat, dass man jederzeit gehen kann; seien es materielle Dinge (Versicherungen, Erbschaftsfragen und dergleichen) oder nicht materielle (Ausdruck von Dank und Wertschätzung, um Verzeihung zu bitten und Ähnliches). Darauf zielt diese Übung.

Die Reise oder Meditation mit der Fragestellung »Was wäre noch zu tun, wenn dies der letzte Tag meines Lebens wäre?« sollte in gewissen Abständen wiederholt werden. Denn die Umstände verändern sich ja. Heute ist vielleicht etwas relevant, was vor einem halben Jahr noch nicht bedeutsam war.

Schamanische Erfahrungen bestätigen, dass die Seele eine gewisse Zeit benötigt, um sich vom Körper zu lösen. Und dass daher Rituale wie die Totenwache sehr viel Sinn ergeben; sogar die Praktik, mit aufgebahrten Toten zu sprechen oder ihnen spirituelle Texte vorzulesen, so wie das in Tibet mit Texten aus dem *Tibetischen Totenbuch* getan wurde und wird.

Organspenden und Organtransplantationen sind aus schamanischer Sicht deswegen eine problematische Sache. Was, wenn ein Organ entnommen wird – und die Seele hat sich noch nicht völlig vom Körper getrennt? Das könnte sowohl für den Organspender als auch für den, der dieses Organ in sich einpflanzen lässt, ungute Konsequenzen haben. Man sollte sich sehr gut überlegen, wie man sich entscheidet: ob man ein fremdes Organ akzeptieren möchte, ob man seine eigenen Organe zu spenden bereit ist und ob man die eines geliebten Menschen, der plötzlich verstirbt, zur Transplantation freigeben mag.

Allerdings: Wenn jemand sich mit diesen Fragen wirklich gründlich und in aller Tiefe auseinander gesetzt hat und zu dem Schluss gekommen ist: »Ja, ich möchte meine Organe spenden«, dann wird er sehr wahrscheinlich geschützt sein und mit dieser Entscheidung gut fahren.

Im Übrigen kann jemand, der Schamanismus praktiziert, mit den erlernten Techniken einem Verstorbenen helfen, bei dem mit einer Organentnahme etwas schief gelaufen ist. Oder ein Familienmitglied kann einen schamanischen Berater aufsuchen, der das erledigt.

Welche Art der Trauerfeier, der Bestattung, des Grabsteins oder -kreuzes gewählt wird oder ob sogar eine anonyme Beerdigung stattfindet – das spielt aus schamanischer Sicht keine Rolle. Wichtig ist nur, dass der Verstorbene selbst respektiert wird, dass seine Wünsche respektiert werden und dass ihm das Ganze möglichst entspricht.

Im Schamanismus – jedenfalls im »Kernschamanismus«, wie er von der Foundation for Shamanic Studies vertreten wird – kann man also eine Öffnung für eine unendliche Fülle von Möglichkeiten jenseits der Konvention erfahren. Wobei aber konventionelle Lösungen oder Elemente davon durchaus nicht ausgeschlossen sind. Egal, ob es um eng gefasste Themen wie Bestattungsarten oder Organtransplantationen geht oder um übergreifende Fragen wie die Kombination von Christentum und Naturverehrung: Mithilfe schamanischer Techniken und mit der Unterstützung der eigenen »Geister« ist es nicht schwer, auf diese Fragen Antworten zu erhalten, die ganz individuell zu einem selbst und zu den eigenen Lebensumständen passen. Wenn man die Antworten gefunden hat beziehungsweise immer neu findet und sie dann auch in die materielle Realität überträgt, kann man lernen, für sein Leben hundertprozentig Verantwortung zu übernehmen – ein wesentliches Ziel der meisten fundierten spirituellen Traditionen.

Gleichzeitig zu dieser Selbstverantwortlichkeit befindet man sich aber nicht in Isolation, sondern man ist ständig mit allem und allen verbunden. Man erfährt eine *re-ligio*, das bedeutet »Wieder-Verbindung« mit dem großen Ganzen, die uns heute genauso im Blut liegt wie den Bewohnern dieses Planeten überall und zu allen Zeiten.

Kein Wunder also, dass viele Menschen im Zuge ihrer Beschäftigung mit dem Schamanismus das Gefühl haben, endlich nach Hause zurückzukehren.

Unser Zuhause hat viele faszinierende Dimensionen zwischen Himmel und Erde. Die tiefsten Wurzeln berühren die höchsten und am weitesten entfernten Zweige an unserem Lebensbaum. Die Verstorbenen gehören zu diesem Zuhause dazu. Es wird uns selbst und dem großen Ganzen gut tun, wenn wir uns für diese Tatsache wieder öffnen und wenn wir ihnen, genau wie dem Thema Tod und Sterben, wieder einen angemessenen Platz einräumen.

EXKURS:
»Frau Holle« – ein schamanisches Märchen

(Hier ist eine zusammengefasste Version des Grimm'schen Märchens »Frau Holle«. Auf jeden Absatz folgt eine Erklärung, was die Bildersprache des Märchens ausdrücken möchte. Dieser Text entstand in Zusammenarbeit mit Dr. Carlo Zumstein.

Vielleicht werden Sie erstaunt sein, zu erfahren, welch ein kraftvolles schamanisches Lehrstück in Ihrem Bücherregal geschlummert hat, bisher unerkannt…)

Das Mädchen fühlte sich alles andere als glücklich. Stiefmutter und Stiefschwester behandelten sie schlecht. Sie wiesen sie zurück und nutzten sie aus. Eines Tages fiel ihr eine Spindel, auf der ihr gesponnenes Garn aufgewickelt war, in den Brunnen. Sie weinte und lief zur Stiefmutter, doch diese sagte ihr nur: »Hast du die Spule hinunterfallen lassen, so hol sie auch wieder herauf!« Da sprang sie hinter dem verlorenen Gegenstand her und verlor das Bewusstsein. Als sie wieder zu sich kam, fand sie sich zu ihrem eigenen größten Erstaunen nicht auf dem Grund des Brunnens wieder, sondern auf einer schönen Wiese.

In allen schamanischen Traditionen wird überliefert, dass im diesseitigen Leben benachteiligte Menschen besonders leichten Zugang zur nicht alltäglichen Wirklichkeit haben. Der Brunnen ist der symbolische Zugang dazu. Nachdem sie ihn passiert hat, wacht Marie im schamanischen Bewusstseinszustand mit veränderter Wahrnehmung auf.

Marie machte sich auf den Weg. Da hörte sie, wie ein Apfelbaum sie rief und bat, ihn von seinen schweren Äpfeln zu erlösen. Brote in einem heißen Backofen wollten vor dem Verbrennen gerettet werden. Marie tat, worum sie gebeten wurde.

In der Anderswelt können alle Wesen kommunizieren. Hier ist es der Baum, und es sind die Brote. Sie stellen Prüfungsaufgaben dar, mit deren Erfüllung gezeigt wird, ob die Betreffende eine »reine Absicht« hat.

Schließlich traf die junge Frau die Hüterin des Wissens. Sie begegnete ihr allerdings nicht als strahlende Königin Holle, Hulda, Holda, Hel, sondern als alte Frau mit erschreckend großem Gebiss. Trotz anfänglicher Furcht ging Marie Frau Holle in ihrem Haushalt zur Hand, und das hieß unter anderem, dass sie ihre Bettdecken kräftig schütteln musste.

Bis zur Einweihung muss die »Novizin« drei Prüfungen bestehen: den Baum von seinen Äpfeln, das Brot aus dem Ofen befreien und die Betten schütteln. Der Schnee, der aus den Decken auf die Erde fällt, deckt alles zu und lässt die Natur schlafen. Während des Winterschlafs kann sich alles verwandeln und erneuern. Das Licht wird neu geboren.

Obwohl Frau Holle sie gut behandelte und die Arbeit bei ihr ihr Freude machte, wurde Marie doch mit der Zeit von Heimweh geplagt. So ließ Frau Holle sie nach Hause zurückkehren. Zur Belohnung überschüttete sie die junge Frau am Tor mit Gold. Nun war sie die Goldmarie.

Der Schamane weiß, dass er immer wieder in die Alltagswirklichkeit zurückkehren muss, auch dann, wenn die Bedingungen dort nicht ideal sind. Das Gold ist als Zeichen der Einweihung zu verstehen und kann bedeuten, dass Marie nun über besondere Gaben und Fähigkeiten verfügt.

Als Goldmarie zurückkam, erregte sie den Neid der Stiefschwester. Diese machte es der initiierten Schwester sofort nach und verschaffte sich mit deren Wissen sozusagen mutwillig Zugang zur anderen Welt. Aber weil sie nur an materiellen Werten interessiert war, wollte sie die gestellten Prüfungen nicht wirklich ablegen. Das Schütteln der Bettdecken hielt sie nicht lange durch. Als sie von Frau Holle zur Rückkehr aufgefordert wurde, verlangte sie ihren Lohn. Aber am Tor zur Anderswelt wurde sie nicht mit Gold, sondern mit Pech übergossen.

Vielleicht ist mit dem »Pech« das äußere Zeichen für ein seelisches Leiden als Folge des falschen Eindringens in die Anderswelt gemeint. Im Märchen »Frau Holle« wird sehr genau beschrieben, wie eine Reise in die nicht alltägliche Wirklichkeit und die Begegnung mit den dort anwesenden Kräften verläuft. Es ist ein Lehrstück in Schamanismus, auch in schamanischer Ethik.

ÜBUNG:
In ein Bild »hineingehen«

Die Foundation for Shamanic Studies hat einige verschiedene Methoden zusammengetragen, die einfach und effektiv sind, um einem Sterbenden den Übergang zu erleichtern. Oder um ihm den Übergang in eine andere Dimension ganz bewusst zu machen. Wohlgemerkt: nicht unbedingt jemandem, der mit der Arbeit der Foundation oder mit der schamanischen Weltsicht vertraut ist.

Vor allem wird eine ganz bestimmte Methode empfohlen, weil sie sich bewährt hat. Sie wird auch von anderen Richtungen angeboten, wahrscheinlich ist sie uralt, vermutlich haben sich Menschen ihrer zu allen Zeiten bedient.

Schlagen Sie einem sterbenden Menschen vor, in ein Bild hineinzugehen, das ihm etwas bedeutet. Sagen Sie ihm, er möge es als dreidimensional ansehen und als Eingangspforte zur »parallelen Wirklichkeit« benutzen. Es kann ein Bild sein, das in seiner Wohnung oder in seinem Krankenzimmer hängt, das Sie als Postkarte bei sich tragen, an das er sich von einem Museumsbesuch erinnert... Das Bild muss nicht unbedingt materiell vorhanden sein. Aber je weniger geübt jemand ist, umso einfacher wird es natürlich für ihn, wenn er es direkt vor sich hat.

Unbedingt muss es sich aber um ein Bild handeln, das der betreffenden Person nahe liegt oder das ihr gefällt. Ob es *Ihnen* nahe liegt und gefällt, tut in diesem Fall nichts zur Sache.

Im Grunde eignet sich jedes Motiv mit einer positiven, konstruktiven Aussage: eine Blume, eine Spirale, Boote auf dem Meer, Landschaften, Sonnenauf- oder -untergänge. Für ältere, christlich orientierte Menschen können Bilder von Heiligen, von Engeln, von der heiligen Maria, Jesus Christus, dem Herzen Jesu gut geeignet sein. Bei Menschen mit einer Affinität zu östlichen Traditionen »funktioniert« ein Mandala. Mandalas dienen genau diesem Zweck: Sie sind als Tor für den Eintritt in eine andere Welt gedacht. In alten Kirchen gibt es runde Fenster, die wie ein Mandala aufgebaut sind und mit ebendiesem Ziel entworfen und konstruiert wurden.

Viele Motive des deutschen Malers Caspar David Friedrich (1774–1840) stellen in sehr ansprechender, dabei religiös neutraler Weise symbolisch den Übergang von einer Dimension in die andere dar. Sie sind für Menschen aus unserem mitteleuropäischen Raum ganz besonders gut geeignet. Von Caspar David Friedrich stammt auch die Titelillustration zu diesem Buch.

Sagen Sie also dem Sterbenden, den Sie begleiten, er möge in das Bild »einsteigen«, er möge es als »Tor« verwenden. Und er möge, wenn er den Schritt getan hat, dort nach seinem Helfer, Schutzengel, einem unterstützenden Wesen… Ausschau halten.

Helfen Sie ihm bei diesem Prozess, indem Sie sich ganz auf ihn einstellen und seine konstruktiven Eindrücke bestätigen. Stellen Sie Ihre eigene spirituelle Überzeugung zurück.

Sollte sich zeigen, dass er in Angstgefühle hineinkommt, beruhigen Sie ihn und bitten Sie ihn wieder, das Bild anzuschauen und als Pforte zu verwenden. Beziehungsweise wenn er die Grenze bereits überschritten hat, bitten Sie ihn wieder, sich an einen Helfer zu wenden, der dort drüben auf ihn wartet.

Halten Sie während des gesamten Prozesses engen Kontakt zu Ihren eigenen geistigen Helfern.

Epilog

Berühmte letzte Worte

1961 erschien in Amerika ein Buch mit dem Titel *Famous Last Words** (»Berühmte letzte Worte«). Es trägt die letzten Worte, die letzten Sätze weltberühmter Persönlichkeiten zusammen. Das Gewicht liegt auf Menschen aus dem englischsprachigen Raum, aber auch Europäer außerhalb der Britischen Inseln und Bewohner anderer Kontinente, auf denen Englisch nicht die Muttersprache ist, werden genannt.

Im Folgenden finden Sie einige besonders bemerkenswerte Äußerungen, die zum Teil als letzte Worte so bekannt wurden, dass sie in das kollektive Bewusstsein eingegangen sind; manche davon aber sind gänzlich unbekannt und bergen eine Überraschung.

Eine der berühmten Persönlichkeiten verstarb dreiunddreißig Jahre nach Beginn unserer Zeitrechnung im Nahen Osten einen gewaltsamen Tod.

Seine letzten Worte kennt in der westlichen Welt jedes Kind. Sie lauten: »Mein Gott, mein Gott, warum hast du mich verlassen? Vater, in deine Hände empfehle ich meinen Geist. Es ist vollbracht.«

Einer der Nachfolger von Jesus Christus, der heilige Franz von Assisi, der alles in der Welt als ihm ebenbürtig und verwandt ansah, Sonne, Mond und Sterne, den Wind, die Blumen, die Tiere, sagte einfach: »Willkommen, Schwester Tod.« (Er wurde 1182 geboren und starb 1226.)

* Barnaby Conrad: *Famous Last Words,* Doubleday, New York 1961.

Der spanische Eroberer Christoph Kolumbus (1451–1506) verabschiedete sich ähnlich wie Christus von dieser Dimension, nämlich mit den Worten: »In deine Hände, o Gott, gebe ich meinen Geist.«

Der deutsche Adelige Karl von Dahlberg (1744–1817) sagte: »Liebe! Leben! Gottes Wille!« Und der italienische Freiheitskämpfer Giuseppe Garibaldi (1807–1882) deutete von seinem Sterbebett aus auf zwei Vögel, die vor seinem Fenster spielten, und bat die Umstehenden: »Füttert sie, wenn ich gegangen bin.«

»Mehr Licht!«, verlangte Johann Wolfgang von Goethe (1749–1832), bevor er verschied.

Wolfgang Amadeus Mozart, der 1756 geboren wurde und 1791, also schon im Alter von fünfunddreißig Jahren, unter mysteriösen Umständen verstarb, sprach im Hinblick auf sein Requiem folgende letzte Worte: »Habe ich euch nicht gesagt, dass ich dies für mich selbst schrieb?«

Der letzte Satz des Philosophen Immanuel Kant (1724–1804) lautete: »Es ist genug.« Und der französische Schriftsteller André Gide (1869–1951) sagte: »C'est bien.« Es ist gut.

Die letzten Worte, mit denen die amerikanische Frauenrechtlerin Lucy Stone (1864–1936) ihr Erdendasein beschloss, waren die Aufforderung: »Macht die Welt besser.« Was der Journalist Arthur Brisbane (1864–1936) auf seinem Sterbebett sagte, erscheint fast wie eine Entgegnung darauf: »Dies ist die beste aller möglichen Welten.«

Zar Alexander I. von Russland (1777–1825) fand in seinem letzten Moment: »Was für ein schöner Tag!« Und Johannes Brahms (1833–1897), der an unheilbarem Krebs litt, starb, nachdem er ein Glas Wein getrunken hatte, mit den Worten: »Ach, das schmeckt gut. Danke!«

Clara Barton (1821–1912), »Engel des Schlachtfeldes« und Begründerin des nordamerikanischen Roten Kreuzes, starb im Alter von einundneunzig Jahren. Ihre letzten Worte lauteten: »Lasst mich gehen, lasst mich gehen.« Sie wurde in North Oxford, Massachusetts, beerdigt. Auf ihrem Grabstein steht ein Zitat aus einem ihrer Briefe: »Die Natur hat Heilung und endgültige Ruhe für all das Herzeleid vorgesehen, das Sterbliche erdulden müssen.«

Der russische Dichter Leo Tolstoi (1828–1910) konnte auf seinem Sterbelager kaum noch sprechen. Zu seiner Tochter Alexandra sagte er: »Komm näher. Es ist so einfach ... zu suchen, immer zu suchen.« Und dann wandte er sich an seinen Sohn Sergej: »Fliehen, ich muss fliehen. Die Wahrheit, ich liebe sie sehr.«

Als man ihm ans Herz legte, schlafen zu gehen, antwortete der Walzerkönig Johann Strauß (1825–1899): »Das werde ich tun, was auch immer geschieht.« Dies sollten seine letzten Worte sein.

Eine Frau Straus, die 1912 zusammen mit ihrem Mann auf der »Titanic« reiste und aufgefordert wurde, kurz vor dem Sinken des Luxusdampfers zusammen mit anderen Frauen in ein Rettungsboot zu steigen, weigerte sich mit dem Satz: »Mein Mann und ich sind schon vierzig Jahre lang zusammen. Wir werden uns jetzt nicht trennen.«

Der englische Autor Lewis Carroll (1832–1898), der eigentlich C. L. Dodgson hieß und das berühmte Kinderbuch *Alice im Wunderland* verfasst hatte, bat, bevor er das Zeitliche segnete: »Nehmt diese Kopfkissen weg. Ich brauche sie nicht mehr.«

Marie Curie, die 1867 in Warschau geborene Chemikerin, Physikerin und Nobelpreisträgerin, sagte vor ihrem Tod 1934 zu ihrem Arzt, als er ihr eine Spritze geben wollte: »Ich will sie nicht. Ich will allein gelassen werden.«

Der amerikanische Filmstar Clark Gable (1901–1960), bekannt vor allem durch seine Hauptrolle in »Vom Winde verweht«, sprach seine letzten Worte zu einer Krankenschwester, die ihn pflegte, nachdem er eine schwere Herzattacke erlitten hatte. Es waren Routineäußerungen. Was er jedoch auf der Leinwand sagte, ganz am Schluss des Films »The Misfits« (»Nicht gesellschaftsfähig«), den er gerade ein paar Tage zuvor abgeschlossen hatte, ist von bemerkenswerter Symbolkraft. Seine Partnerin Marilyn Monroe hatte ihn gefragt: »Wie findest du in der Dunkelheit deinen Weg zurück?« Und er ant-

Die erste Seite aus der Partitur zu Mozarts Requiem

wortete: »Orientier dich einfach an dem großen Stern da oben. Die Straßen unter ihm bringen uns direkt nach Hause.«

Anhang

Informationen und Adressen

Im ersten Teil des Anhangs werden Adressen aufgeführt, und Sie erhalten weiter gehende Informationen. Die Reihenfolge entspricht den Kapiteln dieses Buches. (Zum 1. und 5. Kapitel werden keine Adressen aufgeführt.)

Zur Einleitung
Esalen

Das Esalen Institute liegt eine knappe Autostunde südlich von Monterey an der spektakulären kalifornischen Pazifikküste. Man kann dort Wochenend- und Wochenkurse belegen (Sonntagabend bis Freitagmittag). Es gibt aber auch die Möglichkeit, längere Zeiten zu buchen oder sich dort im Rahmen eines Work-Study-Programms aufzuhalten. Das heißt, man arbeitet in Küche, Garten, Wäscherei et cetera mit und kann so relativ kostengünstig hier sein (relativ…).

Englischkenntnisse sind unabdingbar. Falls Sie nach Esalen schreiben oder dorthin telefonieren, bitte in englischer Sprache.

Esalen Institute
Highway 1
Big Sur, Ca. 93920-9616
USA
Tel.: (0 01) 8 31/6 67-30 00
Fax: (0 01) 8 31/6 67-27 24
Internet: www.esalen.org

»Trau-Dich-Reisen«

Im November 1999 trat in der Talksendung »Boulevard Bio« eine Frau auf, die die Idee hatte, Reisen für Trauernde zu organisieren. Es handelt sich um betreute Gruppenreisen an verschiedene Zielorte, bei denen Menschen in Trauer die Möglichkeit haben, aus ihrer gewohnten, meist mit schmerzlichen Erinnerungen belasteten Umgebung herauszukommen und etwas Neues zu sehen. Gleichzeitig sind sie aber mit Leidensgenossen zusammen, die Verständnis dafür haben, wenn es jemandem plötzlich schlecht geht, wenn Tränen fließen und so weiter.

Die Organisatorin dieser Reisen heißt Annabell Hoeps. Sie erklärte in der Sendung, dass Menschen, die über Jahre und Jahrzehnte mit ihrem Partner zusammengelebt haben, in allen Bereichen erst wieder auf die Füße kommen müssen. Eine Reise im Kreis von Männern und Frauen, die ebenfalls einen geliebten Menschen verloren haben, bietet eine Möglichkeit, eigenständig etwas zu unternehmen. Und sich selbst etwas Gutes zu tun.

Annabell Hoeps taufte ihr Unternehmen »Trau-Dich-Reisen«. Ihr Angebot stößt auf großes Interesse.

Trau-Dich-Reisen
Johann-Bunte-Straße 73
26871 Papenburg
Tel.: 0 49 61/7 11 23
Fax: 0 49 61/7 11 13
Internet: www.TrauDichReisen.de

Speziell für Trauernde geeignet sind auch Aufenthalte im Kloster, Pilgerreisen und Seminare mit entsprechender Thematik an ruhigen, schönen, naturnahen Plätzen (beispielsweise in Esalen). Über Möglichkeiten dieser Art können Sie sich in einer Buchhandlung mit guter Kundenbetreuung oder in einem qualifizierten Reisebüro informieren.

Zum 2. Kapitel

Unterlagen, die nach einem Todesfall benötigt werden

Die Unterlagen, die im Sterbefall benötigt werden, sind für eine ledige Person:

- die Geburtsurkunde und
- die Krankenversicherungskarte.

Falls die Karte nicht auffindbar ist, reicht die Information, bei welcher Krankenversicherung die verstorbene Person versichert war. Der Bestatter kann dann mit den Angaben des Namens und des Geburtsdatums bei der Krankenversicherung alles Notwendige herausfinden und klären.

Bei einer verheirateten Person werden folgende Unterlagen benötigt:

- die Geburtsurkunde,
- die Heiratsurkunde,
- gegebenenfalls das Scheidungsurteil,
- gegebenenfalls die Sterbeurkunde des Ehepartners und
- die Krankenversicherungskarte.

Diese Unterlagen sollten möglichst so aufbewahrt werden, dass man sie schnell findet.

Hilfreich ist auch, wenn man ein Schreiben handschriftlich verfasst, das man mit der Überschrift »Anweisungen nach meinem Tod« versieht. Es soll den Namen und das Datum enthalten und unterschrieben sein. Darin werden alle Wünsche aufgeführt: ob Erd- oder Feuerbestattung, eventuell bei welchem Bestattungsunternehmen; ob Aufbahrung oder nicht; ob Priester oder nicht; welche Musik; ob Todesanzeige in der Zeitung, gegebenenfalls mit welchem Text; welche Personen benachrichtigt werden sollen (zum Beispiel die im Adressbuch rot angekreuzten) und so weiter. Die Anweisungen dürfen generell abgefasst sein, aber auch detailliert. Detaillierte Angaben haben den Vorteil, dass sie den Hinterbliebenen die

Sache wesentlich vereinfachen. Außerdem wird dann wirklich alles ganz im Sinne des Verstorbenen erledigt.

Diese Anweisungen müssen nicht von einem Notar gegengelesen und beglaubigt werden. Ein Notar muss nur dann aktiv werden, wenn es um materielle Besitztümer geht, um Schenkungen, die an andere Personen als die rechtmäßigen Erben gehen sollen.

Als Gedächtnisstütze und Formulierungshilfe für die »Anweisungen nach meinem Tod« können Sie die folgende Liste verwenden, die dem Buch *Erbrecht aktuell** entnommen wurde. Das Buch enthält noch mehrere weitere Mustertexte, zum Beispiel für eine Betreuungsverfügung und eine Vorsorgevollmacht.

Trauerfeier und Bestattung

Über die Familienangehörigen hinaus sollen noch folgende Personen vom Todesfall benachrichtigt werden:

Vor- und Familienname

Anschrift
Straße/Hausnummer

PLZ/Wohnort Telefon

Die Trauerfeier soll stattfinden

- im engsten Familienkreis
- im Kreis der Verwandten u. Freunde
- es mag kommen, wer will

Ausdrücklich eingeladen werden sollen folgende Personen

Vor- und Familienname

Anschrift
Straße/Hausnummer

PLZ/Wohnort Telefon

Eine Todesanzeige soll

- nicht aufgegeben werden
- in folgenden Zeitungen erscheinen

Der Text der Anzeige soll lauten

In der Anzeige soll um Geldspenden (statt Blumen) gebeten werden für

Mit der Erledigung der notwendigen Formalitäten und der Durchführung der Trauerfeier soll folgendes Bestattungsinstitut beauftragt werden

Anschrift
Straße/Hausnummer

PLZ/Wohnort Telefon

- Ein entsprechender Vertrag wurde mit dem genannten Bestattungsinstitut bereits abgeschlossen

Vertragsdatum/Vertragsnummer

* Peter-J. Schneider, Stephan Koppe, Karl Hoffelner: *Erbrecht aktuell. Was Erblasser und Erben wissen müssen,* Falken, Niedernhausen 1999. Abdruck mit freundlicher Erlaubnis des Falken-Verlages.

Als Bestattungsart wünsche ich eine
- Erdbestattung
- Feuerbestattung
- Seebestattung
- Anonyme Bestattung

Meine letzte Ruhestätte soll auf folgendem Friedhof sein

Ich gehöre folgender Kirchengemeinde an

Die kirchliche Trauerfeier soll halten

Das Motto der Trauerrede soll lauten

Als musikalischen Beitrag zur Trauerfeier wünsche ich folgende Stücke

Die Grabrede soll halten

Als Grabmal wünsche ich
- ein einfaches Holzkreuz
- einen Grabstein
- ein schmiedeeisernes Kreuz

Beschriftung des Grabmals

Besondere Wünsche zur Grabgestaltung bzw. -bepflanzung

Ein Vertrag über die Grabpflege

ist abgeschlossen mit
soll abgeschlossen werden mit

Anschrift
Straße/Hausnummer

PLZ/Wohnort Telefon

Checkliste für den Trauerfall

Wenn ein geliebter Mensch verstorben ist, möchten die Hinterbliebenen meist alles andere tun, als sich mit der Organisation der Bestattung, mit Behördengängen, dem Kauf von Trauerkleidung und so weiter zu befassen. Trotzdem muss all dies zügig und wohl überlegt abgewickelt werden.

Einiges davon kann dem Bestatter überlassen werden. Manchmal werden dort sogar Behördengänge und anderes übernommen – das ist jeweils zu erfragen. Verwandte, die der verstorbenen Person nicht so nahe standen wie die direkten Hinterbliebenen und die deswegen auch nicht so schockiert und traurig sind, können möglicherweise ebenso wie Freunde, Bekannte oder Nachbarn einige Aufgaben erledigen.

Die Verbraucherinitiative für Bestattungskultur, Aeternitas*, hat einen »Leitfaden für den Trauerfall« herausgegeben, eine ausführliche Liste, die mit dem Beginn der Sterbephase anfängt und mit gedenkenden und verwaltenden Maßnahmen über den Tod hinaus weitergeht beziehungsweise endet. Man kann ihn zu Lebzeiten ausfüllen und damit seinen Hinterbliebenen die Entscheidungen für alles erleichtern, was nach dem Todesfall getan werden muss.

Egal, ob schriftliche Anweisungen der verstorbenen Person vorliegen oder nicht, die nun folgende Liste** führt auf, was nach einem Todesfall zu erledigen ist. Sie enthält nur Punkte für das Praktische und Organisatorische. Psychologische und spirituelle Fragen müssen individuell mit einem Pfarrer, Trauerbegleiter, Psychologen/Psychotherapeuten, schamanischen Berater – jeweils männlich oder weiblich – geklärt werden.

In den ersten Stunden nach Eintreten des Todes:

- Verfügungen suchen und berücksichtigen. (Vorsorgevertrag mit einem bestimmten Bestattungsinstitut? Körperspende? Organspende? Willenserklärung zur Feuerbestattung?)
- Bestattungsinstitut/Städtische Bestattung wegen der Organisation der Beerdigung verständigen.
- (Nur beim Tod zu Hause, nicht beim Tod im Krankenhaus/Hospiz/Pflegeheim): Arzt verständigen, der den Totenschein ausstellt.
- Eventuell amtsärztliche Untersuchung für die Kremation beantragen.
- Engste Angehörige und Freunde benachrichtigen. Mit ihnen die Vorgehensweise besprechen.
- Mit dem Bestatter den Bestattungsauftrag besprechen und klären, welche Aufgaben von den Angehörigen/Freunden übernommen werden sollen.

* Die Adresse von »Aeternitas« finden Sie weiter unten.

** Die hier präsentierte »Checkliste für den Todesfall« orientiert sich an dem von »Aeternitas« veröffentlichten Merkblatt mit dem gleichen Titel (mit freundlicher Erlaubnis von Aeternitas).

- Auswahl des Sarges, der Totenbekleidung, eventuell Aufbahrung und entsprechende Rituale. Einsargung.
- Überführung des Verstorbenen in die Leichenhalle. (Durch den Bestatter. Auch hier ist es noch möglich, Abschied zu nehmen.)
- Absprache des Bestattungstermins mit dem Friedhofsträger für die Benutzung der Trauerhalle (eventuell im Krematorium).
- Terminabsprache mit Pfarrer/privatem Trauerredner/Musiker usw. für die Trauerfeier.
- Gegebenenfalls die Genehmigung für die Kremation einholen.
- Liste aller zu benachrichtigenden Personen erstellen.
- Eventuell die Nutzungsrechte an einer Grabstätte oder die Verlängerung bestehender Nutzungsrechte an einer Grabstätte erwerben.

Bis zur Trauerfeier/Beisetzung:

- Von der verstorbenen Person in Ruhe Abschied nehmen.
- Sobald Ort und Termin der Trauerfeier und der Beisetzung feststehen: Mit dem Geistlichen/Trauerredner die Inhalte der Reden und der Gestaltung der Feier besprechen. Gegebenenfalls Details für die Reden heraussuchen, zusammenstellen, kopieren.
- Trauerkleidung kaufen/ausleihen/färben.
- »Leichenschmaus«, Kaffeetafel oder Ähnliches in einem Gasthaus oder im eigenen Haus vorbereiten. Möglich ist aber auch, etwas Ausgefallenes anzubieten wie einen Umtrunk im Weinkeller des Verstorbenen, einen Gang durch den Garten, der sein ganzer Stolz war …
- Den Text für Trauerkarten/Anzeige aufsetzen, sich um den Druck/die Veröffentlichung/Versendung kümmern (dies kann auch das Bestattungsunternehmen erledigen).
- Blumenschmuck für Sarg, Trauerhalle, gegebenenfalls auch für das offene Grab, das Gasthaus oder das eigene Zuhause bestellen.

- Eventuell einen Steinmetz mit der Entfernung vorhandener Grabmale und Einfassungen beauftragen (sie werden später aktualisiert und ersetzt beziehungsweise wieder verwendet).
- Die verstorbene Person beim Standesamt ihres Wohnortes abmelden und eine Sterbeurkunde ausfertigen lassen. Davon jeweils zehn bis fünfzehn Kopien anfertigen. Sie müssen bei späterem Schriftverkehr beigelegt werden.
  Für die Ausstellung der Sterbeurkunde werden folgende Unterlagen benötigt: Personalausweis, Geburtsurkunde, Totenschein und Familienstammbuch des Verstorbenen (beziehungsweise Scheidungsurkunde oder Sterbeurkunde des Ehegatten).

Nach der Trauerfeier/Beisetzung:

- Als Erbe beim zuständigen Nachlassgericht den Erbschein beantragen. Das Testament eröffnen beziehungsweise einen Notar einschalten.
- Eventuell Arbeitgeber/Berufsverband/Gewerkschaft/Kunden/Klienten des Verstorbenen benachrichtigen.
- Mitgliedschaften bei Vereinen kündigen.
- Regelmäßige Lieferungen/Dienstleistungen abbestellen. Dazu gehören auch Zeitungen und Zeitschriften.
- Daueraufträge bei Banken und Sparkassen kündigen. Eventuelle Terminzahlungen beachten. Gegebenenfalls Kreditgeber benachrichtigen. Notar/Rechtsanwalt/Steuerberater einschalten.
- Versicherungen, Krankenkasse, Berufsorganisation, Rentenrechnungsstelle benachrichtigen.
- Eventuell Witwen-/Waisenrente beantragen, Versicherungen regeln.
- Im Haushalt des Verstorbenen: Tiere und Pflanzen versorgen. Heizung, Gas und Wasser abstellen. Fenster verschließen. Stecker aus der Steckdose ziehen. Telefon abmelden. Post umbestellen. Besitz von Haus- und Wohnungsschlüssel regeln. Wohnung kündigen. Eventuell Auto- und Kfz-Versicherung abmelden.

- Kondolenzpost beantworten. Dabei beachten: Wer hat Blumen oder einen Kranz geschickt beziehungsweise etwas gespendet? Dies auf jeden Fall erwähnen und sich dafür bedanken. Falls ein vorgedruckter Dank verwendet wird, sollte in besonderen Fällen ein handschriftlicher Zusatz gemacht werden. Wichtig ist, eine Liste mit den schon beantworteten und noch zu beantwortenden Kondolenzbriefen zu führen.
- Einen Ordner mit Kondolenzpost/der Zeitungsanzeige/eventuellen Fotos von der Trauerfeier anlegen.
- Kleidung, Bücher, Haushaltsgegenstände durchsehen und Brauchbares verschenken/abholen lassen. Den Haushalt auflösen. (Darum kümmern sich manchmal Bestattungsunternehmen.)

Falls es sich um eine Urnenbeisetzung handelt:

- Sobald die Benachrichtigung des Krematoriums oder der Friedhofsverwaltung eintrifft und die Urne beigesetzt werden kann, den Tag der Beisetzung mit der Friedhofsverwaltung abstimmen.
- Einen Steinmetz mit der Entfernung vorhandener Grabmale/Einfassungen beauftragen.
- Grabschmuck für die Beisetzung in Auftrag geben.

Wochen nach der Beisetzung:

- Innerhalb von sechs Wochen nach der Beisetzung das Grab vom Blumenschmuck befreien. Die Grabpflege planen beziehungsweise in Auftrag geben.
- Eventuell Gedenkfeiern planen (Sechswochenamt, Jahrgedächtnis et cetera).
- Sechs bis acht Wochen nach der Beisetzung einen Steinmetz für die Einfassung des Grabes und die Aufstellung und Beschriftung des Grabmals benachrichtigen.
- Ordner mit allen wichtigen Dokumenten zu diesem Todesfall anlegen: Sterbeurkunde, Grabnutzungsrecht-Urkunde, Name des Nutzungsrechtsinhabers, Erklärung über den

Nachfolger der Nutzungsberechtigung, Abrechnung des Bestatters, Friedhofsgärtners und Steinmetzen, Gebührenbescheide des Friedhofsgärtners und gegebenenfalls des Krematoriums, eventuell Verträge über die Grabpflege. Wenn das Grab sich auf einem großen Friedhof befindet: Kopie eines Lageplans.

Die Arbeitsgemeinschaft Friedhof und Denkmal / Das Museum für Sepulkralkultur

Im Jahr 1951 wurde in Kassel die Arbeitsgemeinschaft Friedhof und Denkmal (AFD) gegründet. Sie möchte die traditionelle Friedhofskultur pflegen, aber auch das Interesse der Allgemeinheit an einer kulturbewussten Gestaltung von Friedhof, Grab und Grabmal wach halten. Nicht zuletzt nimmt sie die sich heute verändernden Bedürfnisse wahr, die von der Suche nach neuen Beisetzungs- und Friedhofsformen geprägt sind.

Die AFD ruht auf drei Säulen. Zum einen gibt es die Beratungsabteilung, die bei der Gestaltung von Friedhöfen, Grabstätten und Grabmalen sowie in juristischen Fragen hilft. Sie veranstaltet Vorträge und Seminare, und man kann sich telefonisch beraten lassen.

Zweitens gibt es das Zentralinstitut für Sepulkralkultur. Sepulkralkultur hat mit allen kulturellen Erscheinungsformen zu tun, die mit Totenbestattung und Totengedenken zusammenhängen: Kirchhöfe und Friedhöfe in ihren unterschiedlichen Varianten, Grabmale, Texte wie Leichenreden, Totengedenk- und Gebetbücher, Inschriften, Gegenstände des Totengedenkens sowie des Sterbe- und Bestattungsbrauchtums, aber auch Werke von Künstlerinnen und Künstlern. Zu all diesem erarbeitet das Zentralinstitut wissenschaftliche, kulturgeschichtliche und soziologische Grundlagen. Es veröffentlicht Bücher, Kataloge, eine Zeitschrift und in Zusammenarbeit mit »Aeternitas« kleine praxisnahe Ratgeber. (Die vorrätigen Hefte können im Sekretariat erfragt werden.)

Eine Bibliothek, eine Rechtssammlung sowie jeweils ein Musik-, Presse-, Foto- und Diaarchiv stehen zur Verfügung.

Die dritte Säule der AFD ist das Museum für Sepulkralkultur, das sich über eine Sammlung mit den Themen Sterben, Tod und Gedenken auseinander setzt. Außerdem veranstaltet es regelmäßig Ausstellungen wie zum Beispiel die mit dem Titel »Last Minute« im Winter 2000/01, die wegen ihrer außergewöhnlich hohen Besucherzahlen zweimal verlängert werden musste. Die Besucher stammten aus allen Teilen Deutschlands, einige von ihnen kamen mehrfach.

Das Museum ist täglich von 10 bis 17 Uhr geöffnet, mittwochs bis 20 Uhr. Montags bleibt es geschlossen. Führungen sind nach Voranmeldung möglich.

Zentralinstitut und Museum für Sepulkralkultur
Weinbergstraße 25–27
34117 Kassel
Tel.: 05 61/9 18 93-0
E-Mail: afd.kassel@t-online.de
sekretariat@sepulkralmuseum.de
Internet: www.sepulkralmuseum.de

»Aeternitas« – Verbraucherinitiative Bestattungskultur

»Aeternitas« (das lateinische Wort heißt »Ewigkeit«) nennt sich eine Verbraucherinitiative für Bestattungskultur. Sie gibt in Kooperation mit der Arbeitsgemeinschaft Friedhof und Denkmal (AFD) Ratgeber zu speziellen Fragen heraus, zum Beispiel eine »Checkliste für den Trauerfall«, an der sich auch der in diesem Buch präsentierte Ablauf orientiert.

»Aeternitas« hat ausführliche Datenbanken für Friedhofsgebühren und Bestatter-/Gärtnerpreise erstellt, die abgerufen werden können.

Man kann sich bei »Aeternitas« im Vorhinein informieren, im akuten Fall und auch dann, wenn einige Zeit nach einem Todesfall noch Fragen und Probleme auftreten. Den Schwerpunkt der Auskünfte bilden rechtliche und organisatorische Fragen. Kurze Auskünfte sind gebührenfrei, längere und umfassendere Beratungen werden berechnet. Gegen einen frankierten (1,10 DM/0,56 Euro) und mit der eigenen Adresse versehenen Umschlag kann eine Liste mit den gesamten vorliegenden Veröffentlichungen (wie zum Beispiel der Kurzbroschüre »Checkliste für den Trauerfall«) angefordert werden.

Aeternitas
Im Wiesengrund 57
53639 Königswinter
Tel.: 0 22 44/9 25 37
E-Mail: aeternitas@t-online.de
Internet: www.aeternitas.de

Das Wiener Bestattungsmuseum

Seit 1951 kümmert sich im gesamten Stadtgebiet von Wien die »Städtische Bestattung« um Beerdigungen. Im Laufe einer langen Zeit wurden dort Bilder, Dokumente, Gegenstände und Traueranzeigen gesammelt, die einen spannenden Überblick über die Entwicklung der Bestattungsbräuche geben. Die Sammlung ist öffentlich zugänglich, sie kann an jedem Werktag zwischen 12 und 15 Uhr bei freiem Eintritt besichtigt werden. Eine telefonische Anmeldung wird empfohlen. Das Bestattungsmuseum hat mehrere Publikationen und Postkarten veröffentlicht.

Bestattungsmuseum
Bestattung Wien GmbH
Goldegggasse 19
A-1041 Wien
Österreich
Tel.: (00 43) 1/5 01 95-42 27

Der Wiener Zentralfriedhof

Nach Hamburg-Ohlsdorf ist der Wiener Zentralfriedhof der größte Friedhof Europas. Er umfasst eine Gesamtfläche von fast zweieinhalb Millionen Quadratmetern. Er ist die Ruhestätte von nahezu drei Millionen Verstorbenen aller Konfessionen: Es gibt neben dem katholischen und evangelischen Teil eine jüdische Abteilung, eine serbisch-orthodoxe, eine griechisch-orthodoxe, eine rumänisch-orthodoxe, eine russisch-orthodoxe sowie eine moslemisch-ägyptische und eine islamische Abteilung. Zurzeit finden dort täglich zwischen zwanzig und fünfundzwanzig Beerdigungen statt. Aus einer anfangs viel kritisierten baum- und strauchlosen Ebene hat sich eine der schönsten Parklandschaften Europas entwickelt. Ein neuerer Teil davon ist der »Park der Ruhe und Kraft«. Er wurde in der alten Tradition der Geomantie und Gartengestaltung angelegt und bietet den Besuchern Ruhe, Besinnung und Kontakt mit den Kräften der Natur. Es ist ein Ort zum Meditieren und Krafttanken.

Begraben wurden auf dem Wiener Zentralfriedhof Persönlichkeiten wie die Komponisten Johann Strauß senior und junior, Ludwig van Beethoven, Franz Schubert und Johannes Brahms, der Schriftsteller Friedrich Hebbel, die Schauspieler Hans Moser, Theo Lingen, Curd Jürgens und Paul Hörbiger sowie viele andere berühmte Persönlichkeiten.

Der Friedhof ist von verschiedenen Straßen aus zugänglich. Man kann ihn mit Bus und Straßenbahn erreichen.

Die Öffnungszeiten sind wie folgt:

3. November bis Februar: 8 bis 17 Uhr.

März, April, September, Oktober, 1. und 2. November: 7 bis 18 Uhr.

Mai bis August: 7 bis 19 Uhr.

Zentralfriedhof
Simmeringer Hauptstraße 234
A-1110 Wien
Österreich
Tel.: (00 43) 1/7 60 41-0
E-Mail: post@m43. magwien.gv.at

»Friedwald« – Bäume statt Friedhof

Eine Alternative zu konventionellen Friedhöfen hat der Schweizer Ueli Sauter kreiert. »Friedwald« (statt »Friedhof«) nennt er das Projekt, das Anfang 2001 in der Schweiz rund fünfundzwanzig Dependancen hatte. In Deutschland wird demnächst der erste Friedwald geschaffen, es sind mehrere an verschiedenen Orten geplant.

Sauters Idee war, ganz in der Tradition unserer naturverbundenen Vorfahren den Tod als Teil des natürlichen Kreislaufs auszuweisen, und zwar so: Die Asche eines Verstorbenen wird an den Wurzeln eines jungen oder neu gepflanzten Baumes vergraben und spendet ihm somit Nähr- und Aufbaustoffe. Ein wenig von diesem Menschen geht in den Baum ein, sozusagen.

Die Bäume werden mit einem Grundbucheintrag bis zu neunundneunzig Jahre geschützt. Die Angehörigen müssen also nicht die Aufhebung des Grabes veranlassen, wenn eine gewisse Frist abgelaufen ist. Auch entfällt die Grabpflege oder ein Grabstein. Auf Wunsch kann am jeweiligen Baum ein Namensschild angebracht werden. Im Laufe der Zeit kann die Asche der Verstorbenen einer ganzen Familie hier vergraben werden, es kann aber auch ein Baum für eine Person stehen.

In der Schweiz gab es zu dem Projekt ein breites Medienecho. Vertreter verschiedener Institutionen wurden befragt, auch der Kirchen, die sich zum Teil recht positiv äußerten. Von einem Geistlichen geleitete Abschiedszeremonien seien in diesem Zusammenhang durchaus denkbar. Das Projekt ist aber religiös und ideologisch völlig neutral.

Verein Naturbestattung und Friedwald
Ueli Sauter
Haldenhof
CH-8264 Mammern
Tel.: (00 41) 52/7 41 42 12
E-Mail: ueli@sauter.ch
Internet: www.friedwald.ch

Zum 3. Kapitel

Bestattungsinstitut Roth

»Haus der menschlichen Begleitung« nennt der Bestattungsunternehmer Roth die von ihm geschaffene Modelleinrichtung, in der Trauernden die Möglichkeit gegeben wird, auf ganz individuelle Weise Abschied zu nehmen. (Zusammen mit Sabine Bode hat er darüber ein Buch verfasst, das Sie in der Literaturliste finden.)

Zu Anfang war das Einzugsgebiet um den Standort Bergisch Gladbach. Heute kommen Menschen aus ganz Deutschland in das »Haus der menschlichen Begleitung«, denn Fritz Roth hat diese Einrichtung durch viele Fernsehauftritte weithin bekannt gemacht.

Bestattungshaus Pütz-Roth
Kürtener Straße 10
51465 Bergisch Gladbach
Tel.: 0 22 02/9 35 80

Die Barke, Hüttlingen

Die Abwicklung einer Bestattung inklusive Anreise, individueller Betreuung in allen Bereichen, Aufbahrung, Sarg und allem, was dazugehört, kostet ungefähr so viel, wie ein größeres Bestattungsunternehmen abrechnet. Wenn die per Tagessatz berechnete Betreuung durch »Die Barke« nur weniges umfasst, weil die Hinterbliebenen das meiste selbst erledigen wollen, sind die Kosten geringer. Sofern jedoch viel Arbeit anfällt, kommen die Kosten für den entsprechenden zeitlichen Mehraufwand hinzu.

Die Barke
Ajana Holz, Brigitte Schmöller
Dorfstraße 10
73460 Hüttlingen-Sulzdorf
Tel.: 0 73 61/7 97 33

Fax: 0 73 61/76 06 91
E-Mail: die-barke@gmx.de
Internet: www.die-barke.de

Die Barke, Herdecke

Die Bestatterinnen, die im Zusammenhang mit dem Anthroposophischen Krankenhaus Herdecke arbeiten und die sich ebenfalls »Die Barke« nennen, haben folgende Adresse:

Die Barke
Marli Joosten, Susanne Zanker
Weg zum Poeten 181
58313 Herdecke
Tel.: 0 23 30/62 39 43
Fax: 0 23 30/97 25 28

Gesellschaft Anthroposophischer Ärzte

Leider existieren nicht sehr viele anthroposophisch orientierte Krankenhäuser im deutschsprachigen Raum. Wer Informationen haben möchte, erhält sie unter folgender Telefonnummer:
Gesellschaft Anthroposophischer Ärzte
Tel.: 07 11/7 77 80 00

Bestatterin Anita Märtin

Durch eine sehr gelungene Fernsehsendung, die im Herbst 2000 ausgestrahlt wurde, ist die Bestatterin Anita Märtin im gesamten deutschsprachigen Raum bekannt geworden. Sie arbeitet mobil im Raum Stuttgart/Leonberg, wobei die Entfernung zum Friedhof keine Rolle spielt. Der Sarg kann mit dem Kraftfahrzeug überallhin gebracht werden. In sehr weit entfernte Gebiete erfolgt der Transport zum Flugplatz Stuttgart und von dort aus mit dem Flugzeug.

Anita Märtin bestattet Männer, Frauen und Kinder. Wie für

die »Barke«-Frauen ist es für sie wichtig, die verstorbene Person mit Behutsamkeit und Sorgfalt zu behandeln. Und sie ermuntert dazu, sie entweder zu Hause oder auf dem Friedhof aufzubahren und an der Bahre in Ruhe Abschied zu nehmen.

Auf Wunsch erledigt Anita Märtin alle Formalitäten bei den Behörden, und sie kümmert sich darum, dass die Trauerfeier den angemessenen Rahmen bekommt.

Sie ist unter drei Adressen und Telefonnummern erreichbar, entweder direkt, durch eine ihrer Mitarbeiterinnen oder über Anrufbeantworter.

Anita Märtin
Seestraße 4
71229 Leonberg
Tel.: 0 71 52/90 30 95
Esslinger Straße 40
70182 Stuttgart
Tel.: 07 11/8 38 52 52
Weilimdorfer Straße 23
71254 Ditzingen
Tel.: 0 71 56/95 14 50

Hospize

Ein Hospiz war früher ein von Mönchen in unwegsamen Gegenden oder an viel besuchten Wallfahrtskirchen errichtetes Haus zum Übernachten. Der Begriff leitet sich vom lateinischen Wort für Gast her, *hospes*. Später wurden Gasthäuser mit christlicher Hausordnung Hospiz genannt. Seit 1960 versteht man unter einem Hospiz ein Haus oder eine stationäre Einrichtung, wo schwerstkranke und sterbende Menschen bis zu ihrem Tod versorgt werden.

Zum anderen ist mit dem Begriff »Hospiz« eine bestimmte Haltung und ein bestimmtes Verständnis erkrankten Menschen und ihren Angehörigen gegenüber gemeint. Zu diesem Verständnis gehört unter anderem, dass Sterben als Teil des Lebens begriffen wird; dass die Kranken möglichst beschwerdefrei bis zuletzt leben können, umsorgt von Familie, Freunden, Betreuern und Ärzten; dass aktive Sterbehilfe (Euthanasie) ausgeschlossen ist. Die Kranken werden zu jeder Zeit als Person ernst genommen. Ihre religiöse Haltung wird geachtet. Bei Bedarf und auf Wunsch werden die Hinterbliebenen auch nach dem Tod ihres Angehörigen begleitet.

Um auf die recht unterschiedlichen Bedürfnisse der Patienten eingehen zu können, arbeiten Ärzte, Pflegepersonal, Seelsorger, Sozialpädagogen, Psychologen, Körper-, Musik- und Kunsttherapeuten und ehrenamtliche Hospizhelfer gleichberechtigt und eng zusammen. Sie alle unterliegen der Schweigepflicht.

Der Hospizgedanke entstand, wie gesagt, um 1960 in London. In den angelsächsischen Ländern entwickelte er sich rasch zu einer von Bürgern getragenen Bewegung, um die Versorgung Schwerstkranker und Sterbender zu verbessern.

Heute sind auch überall im deutschsprachigen Raum Möglichkeiten vorhanden, einen schwer kranken Menschen ambulant oder stationär im Sinne des Hospizgedankens betreuen zu lassen. Außerdem werden regelmäßig Ausbildungen zum Hospizhelfer angeboten sowie Fortbildungsseminare für Pflegepersonal, Sozialpädagogen und Angehörige anderer Berufe. Interessierte Laien können sich über Möglichkeiten des Umgangs mit Sterben, Tod und Trauer informieren.

Seminare über spezielle Fragen wie Patientenverfügung, Testament und Bestattung werden ebenfalls angeboten.

Eine Adresse für den Raum Bayern lautet:

Christophorus Hospiz Verein e.V.
Rotkreuzplatz 2a
80634 München
Tel.: 0 89/13 07 87-0
Fax: 0 89/13 07 87-13
E-Mail: info@chv.org
Internet: www.chv.org

Unter folgender Adresse können Sie für 25,– DM/12,78 Euro (bitte Verrechnungsscheck beilegen) umfangreiche Informationen über Betreuung im Sinne des Hospizgedankens anfordern. Die Adresse gilt für ganz Deutschland:

Deutsche Hospizhilfe
21244 Buchholz
Tel.: 0 41 81/3 88 55

Grundregeln: Testament verfassen

Hier sind die wichtigsten Regeln für das Verfassen eines Testaments. Wenn Sie detaillierte Informationen brauchen, lassen Sie sich bei einem Notar beraten oder wenden Sie sich an die unten angegebenen Adressen.

Das Dokument muss die Überschrift »Testament« oder »letzter Wille« tragen. Es muss komplett mit der Hand geschrieben sein. Die Seiten müssen durchnummeriert sein. Notwendig ist die Angabe des Ortes und des Datums sowie eine Unterschrift mit vollem Namen. »Dein Vater« oder ähnliche Unterschriften gelten nicht.

Wenn Sie jemandem, der nicht zu Ihren Erben gehört, etwas Besonderes zukommen lassen wollen, zum Beispiel ein Schmuckstück oder ein Kunstwerk, so nennt man das Vermächtnis. Erwähnen Sie dies in Ihrem Testament.

Das Testament kann zu Hause aufbewahrt werden. Sicherer allerdings ist, wenn es gegen eine geringe Gebühr beim Amtsgericht hinterlegt wird. Sie können es auch beim Notar hinterlegen. Bei ihm beträgt die Gebühr etwas mehr, aber er steht Ihnen dafür auch beratend zur Seite.

Hier einige nützliche Adressen für weitere und tiefer gehende Informationen:

Deutsche Gesellschaft für Erbrechtskunde e.V.
Simrockallee 27
53173 Bonn
Tel.: 02 28/9 35 57 21

Fax: 02 28/9 35 57 99
E-Mail: kontakt@erbfall.de
Internet: www.erbfall.de

Auf Erbrecht spezialisierte Juristen können Sie unter folgender Telefonnummer ausfindig machen (Rechtsanwaltskammer/Anwaltssuchdienst).

Tel.: 01 80/5 25 45 55

Zum Thema »Erbschaft« gibt es einiges an empfehlenswerter Ratgeberliteratur, zum Beispiel *Erbrecht aktuell*, dem der Mustertext zu den Wünschen für Trauerfeier und Bestattung entnommen wurde (siehe Seite 216f.).

*Welche Kosten entstehen bei einem Todesfall?**

Bei einem Todesfall entstehen normalerweise folgende Kosten:

- **Amtliche Gebühren**
  Grabstelle auf dem Friedhof
  Grabaushub, Grabeinfassung, Grababdeckung, Grabschließen
  Träger- und Friedhofspersonalarbeiten
  Krematorium bei Feuerbestattung
  Benutzung der Trauerhalle
  Benutzung der Aufbahrungsräume und der Kühlung
  Sterbeurkunden beim Standesamt
  Polizeiliche Genehmigung bei Einäscherung
- **Gestaltung der Trauerfeier**
  Pfarrer
  Organist
  Trauerredner
  Musiker
  Dekoration

* In Zusammenarbeit mit Ajana Holz und Brigitte Schmöller (»Die Barke«).

- **Gärtnerkosten**
  Blumenschmuck für Sarg und Trauerhalle, Gestecke, Kränze, Grabpflege
  Vorhandene Bepflanzung abräumen, neue Bepflanzung
- **Steinmetzkosten**
  Grabstein
  Gestaltung und das Setzen des Steines
- **Sonstige Kosten**
  Holzkreuz, Grabholz oder anderes Namensschild
  Trauerkarten, Todesanzeige, Trauerkleidung
  Arztgebühren (Ausstellen der Sterbepapiere, ärztlich Leichenschau)
  Auflösung des Haushaltes

Was kostet eine Bestattung?

Die gesamten Bestattungskosten setzen sich aus den Kosten für die Dienstleistung des Bestattungsunternehmens und den oben genannten sonstigen Kosten zusammen.

Die **Gebühren der Friedhofsämter** unterscheiden sich stark, je nach Beisetzungsort.

Die Kosten für die Leistungen des **Bestattungsunternehmens** sind vom Umfang, dem Aufwand und der Ausstattung des Begräbnisses abhängig.

Im **Durchschnitt** kostet eine Bestattung in Deutschland zurzeit etwa 10 000,– DM (etwa 5000 Euro).

Normalerweise sind es die Erben, die für die Bestattung sorgen. Im entsprechenden Fall können die Erben zurzeit pauschal dafür 20 000,– DM (etwa 10 000 Euro) in der Einkommensteuer geltend machen.

Patientenvollmacht – Betreuungsverfügung – Totensorge – Feuerbestattung

Die folgenden Informationen wurden von Ajana Hölz und Brigitte Schmöller von der »Barke« zusammen mit einer Juristin ausgearbeitet. Sie können als Anhaltspunkte für die Dinge verstanden werden, die Sie für sich oder für einen geliebten Menschen vorbereiten möchten.

Verfassen Sie all diese Dokumente handschriftlich. Versehen Sie sie mit dem Datum und Ihrer Unterschrift. Formulieren Sie so, dass Ihr persönlicher Wille unmissverständlich deutlich wird und dass er überzeugt.

Eine umfassende notarielle Beglaubigung, die relativ teuer ist, braucht nur dann in die Wege geleitet zu werden, wenn die Geschäftsfähigkeit und die geistig-seelische Verfassung der betreffenden Person in Frage steht, wenn es also zum Beispiel um eine Entmündigung gehen sollte. Sonst sind aber die hier genannten Vollmachten und Verfügungen auch ohne notarielle Beglaubigung rechtlich gültig.

Besprechen Sie den Inhalt der Verfügungen mit den Personen, die Sie bevollmächtigen, und geben Sie ihnen eine Kopie davon.

Bewahren Sie die Verfügungen und Vollmachten getrennt von Ihrem Testament auf, denn sie sind zeitlich früher wirksam als das Testament. Verwahren Sie sie aber möglichst zusammen mit wichtigen Papieren.

Es folgen einige Beispiele wichtiger Formulierungen, die so verwendet werden müssen, um rechtskräftig zu sein. Besonders auf das namentliche Benennen kommt es an.

– *Patientenvollmacht:*
  »Ich … (vollständiger Name, Adresse, Geburtsdatum und -ort) bevollmächtige … (vollständiger Name, Adresse, Geburtsdatum und -ort, Telefonnummer wegen der Erreichbarkeit im Notfall) in allen Fällen, in denen ich selbst nicht mehr in der Lage bin, für mich zu entscheiden und zu handeln.«

Es dürfen mehrere Personen bevollmächtigt werden, aber es muss angegeben werden, welche Person im Zweifelsfall die ausschlaggebende Entscheidung treffen soll.

»Ich entbinde deshalb alle Ärzte und Ärztinnen, das Krankenhauspersonal, die MitarbeiterInnen von Behörden und

Polizeidienststellen von ihrer Schweigepflicht gegenüber... (Name/n).«

»Ich verpflichte alle Ärzte und Ärztinnen und MitarbeiterInnen von Behörden und Polizeidienststellen zur Vorlage von Unterlagen und zur Auskunftserteilung gegenüber... (Name/n).«

Es müssen unbedingt beide Formulierungen verwendet werden: entbinden und verpflichten.

Es müssen klare Anweisungen gegeben werden, ob die bevollmächtigte(n) Person(en) unter Ausschluss von Verwandten (namentlich und mit Verwandtschaftsgrad nennen) oder mit diesen zusammen verfügen soll(en). Auch hier muss wieder angegeben werden, wessen Stimme die ausschlaggebende sein soll.

Wenn bestimmte oder alle Familienmitglieder vom Besuchs- oder Entscheidungsrecht ausgeschlossen werden sollen, müssen alle einzeln namentlich genannt werden, und auch der Verwandtschaftsgrad muss angegeben werden. Nur dann, wenn es sich um eine Großfamilie handelt, liegt der Fall anders. Da müssen nur die nächsten Angehörigen mit Namen und Verwandtschaftsgrad genannt werden. Anschließend darf man einfach schreiben: »... alle anderen Angehörigen.«

»Ich bevollmächtige... (Name/n) – unter Ausschluss von... (namentlich und mit Verwandtschaftsgrad genannte Familienangehörige) im Falle meiner Bewusstlosigkeit oder sonstigen Entscheidungsunfähigkeit auf Grund meines Gesundheitszustandes, Entscheidungen über Untersuchungen, Behandlungen und Operationen sowie allgemeines weiteres Vorgehen zu treffen.«

»Ich gebe hiermit die ausdrückliche Erlaubnis für... (Name/n) – unter Ausschluss von... (Namen und Verwandtschaftsgrad von Familienangehörigen) – mich jederzeit im Krankenhaus und auf der Wach- und Intensivstation besuchen zu dürfen.«

»Ich bin mit einer Sektion oder Obduktion und der Entnahme von Organen nach meinem Tod – nicht – einverstanden.« (Bei Verweigerung zusätzlich bei der Krankenkasse einen Organspendeausweis besorgen und »Nein«ankreuzen bzw. eintragen.)

Den nächsten Punkt genau überlegen und mit einer Ärztin oder einem Arzt des Vertrauens beraten, welche Folgen eine solche Verfügung hat:

»Wenn ich in einen Zustand gerate, in dem ich meine Urteils- und Entscheidungsfähigkeit unwiderruflich verloren habe, so will ich, dass man auf Maßnahmen verzichtet, die nur noch Sterbens- und Leidensverlängerung bedeuten würden. Ich wünsche, dass man mir ausreichend Schmerzmittel verabreicht, auch wenn das meinen Tod beschleunigen sollte. Mein Leben soll sich in Würde und Stille vollenden.«

– *Betreuungsverfügung:*
Betreuung bedeutet: vom Vormundschaftsgericht angeordnete gesetzliche Vertretung, wenn eine Person nicht mehr selbst entscheiden kann. In der Betreuungsverfügung wird bestimmt, welche Personen als gesetzliche VertreterInnen handeln sollen, und auch, wie die eigenen Angelegenheiten geregelt werden sollen. Die BetreuerInnen werden vom Vormundschaftsgericht kontrolliert.

»Sollte die Bestellung einer Betreuung notwendig werden, wünsche ich … (Name, Adresse und Telefon) als Betreuung und … (Name, Adresse, Telefon) als Ersatzbetreuung.«

– *Totensorge:*
»Die Totensorge übertrage ich … (Name/n, Adresse, Telefon), die meine Bestattung und die Gestaltung meines Grabes regeln sowie den Begräbnisort auswählen soll/en. Für meine Bestattung soll folgendes Bestattungsunternehmen beauftragt werden: …«

– *Feuerbestattung:*
Wenn eine Feuerbestattung gewünscht oder auch nicht gewünscht wird, muss eine Willenserklärung in testamentarischer Form (handschriftlich mit Datum und Unterschrift) verfasst werden.

Wenn keine Willenserklärung der/des Verstorbenen vorliegt, müssen beziehungsweise können die nächsten Familienangehörigen in gesetzlich festgelegter Reihenfolge ihren Willen zur Feuerbestattung der/des Verstorbenen erklären. Bevollmächtigte Personen werden hier wegen der genau vorgeschriebenen Verwandtschaftsgrade meistens nicht anerkannt.

(Die Willenserklärung zur Feuerbestattung ist in vielen Bundesländern nötig.)

»Die Barke« empfiehlt die Vorsorgebroschüre vom Sozialreferat München, Mathildenstraße 3a, 80336 München, als weitere Anregung für Verfügungen und Vollmachten, erhältlich gegen einen mit 3,– DM/1,53 Euro frankierten und mit der eigenen Adresse versehenen Umschlag (Größe: DIN A5).

– *Wichtige Unterlagen*
Es ist empfehlenswert, folgende Unterlagen an einem beziehungsweise mehreren sicheren Plätzen aufzubewahren, damit sie bei einem Todesfall schnell zur Verfügung stehen.

Unterlagen:	**Aufbewahrungsort**
Testament	____________________
Vollmacht für die Totensorge	____________________
Willenserklärung für die Feuerbestattung	____________________
PatientInnenverfügung	____________________
Betreuungsverfügung	____________________

Organspendeausweis ____________________
(auch für die Verweigerung
der Organspende notwendig)

Personalausweis ____________________

Geburtsurkunde ____________________

Heiratsurkunde ____________________

Sterbeurkunde des Ehepartners ____________________
(falls verstorben)

Scheidungsurteil ____________________

Geburtsdaten der Kinder
für Halb-/Waisenrente ____________________

Versichertenkarte der Krankenkasse ____________________

Rentenunterlagen,
Versicherungsnummer ____________________

Lebensversicherung,
Versicherungsnummer ____________________

Sonstige Versicherungen ____________________

Sonstige Verträge ____________________

Mitgliedschaften, Abonnements ____________________

Banken/Konten ____________________

ArbeitgeberIn ____________________

Mietvertrag ____________________

Die »Barke« (Hüttlingen-Sulzdorf) hat noch weitere Informationen zusammengestellt, die sie auf Anfrage verschickt. (Adresse siehe Seite 227.) Bitte legen Sie Ihrer schriftlichen Anfrage einen zurzeit mit 3,– DM/1,53 Euro frankierten, an Sie selbst adressierten Umschlag im Format DIN A5 bei.

Zum 4. Kapitel
Die Blumenschule

Die Blumenschule in Schongau ist ein »Naturland«-Betrieb, das bedeutet, dass alle Pflanzen kontrolliert biologisch kultiviert werden. Sie ist eine Raritäten- und Versandgärtnerei. Kein Saatgut, sondern lebende Pflanzen werden im Topf mit einem Spezialversand nach überall in Deutschland verschickt.

Das abendländische Räucherwerk aus eigenem biologischem Anbau ist in Pappdöschen verpackt. Es wird im gepolsterten Umschlag per Post versandt. Für die Bereiche Sterben, Tod und Trauer eignen sich besonders

- die Salbeimischung,
- die Beifußmischung und
- die Mischung »Schutz und Reinigung«,

die unter anderem folgende Bestandteile enthält: Salbei, Mistel, Minze, Wacholder, Fichtenharz, Engelwurz, Eisenkraut, Beifuß, Wermut und Eschensamen.

Aber auch die anderen Mischungen und die Räucherbündel, die man ohne Räucherkohle einfach mit einer Kerzenflamme zum Glimmen bringt und verwedelt, sind geeignet.

Details finden Sie in der aktuellen Sortimentsliste, die Sie gegen einen an Sie selbst adressierten und mit 1,10 DM (0,56 Euro) frankierten Briefumschlag erhalten.

Gegen einen solchen Umschlag bekommen Sie auch das Seminarprogramm der Blumenschule. Wenn Sie beides haben möchten, Seminarprogramm und Sortimentsliste, frankieren Sie den Umschlag bitte mit 2,20 DM (1,12 Euro).

Der umfangreiche Katalog ist ein Buch mit 224 Seiten. Er kostet 25,– DM (12,78 Euro). Sie können ihn gegen Vorkasse oder Bankeinzug bestellen, 10,– DM (5,11 Euro) werden mittels Gutschein beim Einkauf erstattet.

Für Seminarteilnehmer oder Menschen, die direkt in der Blumenschule Pflanzen und Gartenzubehör einkaufen wollen,gibt es nach Absprache die Möglichkeit, in einem der Gewächshäuser zu übernachten. Oder man kann in einer nahe gelegenen Pension schlafen.

Die Blumenschule
Augsburger Straße 62
86952 Schongau
Tel.: 0 88 61/73 73
Fax: 0 88 61/12 72

Susanne Fischer-Rizzi

Susanne Fischer-Rizzi bietet im gesamten deutschsprachigen Raum Seminare zu verschiedenen Themen aus dem Bereich Heilpflanzenkunde und Aromatherapie an, auch zum Räuchern. Bitte legen Sie, wenn Sie das aktuelle Seminarprogramm anfordern, einen an Sie selbst adressierten und mit 1,10 DM (0,56 Euro) frankierten Umschlag bei.

ARVEN
Schule für Heilpflanzenkunde und Aromatherapie
Susanne Fischer-Rizzi
Postfach 24
87475 Sulzberg
Fax: 0 83 76/12 95

Zum 6. Kapitel
Telefonseelsorge

Die Telefonseelsorge ist eine neutrale Anlaufstelle, wenn jemand in einer Krisensituation ein Gespräch oder eine Kurzberatung wünscht. Man braucht während des Telefonats den eigenen Namen nicht zu nennen, es ist also völlige Anonymität gegeben. Auch findet keinerlei »christliche Indoktrination« statt. Anrufen kann bei beiden Nummern jeder, egal, welche Religionszugehörigkeit er hat, auch wenn er, sagen wir, jüdischen oder islamischen Glaubens ist oder wenn er nicht religiös oder spirituell orientiert ist.

Die Telefonseelsorge ist Tag und Nacht überall in Deutschland unter folgenden Nummern erreichbar:

08 00/1 11 01 11 (evangelisch)
08 00/1 11 02 22 (katholisch)

Die Anrufe sind kostenfrei.

»Verwaiste Eltern«

Die zentrale Adresse für die »Verwaisten Eltern« lautet:

Verwaiste Eltern in Deutschland e. V.
Bundesstelle
Fuhrenweg 3
21391 Rappenstedt
Tel.: 0 41 31/6 80 32 32
Fax: 0 41 31/68 11 40
E-Mail: Kontakt@veid.de
Internet: www.veid.de

Hier werden Listen über Gruppenangebote in allen Regionen Deutschlands und der Schweiz geführt. Interessenten erfahren also, welche Gruppe die ihrem Wohnort nächstgelegene ist und wie sie dort Kontakt aufnehmen können. Menschen, die kein Kind, sondern einen erwachsenen Angehörigen oder Freund verloren haben und eine Trauergruppe suchen, haben es nicht ganz so einfach. Es gibt keine zentrale Anlaufstelle. Eine Möglichkeit wäre, sich an das Selbsthilfezentrum der nächstgelegenen Großstadt zu wenden und dort die entsprechenden Informationen zu erfragen. Auch die Hospize (siehe Seite 229f.) können weiterhelfen. Und die Pfarreien wissen meist über Trauerbegleitungsgruppen Bescheid, selbst für Menschen, die keine Kirchenmitglieder sind.

Wenn es sich allerdings um einen Suizid handelt, kommt die folgende Gruppe in Frage (Suizid von Kindern ebenso wie von Erwachsenen). Es bestehen davon in Deutschland zehn Regionalgruppen:

AGUS e. V. (Angehörige um Suizid)
Wichernstraße 1
95447 Bayreuth
Tel.: 09 21/6 61 10

»Glücklose Schwangerschaft«

Die »Initiative Regenbogen – Glücklose Schwangerschaft e. V.« ist ein Kreis von Eltern, die ein Kind vor, während oder kurz nach der Geburt verloren haben. Es gibt sechzig Regionalgruppen.

Initiative Regenbogen
Glücklose Schwangerschaft e. V.
In der Schweiz 9
72636 Frickenhausen
Tel.: 0 55 65/13 64
Internet: www.initiative-regenbogen.de

Zum 7. Kapitel
St. Ottilien

Das Trauerseminar in St. Ottilien ist eine Sonderveranstaltung der »Verwaisten Eltern« München und steht daher nicht allen Interessierten offen. Nach ähnlichen Seminaren in anderen Klöstern müsste man sich bei den jeweiligen Regionalgruppen der »Verwaisten Eltern« erkundigen.

Es gibt aber in St. Ottilien ein Programm mit Wochenendseminaren, an denen jeder teilnehmen kann.

Exerzitienhaus St. Ottilien
86941 St. Ottilien

Zum 8. Kapitel
Cynthia West, Stanley Krippner, David Feinstein

Cynthia West ist eine freischaffende Künstlerin, die in Santa Fé, New Mexico, lebt. Von ihr stammt die Illustration zum 8. Kapitel. (Bitte in englischer Sprache schreiben und für den Fall, dass Sie Antwort erhalten wollen, einen internationalen Antwortschein beilegen.)

Cynthia West
1542 Cerro Gordo Road
Santa Fé
New Mexico 87501, USA
Fax: (001) 5 05/9 89-41 66

David Feinstein und Stanley Krippner sind über Esalen erreichbar. Wenn Sie ein Seminar mit ihnen belegen wollen, können Sie in Esalen nachfragen, wann das nächste stattfindet (Adresse siehe Seite 213).

Zum 9. Kapitel
Jerry Jampolsky

Eine deutsche Kontaktadresse für Jerry Jampolsky lautet:

Frankfurter Ring
Kobbachstraße 12
60433 Frankfurt a. M.
Tel.: 0 69/51 15 55

Die Adresse in Kalifornien ist diese (bitte in englischer Sprache schreiben):

Center for Attitudinal Healing
33 Buchanan St.
Sausalito, Ca. 94965
USA
Internet: www.attitudinalhealing.org

Zum 10. Kapitel
Familienaufstellungen

Im Carl Auer Verlag, Heidelberg, sind zahlreiche schriftliche Dokumentationen sowie Videos von und mit Bert Hellinger erschienen. Ein Video, in dem es um das Thema des Kapitels geht, heißt »Die Toten«. Es dokumentiert eine außerordentlich bewegende Aufstellung Bert Hellingers mit einem Überlebenden des Holocaust und bringt auf erschütternde Weise ans Licht, dass die Opfer und ihre Mörder erst in Frieden sind und »ihr Sterben vollenden«, wenn sie sich beide als Tote begegnen.

Informationen über Tagungen und Arbeitskreise zum Thema Familienaufstellungen sind erhältlich bei:

Internationale Arbeitsgemeinschaft
Systemische Lösungen nach Bert Hellinger
c/o Akademie im Park
Heidelberger Straße 1A
69168 Wiesloch

Jakob Schneiders Adresse:

Jakob Schneider
Kirschäckerweg 2
81247 München

Der Autor des Exkurstextes, Bertold Ulsamer, ist Diplompsychologe und führt ebenfalls Seminare und Fortbildungen durch.

Dr. Bertold Ulsamer
Runzstraße 48
79102 Freiburg

Bitte legen Sie jeweils einen an Sie selbst gerichteten Umschlag bei, den Sie mit 1,10 DM (0,56 Euro) frankiert haben.

Zum 11. Kapitel
Peter Dawkins

Peter Dawkins hält weltweit Seminare. Regelmäßig zwei- oder dreimal jährlich kommt er in diesem Zusammenhang nach Deutschland und in die Schweiz. Unterrichtssprache ist Englisch, es wird aber ins Deutsche übersetzt. Gegen einen internationalen Antwortschein und einen an Sie selbst adressierten Briefumschlag können Sie ein aktuelles Jahresprogramm anfordern, in dem auch die Pilgerreisen aufgelistet sind, die er anbietet:

Peter Dawkins
Zoënce Academy
Roses Farmhouse, Epwell Rd.
Tysoe, Warwick, C V 350 T N
England

Almut Martini wurde von Peter Dawkins in *rescue work* ausgebildet, und sie darf selbst Seminare dazu anbieten. In ihrem »Haus der Begegnung« unterrichtet Peter Dawkins schon seit Jahren.

Almut Martini
Haus der Begegnung
Mühlenstraße 2
31812 Bad Pyrmont

Zum 12. Kapitel
Foundation for Shamanic Studies

Die von dem amerikanischen Anthropologen Michael Harner begründete Foundation for Shamanic Studies ist weltweit vertreten. Wer ein Einführungs-Wochenendseminar besucht hat, wird in Amerika registriert und hat die Möglichkeit, an jedem weiterführenden Seminar teilzunehmen, egal, ob in Amerika, Europa, Australien oder sonst wo auf der Welt.

Die Adresse für Österreich und Deutschland lautet:

Paul und Roswitha Uccusic
Krottenbachstraße 99/10
A-1190 Wien
E-Mail: uccu-fss@netway.at

Die Schweizer Adresse lautet:

Dr. Carlo Zumstein
Postfach 1 10
CH-8484 Weisslingen
E-Mail: c.zumstein-fss@bluewin.ch

Die Seminarangebote sind vielfältig. Regelmäßig kommen Fachleute aus den USA, zum Beispiel Sandra Ingerman, um im deutschsprachigen Raum zu unterrichten.

Bei Anfragen bitte einen an Sie selbst adressierten Umschlag und einen internationalen Antwortschein beilegen.

Adresse der Autorin
Die Autorin ist unter folgender Adresse erreichbar:

Irene Dalichow
c/o Goldmann Verlag
Lektorat Arkana
Neumarkter Straße 18
81673 München

Dank

Anders als in meinen bisher erschienenen Büchern möchte ich an dieser Stelle keine Namen nennen, und zwar aus zwei Gründen. Zum einen sind mir im Zusammenhang mit dem Tod von Freunden und Angehörigen wesentliche Dinge klar geworden, die ich in meinen Text einfließen ließ. Ihre Namen tun hier nichts zur Sache.

Zum anderen habe ich von den Anmerkungen, Tipps und Kontakten so vieler Freunde, Bekannter, Kollegen, Seminarleiter und -teilnehmer sowie Fachleute verschiedenster Richtungen profitiert, dass die Auflistung all dieser Personen über Seiten ginge.

So sage ich also einfach: allen Beteiligten vielen Dank!

Irene Dalichow

Literatur

Artzi-Pelosoff, Noa ben: *Trauer und Hoffnung – Die Enkelin Jitzhak Rabins über ihr Leben und ihre Generation,* Rowohlt, Reinbek 1996

Assmann, Jan: *Tod und Jenseits im alten Ägypten,* Beck, München 2001

Bals, Claudius: *Vom Himmel lasst uns träumen,* EOS, St. Ottilien 1992

Bode, Sabine/Roth, Fritz: *Der Trauer eine Heimat geben,* Gustav Lübbe, Bergisch Gladbach 1998

Cahill, Thomas: *Abrahams Welt,* Kiepenheuer und Witsch, Köln 2000 und (Taschenbuch) btb, München 2002

Chopich, Erika/Paul, Margaret: *Aussöhnung mit dem Inneren Kind,* Hermann Bauer, Freiburg, 19. Aufl., 1997

Conrad, Barnaby: *Famous Last Words,* Doubleday, New York 1961

Coupland, Douglas: *Generation X,* Goldmann, München 1995

Craven, Margaret: *Ich hörte die Eule, sie rief meinen Namen,* Rowohlt, Reinbek, 3. Aufl., 1977 und (Taschenbuch) Rowohlt, Reinbek 2001

Dalichow, Irene: *Krafttiere – Boten der Göttin,* Goldmann, München, 2. Aufl., 2000

Daskalos (Stylianos Atteshlis): *Parabeln,* Knaur, München 1992

Ders.: *Esoterische Lehren,* Knaur, München 1991

Dawkins, Peter: *Zoënce – Die Wiederentdeckung der Tempelwissenschaft,* Knaur, München 1996

Drewermann, Eugen: *»Ich steige hinab in die Barke der Sonne« – Meditationen zu Tod und Auferstehung,* dtv, München, 2. Aufl., 1995

Everding, Gustava/Westrich, Angelika (Hg.): *Würdig leben bis zum letzten Augenblick,* Beck, München 2000

Feinstein, David/Krippner, Stanley: *Persönliche Mythologie – Die psychologische Entwicklung des Selbst,* Heyne, München 1998

Feinstein, David/Mayo, Peg: *Zeit des Lebens – Zeit des Sterbens. Rituale für den Umgang mit der eigenen Sterblichkeit,* Buch plus CD, Kösel, München 1996

Fischer-Rizzi, Susanne: *Botschaft an den Himmel – Anwendung, Wirkung und Geschichten von duftendem Räucherwerk,* Hugendubel, 1996
Fritze, Horst: *Am richtigen Ort,* Bastei-Lübbe, Bergisch Gladbach 2000
Grof, Stanislav/Grof, Christina: *Jenseits des Todes. An den Toren des Bewusstseins,* Kösel, München, 2. Aufl., 1986
Grof, Stanislav: *Totenbücher – Bilder vom Leben und Sterben,* Kösel, München 1994
Grün, Anselm: *Bis wir uns im Himmel wiedersehen,* Kreuz, Stuttgart 1997
Hageneder, Fred: *Geist der Bäume. Eine ganzheitliche Sicht des unerkannten Wesens der Bäume,* Neue Erde, Saarbrücken 1998
Ingerman, Sandra: *Auf der Suche nach der verlorenen Seele,* Ariston, Kreuzlingen 1998
Isaacs, Florence: *My Deepest Sympathies…,* Clarkson Potter, New York 2000
Jamison, Kay Redfield: *Wenn es dunkel wird. Zum Verständnis des Selbstmordes,* Siedler, Berlin 2000
Jampolsky, Gerald G.: *Verzeihen ist die größte Heilung;* Integral, München 2000
Ders.: *Was heilt, ist die Liebe,* Kösel, München 2001
Ders.: *Liebe ist die Antwort,* Goldmann, München 1994
Kalweit, Holger: *Das Totenbuch der Germanen. Die Edda – Die Wurzeln eines wilden Volkes,* AT Aarau 2001
Kast, Verena: *Sich einlassen und loslassen. Neue Lebensmöglichkeiten bei Trauer und Trennung,* Herder, Freiburg 1994
Kolpaktchy, Gregoire (Übers.): *Das ägyptische Totenbuch,* Scherz, München 1998
Krystal, Phyllis: *Die inneren Fesseln sprengen,* Ryvellus, München 1994
Kübler-Ross, Elisabeth: *Das Rad des Lebens. Autobiographie,* Delphi bei Droemer Knaur, München1997
Kushner, Harold S.: *Wenn guten Menschen Böses widerfährt,* GTB, Gütersloh 1997
Lesser, Elisabeth: *The Seeker's Guide. Making Your Life a Spiritual Adventure,* Villard, New York 1999
Lothrop, Hannah: *Gute Hoffnung – jähes Ende,* Kösel, München, 5. Aufl., 1996
Lynch, Thomas: *Bodies in Motion and at Rest. On Metaphor and Mortality,* Norton, New York o. J.
Markides, Kyriacos: *Der Magus von Strovolos,* Knaur, München 1992
Mello, Anthony de: *Der springende Punkt – Wach werden und glücklich sein,* Herder, Freiburg 2000

Markelis, Nicole: *Home Sanctuary,* Contemporary Books, Chicago 2001
Metzner, Ralph: *Der Brunnen der Erinnerung,* Aurum, Braunschweig 1994
Moody, Raymond A.: *Leben nach dem Tod,* Rowohlt, Reinbek 1997
Otzelberger, Manfred: *Suizid – Das Trauma der Hinterbliebenen. Erfahrungen und Auswege,* Ch. Links, Berlin 1999
Sogyal Rinpoche: *Das tibetische Buch vom Leben und vom Sterben,* O.W. Barth, Bern, München, Wien 1999
Schäfer, Thomas: *Was die Seele krank macht und was sie heilt,* Knaur, München 1998
Schneider, Jakob/Gross, Brigitte: *Ach wie gut, dass ich es weiß,* Carl Auer, Heidelberg 2000
Schneider, Peter-J./Koppe, Stephan/Hoffelner, Karl: *Erbrecht aktuell – Was Erblasser und Erben wissen müssen,* Falken, Niedernhausen 1999
Schreiber, Hermann: *Das gute Ende. Wider die Abschaffung des Todes,* Rowohlt, Reinbek 1996
Starhawk: *The Pagan Book of Living and Dying. Practical Rituals, Prayers, Blessings and Practices on Passing Over,* Harper, San Francisco 1997
o. A.: *Totentanz – vom Spätmittelalter bis zur Gegenwart* (Ausstellungskatalog), Süddeutsche Verlagsgesellschaft, Ulm 2001
Tresidder, Jack: *Dictionary of Symbols,* Chronicle Books, San Francisco 1998
Trungpa, Chögyam: *Das Totenbuch der Tibeter,* Diederichs, München, 18. Aufl., 1996
Uccusic, Paul: *Der Schamane in uns,* Ariston, München 2000
Ulsamer, Bertold: *Ohne Wurzeln keine Flügel,* Goldmann, München, 4. Aufl., 2000
Verwaiste Eltern München: *Überall deine Spuren – Eltern erzählen vom Tod ihres Kindes,* Don Bosco, München 2000
Walker, Barbara: *Das geheime Wissen der Frauen,* dtv, München 1995
Dies.: *Die geheimen Symbole der Frauen,* Sphinx/Hugendubel, München 1997
Wilber, Ken: *Mut und Gnade,* Scherz, Bern 1992
Wittemann, Artho: *Die Intelligenz der Psyche. Wie wir ihrer verborgenen Ordnung auf die Spur kommen,* Kösel, München 2000
Zumstein, Carlo: *Reise hinter die Finsternis,* Ariston, Kreuzlingen/München 1999

Bildnachweis

Abdruck mit freundlicher Genehmigung:

S. 13, 189	*Brehms Tierleben, Kleine Ausgabe für Volk und Schule,* Bibliographisches Institut, Leipzig und Wien (heute Mannheim) 1902
S. 22	Graphiksammlung »Mensch und Tod«, Heinrich-Heine-Universität, Düsseldorf
S. 33	Städtischer Bestattungsdienst, München
S. 45	Gregoire Kopaktchky: *Das ägyptische Totenbuch,* Scherz, München1998
S. 62	Alfons Schweiggert: *Winter- und Weihnachtsgeister in Bayern,* Bayernland, Dachau 1996
S. 101, 119	Josef Baierlein: *Leben der Heiligen,* Ostdeutsche Verlags- und Reisebuchhandlung; Berthold Siegmund, Breslau 1903
S. 134	Robert Boissiere: *Meditations with the Hopi,* Bear & Company, Santa Fe 1986, mit freundlicher Genehmigung von Cynthia West
S. 146, 159, 172	Gustave Doré: *Das graphische Werk,* Rogner & Bernhard, Hamburg 1975
S. 211	Wolfgang Amadeus Mozart: Requiem (d-moll), KV 626. Das von Franz Xaver Süßmayr vervollständigte Requiem in der traditionellen Gestalt. Hrsg. von Leopold Nowak, Bärenreiter Cop. 1965